证券分析师胜任能力考试辅导系列

> 考情分析 · 备考方法 · 思维导图 · 考点精讲 · 过关演练

发布证券研究报告业务教材精编

证券分析师胜任能力考试研究中心 · 编

中国政法大学出版社
2016 · 北京

声　明　1. 版权所有，侵权必究。
　　　　　2. 如有缺页、倒装问题，由出版社负责退换。

图书在版编目（ＣＩＰ）数据

发布证券研究报告业务教材精编/证券分析师胜任能力考试研究中心编.—北京：中国政法大学出版社，2016.7
ISBN 978-7-5620-6871-6

Ⅰ.①发… Ⅱ.①证… Ⅲ.①证券投资－投资分析－资格考试－自学参考资料 Ⅳ.①F830.91

中国版本图书馆CIP数据核字(2016)第164565号

出 版 者	中国政法大学出版社
地　　址	北京市海淀区西土城路25号
邮寄地址	北京100088 信箱8034分箱　邮编100088
网　　址	http://www.cuplpress.com（网络实名：中国政法大学出版社）
电　　话	010-58908285(总编室) 58908433 (编辑部) 58908334(邮购部)
承　　印	大厂书文印刷有限公司
开　　本	787mm×1092mm　1/16
印　　张	16
字　　数	378千字
版　　次	2016年7月第1版
印　　次	2016年7月第1次印刷
定　　价	44.80元

序言

为了帮助参加证券分析师胜任能力考试的应试人员更加有效地备考,熟练掌握有关内容,顺利通过考试,证券分析师胜任能力考试研究中心特地组织多次参加考前辅导的专家教授,严格按照中国证券业协会颁布的《证券分析师胜任能力考试》最新考试大纲,在认真分析和总结历次考试情况的基础上,精心编写了证券分析师胜任能力考试辅导系列:

1. 发布证券研究报告业务教材精编
2. 发布证券研究报告业务历年真题及全真密押试卷

本书作者均为国内知名的证券分析师胜任能力考试辅导老师,书中从证券分析师胜任能力考试特点出发,针对《发布证券研究报告业务》科目的内容特点,在分析总结近几次考试特点的基础上,全面介绍了该科目中的各项内容,具体包括四部分十章内容,每章又分为考情分析、备考方法、思维导图、考点精讲和过关演练五个模块。书中不仅着重对相关的重点、难点进行了深入的讲解,同时提供了丰富的同步练习题供考生训练。

本书具有以下三个特点:

1. 专业的考情分析、备考方法与思维导图,为考生指点迷津

每章开头的考情分析和备考方法板块介绍了本章的命题规律、命题方式、重要考点和备考方法;思维导图板块给考生勾勒了每章的框架结构,可以让考生轻松掌握本章的脉络。

2. 紧扣考试大纲,明确复习要点,减少复习时间

本书以最新考试大纲为依据,不仅全面覆盖考试大纲的知识点,而且在考点精讲部分对各知识点进行了归纳整理,可以帮助考生明确复习要点,判断出各考点的重要程度,提高复习效率。

3. 典型的过关演练习题,精选历次真题,让考生复习更高效

编者在深入研究近三次考试真题的基础上,深入剖析典型过关演练习题,并给出了详细的解析,考生可通过每章最后的过关演练进行自测,举一反三解答类似考题。

我们的出版理念是以精准的内容为考生提供价值最大化的辅导书,使考生从众多的复习书中解脱出来,真正让学习更轻松,让考试更有效。

朋友,选择我们的书,你就选择了一条正确的复习道路,选择了一条轻松的成功之路。

我们真诚地预祝您考试取得成功!

证券分析师胜任能力考试研究中心
2016.6

目录

第一部分 业务监管

第一章 发布证券研究报告业务监管 ········· 2
 考情分析 ········· 2
 备考方法 ········· 2
 思维导图 ········· 2
 考点精讲 ········· 3
  第一节 资格管理 ········· 3
  第二节 主要职责 ········· 4
  第三节 工作规程 ········· 5
  第四节 执业规范 ········· 8
 过关演练 ········· 9

第二部分 专业基础

第二章 经济学 ········· 14
 考情分析 ········· 14
 备考方法 ········· 14
 思维导图 ········· 15
 考点精讲 ········· 15
  第一节 需求与供给 ········· 15
  第二节 完全竞争市场 ········· 18
  第三节 不完全竞争市场 ········· 18
  第四节 博弈论 ········· 22
  第五节 总需求和总供给 ········· 23
  第六节 IS-LM 模型 ········· 26
  第七节 可贷资金市场 ········· 28

过关演练 ··· 31

第三章　金融学 ··· 37
　　考情分析 ··· 37
　　备考方法 ··· 37
　　思维导图 ··· 38
　　考点精讲 ··· 38
　　　第一节　利率、风险与收益 ··· 38
　　　第二节　资产定价 ··· 40
　　　第三节　有效市场和行为金融 ······································ 43
　　过关演练 ··· 47

第四章　数理方法 ··· 53
　　考情分析 ··· 53
　　备考方法 ··· 53
　　思维导图 ··· 54
　　考点精讲 ··· 54
　　　第一节　概率基础 ··· 54
　　　第二节　统计基础 ··· 60
　　　第三节　回归分析 ··· 64
　　　第四节　时间序列分析 ··· 74
　　　第五节　常用统计软件及其运用 ··································· 78
　　过关演练 ··· 78

第三部分　专业技能

第五章　基本分析 ··· 86
　　考情分析 ··· 86
　　备考方法 ··· 86
　　思维导图 ··· 87
　　考点精讲 ··· 87
　　　第一节　宏观经济分析 ··· 87
　　　第二节　行业分析 ··· 104
　　　第三节　公司分析 ··· 112
　　　第四节　策略分析 ··· 138
　　过关演练 ··· 145

第六章　技术分析 ··· 152

考情分析 …………………………………………………… 152
　　备考方法 …………………………………………………… 152
　　思维导图 …………………………………………………… 153
　　考点精讲 …………………………………………………… 153
　　　第一节　证券投资技术分析概述 ………………………… 153
　　　第二节　证券投资技术分析主要理论 …………………… 156
　　过关演练 …………………………………………………… 169

第七章　量化分析 176
　　考情分析 …………………………………………………… 176
　　备考方法 …………………………………………………… 176
　　思维导图 …………………………………………………… 176
　　考点精讲 …………………………………………………… 177
　　　第一节　量化投资分析的主要内容 ……………………… 177
　　　第二节　量化投资分析的应用 …………………………… 178
　　过关演练 …………………………………………………… 180

第四部分　证券估值

第八章　股　票 184
　　考情分析 …………………………………………………… 184
　　备考方法 …………………………………………………… 184
　　思维导图 …………………………………………………… 185
　　考点精讲 …………………………………………………… 185
　　　第一节　基本理论 ………………………………………… 185
　　　第二节　绝对估值法 ……………………………………… 189
　　　第三节　相对估值法 ……………………………………… 195
　　过关演练 …………………………………………………… 198

第九章　固定收益证券 205
　　考情分析 …………………………………………………… 205
　　备考方法 …………………………………………………… 205
　　思维导图 …………………………………………………… 206
　　考点精讲 …………………………………………………… 206
　　　第一节　基本理论 ………………………………………… 206
　　　第二节　债券定价 ………………………………………… 208
　　　第三节　债券评级 ………………………………………… 214

过关演练 …………………………………………………………… 218
第十章　衍生产品 …………………………………………………… 223
　　考情分析 …………………………………………………………… 223
　　备考方法 …………………………………………………………… 223
　　思维导图 …………………………………………………………… 224
　　考点精讲 …………………………………………………………… 224
　　第一节　基本理论 ………………………………………………… 224
　　第二节　期货估值 ………………………………………………… 227
　　第三节　期权估值 ………………………………………………… 233
　　第四节　其他衍生产品估值 ……………………………………… 238
　　过关演练 …………………………………………………………… 240

第一部分
业务监管

第一章 发布证券研究报告业务监管

考情分析

本章是《发布证券研究报告业务》学习的基础,首先概述了证券分析师执业资格的取得、管理及后续培训和发布证券研究报告的主体应该履行的职责等,随后介绍了证券研究报告的分类、基本要求,对发布报告的工作流程的各类要求与流程、合规管理进行了具体阐述,最后简略介绍了执业规范。其中许多内容直接影响学习者对随后章节的理解和掌握。

备考方法

本章内容繁杂,考点细碎,有些考点不明显,考生在复习时重在理解,最近3次考试本章的平均分为5分。发布证券研究报告的业务监管从内容上主要涉及发布报告的工作流程中的各环节应该满足的基本要求。除此之外,考生还需掌握执业资格的取得、后续管理,业务的管理制度、主体职责、流程管理和合规管理等内容。

思维导图

发布证券研究报告业务监管
- 资格管理
- 主要职责
- 工作规程
- 相关法规

考点精讲

第一节 资格管理

一、证券分析师执业资格的取得方式

(一)定义

证券分析师是依法取得证券投资咨询执业资格,并在证券经营机构就业,主要就与证券市场相关的各种因素进行研究和分析,包括证券市场、证券品种的价值及变动趋势进行研究及预测,并向投资者发布证券研究报告、投资价值报告等,以书面或者口头的方式向投资者提供上述报告及分析、预测或建议等服务的专业人员。

(二)取得方式

证券分析师,即投资咨询机构从业人员,必须具备证券专业知识和从事证券业务或证券服务业务两年以上经验。希望成为证券分析师的人员,首先须参加中国证券业协会组织的《证券市场基础理论》、《证券投资分析》等学科的从业资格考试(改革后参加《发布证券研究报告业务》科目成绩合格),再由所在的证券公司或咨询机构到中国证券业协会注册登记为执业人员,即成为证券分析师。

二、证券分析师的监管、自律管理和机构管理

证券分析师应该受到以下管理:

(1)取得执业证书的人员,连续三年不在机构从业的,由协会注销其执业证书;重新执业的,应当参加协会组织的执业培训,并重新申请执业证书。

(2)从业人员取得执业证书后,辞职或者不为原聘用机构所聘用的,或者其他原因与原聘用机构解除劳动合同的,原聘用机构应当在上述情形发生后十日内向协会报告,由协会变更该人员执业注册登记。取得执业证书的从业人员变更聘用机构的,新聘用机构应当在上述情形发生后十日内向协会报告,由协会变更该人员执业注册登记。

(3)机构不得聘用未取得执业证书的人员对外开展证券业务。

(4)从业人员在执业过程中违反有关证券法律、行政法规以及中国证监会有关规定,受到聘用机构处分的,该机构应当在处分后十日内向协会报告。

(5)协会、机构应当定期组织取得执业证书的人员进行后续职业培训,提高从业人员的职业道德和专业素质。

(6)协会依据《证券业从业人员资格管理办法》及中国证监会有关规定制定的从业资格

考试办法、考试大纲、执业证书管理办法以及执业行为准则等,应当报中国证监会核准。

(7)协会应当建立从业人员资格管理数据库,进行资格公示和执业注册登记管理。

三、证券分析师后续职业培训的要求

证券分析师应当按照中国证券业协会的相关规定参加后续执业培训,积极参加所在公司组织的业务培训及合规培训,不断提高专业能力、执业水平以及合规意识。具体要求如表1-1所示。

表1-1 证券分析师后续职业培训的要求

项目	具体内容
定义	从业人员依照《证券业从业人员资格管理办法》必须接受的持续教育培训
主要内容	包括法律法规、执业操守、新产品和新业务的实施规则与操作要点等
培训单位组织的培训	(1)由协会、会员公司和地方协会按照后续职业培训大纲组织实施的培训; (2)由证券监管部门组织的法律法规等业务知识培训; (3)由证券交易所和登记结算公司组织的业务准则、技术标准和操作规则等业务培训
会员公司和地方协会自行组织的培训	(1)培训内容为法律法规、职业操守、执业准则、操作规程及专业知识;(2)培训项目有明确的师资、讲义,且时间为4个学时以上
培训学时	从业人员年检期间培训学时为20学时

第二节 主要职责

证券公司、证券投资咨询机构及证券分析师在证券研究报告中应履行的职责包括:

(1)应当遵循独立、客观、公平、审慎原则,加强合规管理,提升研究质量和专业服务水平;

(2)应当建立健全研究对象覆盖、信息收集、调研、证券研究报告制作、质量控制、合规审查、证券研究报告发布以及相关销售服务等关键环节的管理制度,加强流程管理和内部控制;

(3)应当从组织设置、人员职责上,将证券研究报告制作发布环节与销售服务环节分开管理,以维护证券研究报告制作发布的独立性;

(4)应当建立证券研究报告的信息来源管理制度,加强信息收集环节的管理,维护信息来源的合法合规性。

第三节　工作规程

一、证券投资咨询业务分类

证券投资咨询业务是指取得监管部门颁发的相关资格的机构及其咨询人员为证券投资者或客户提供证券投资的相关信息、分析、预测或建议，并直接或间接收取服务费用的活动。

根据服务对象的不同，证券投资咨询业务可以分为三类：(1)面向公众的投资咨询业务；(2)为签订了咨询服务合同的特定对象提供的证券投资咨询业务；(3)为本公司投资管理部门、投资银行部门提供的投资咨询服务。

二、证券研究报告的分类

证券研究报告，是指证券公司、证券投资咨询公司基于独立、客观的立场，对证券及证券相关产品的价值或者影响其市场价格的因素进行分析，含有对具体证券及证券相关产品的价值分析、投资评级意见等内容的文件。具体分类如表1-2所示。

表 1-2　证券研究报告的分类

分类标准	具体分类
研究内容	宏观研究、行业研究、策略研究、公司研究、量化研究等
研究品种	股票研究、基金研究、债券研究、衍生品研究等

三、证券研究报告的基本要素和组织结构

证券研究报告主要包括涉及证券及证券相关产品的价值分析报告、行业研究报告、投资策略报告等。证券研究报告可以采用书面或者电子文件形式。

证券公司、证券投资咨询机构发布的证券研究报告，应当载明下列事项：
(1)"证券研究报告"字样；
(2)证券公司、证券投资咨询机构名称；
(3)具备证券投资咨询业务资格的说明；
(4)署名人员的证券投资咨询执业资格证书编码；
(5)发布证券研究报告的时间；
(6)证券研究报告采用的信息和资料来源；
(7)使用证券研究报告的风险提示。

四、证券研究报告的撰写要求

证券研究报告的撰写要求如表1-3所示。

表 1-3　证券研究报告的撰写要求

项目	具体要求
对象覆盖的要求	(1)证券公司、证券投资咨询机构发布证券研究报告,应当加强研究对象覆盖范围管理,将上市公司纳入研究对象覆盖范围并做出证券估值或投资评级,或者将该上市公司移出研究对象覆盖范围的,应当由研究部门或者研究子公司独立做出决定并履行内部审核程序; (2)证券公司、证券投资咨询机构应当公平对待证券研究报告的发布对象,不得将证券研究报告的内容或者观点,优先提供给公司内部部门、人员或者特定对象
信息收集的要求	证券研究报告可以使用的信息来源包括: (1)政府部门、行业协会、证券交易所等机构发布的政策、市场、行业以及企业相关信息; (2)上市公司按照法定信息披露义务通过指定媒体公开披露的信息; (3)上市公司及其子公司通过公司网站、新闻媒体等公开渠道发布的信息,以及上市公司通过股东大会、新闻发布会、产品推介会等非正式公告方式发布的信息; (4)证券公司、证券投资咨询机构通过上市公司调研或者市场调查,从上市公司及其子公司、供应商、经销商等处获取的信息,但内幕信息和未公开重大信息除外; (5)证券公司、证券投资咨询机构从信息服务机构等第三方合法取得的市场、行业及企业相关信息; (6)经公众媒体报道的上市公司及其子公司的其他相关信息; (7)其他合法合规信息来源; (8)证券公司、证券投资咨询机构发布证券研究报告,应当审慎使用信息,不得将无法确认来源合法合规性的信息写入证券研究报告,不得将无法认定真实性的市场传言作为确定性研究结论的依据
对上市公司调研活动管理的规范要求	(1)事先履行所在证券公司、证券投资咨询机构的审批程序; (2)不得向证券研究报告相关销售服务人员、特定客户和其他无关人员泄露研究部门或研究子公司未来一段时间的整体调研计划、调研底稿,以及调研后发布证券研究报告的计划、研究观点的调整信息; (3)不得主动寻求上市公司相关内幕信息或者未公开重大信息; (4)被动知悉上市公司内幕信息或者未公开重大信息的,应当对有关信息内容进行保密,并及时向所在机构的合规管理部门报告本人已获知有关信息的事实,在有关信息公开前不得发布涉及该上市公司的证券研究报告; (5)在证券研究报告中使用调研信息的,应当保留必要的信息来源依据

续表

项目	具体要求
证券研究报告制作的要求	(1)证券公司、证券投资咨询机构制作证券研究报告应当秉承专业的态度,采用严谨的研究方法和分析逻辑,基于合理的数据基础和事实依据,审慎提出研究结论; (2)证券公司、证券投资咨询机构制作证券研究报告应当坚持客观原则,避免使用夸大、诱导性的标题或者用语,不得对证券估值、投资评级作出任何形式的保证; (3)证券公司、证券投资咨询机构应提示投资者自主作出投资决策并自行承担投资风险,任何形式的分享证券投资收益或者分担证券投资损失的书面或口头承诺均为无效
质量控制要求	(1)证券研究报告应当由署名证券分析师之外的证券分析师或者专职质量审核人员进行质量审核; (2)质量审核应当涵盖信息处理、分析逻辑、研究结论等内容,重点关注研究方法和研究结论的专业性和审慎性
合规审查要求	(1)证券研究报告应当由公司合规部门或者研究部门、研究子公司的合规人员进行合规审查; (2)合规审查应当涵盖人员资质、信息来源、风险提示等内容,重点关注证券研究报告可能涉及的利益冲突事项
销售服务要求	(1)证券公司、证券投资咨询机构应当建立合理的发布证券研究报告相关人员绩效考核和激励机制,以维护发布证券研究报告行为的独立性; (2)证券公司、证券投资咨询机构的研究部门或者研究子公司接受特定客户委托,按照协议约定就尚未覆盖的具体股票提供含有证券估值或投资评级的研究成果或者投资分析意见的,自提供之日起6个月内不得就该股票发布证券研究报告

五、发布研究报告的业务管理制度

证券公司、证券投资咨询机构应当通过公司规定的证券研究报告发布系统平台向发布对象统一发布证券研究报告,以保障发布证券研究报告的公平性。

在证券研究报告发布之前,制作发布证券研究报告的相关人员不得向证券研究报告相关销售服务人员、客户及其他无关人员泄露研究对象覆盖范围的调整、制作与发布研究报告的计划,证券研究报告的发布时间、观点和结论,以及涉及盈利预测、投资评级、目标价格等内容的调整计划。

证券公司、证券投资咨询机构发布证券研究报告,应当按照《发布证券研究报告暂行规定》及《证券公司信息隔离墙指引》的有关规定，建立健全信息隔离墙制度，并遵循下列静默期安排：

（1）担任发行人股票首次公开发行的保荐机构、主承销商或者财务顾问，自确定并公告发行价格之日起40日内，不得发布与该发行人有关的证券研究报告；

（2）担任上市公司股票增发、配股、发行可转换公司债券等再融资项目的保荐机构、主承销商或者财务顾问，自确定并公告公开发行价格之日起10日内，不得发布与该上市公司有关的证券研究报告；

（3）担任上市公司并购重组财务顾问，在证券公司、证券投资咨询机构的合规部门将该上市公司列入相关限制名单期间，按照合规管理要求限制发布与该上市公司有关的证券研究报告。

第四节　执业规范

一、发布证券研究报告业务的相关法规

发布证券研究报告业务的相关法规如表1-4所示。

表1-4　发布证券研究报告业务的相关法规

法规	制定目的
《公司法》	规范公司的组织和行为，保护公司、股东和债权人的合法权益，维护社会经济秩序，促进社会主义市场经济的发展
《证券法》	规范证券发行和交易行为，保护投资者的合法权益，维护社会经济秩序和社会公共利益，促进社会主义市场经济的发展
《证券、期货投资咨询管理暂行办法》	加强对证券、期货投资咨询活动的管理，保障投资者的合法权益和社会公共利益
《发布证券研究报告暂行规定》	规范证券公司、证券投资咨询机构发布证券研究报告行为，保护投资者合法权益，维护证券市场秩序
《中国证券业协会章程》	在国家对证券业实行集中统一监督管理的前提下，进行证券业自律管理；发挥政府与证券行业间的桥梁和纽带作用；为会员服务，维护会员的合法权益；维持证券业的正当竞争秩序，促进证券市场的公开、公平、公正，推动证券市场的健康稳定发展
《发布证券研究报告执业规范》	进一步规范证券公司、证券投资咨询机构发布证券研究报告行为，保护投资者合法权益

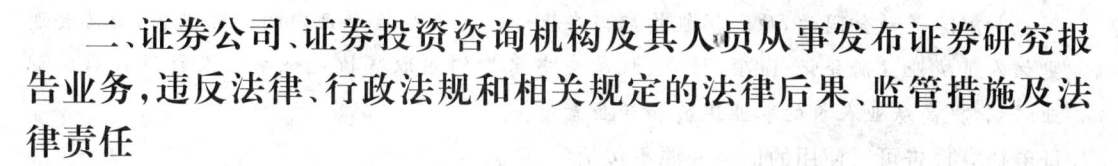

二、证券公司、证券投资咨询机构及其人员从事发布证券研究报告业务,违反法律、行政法规和相关规定的法律后果、监管措施及法律责任

证券公司、证券投资咨询机构及其人员违反法律、行政法规和相关规定的,中国证监会及其派出机构可以采取责令改正、监管谈话、出具警示函、责令增加内部合规检查次数并提交合规检查报告、责令暂停发布证券研究报告、责令处分有关人员等监管措施;情节严重的,中国证监会依照法律、行政法规和有关规定作出行政处罚;涉嫌犯罪的,依法移送司法机关。

证券公司、证券投资咨询机构及其人员违反其执业规范的,中国证券业协会将根据自律规定,视情节轻重采取自律管理措施或纪律处分,并将纪律处分结果报送中国证监会。

过关演练

一、选择题(以下备选项中只有一项符合题目要求)

1. 发布证券研究报告业务的相关法规不包括( )。
   A.《中华人民共和国公司法》 B.《中国银行业协会章程》
   C.《中华人民共和国证券法》 D.《证券、期货投资咨询管理暂行办法》
   【答案】B
   【解析】发布证券研究报告业务的相关法规包括:《中华人民共和国公司法》《中华人民共和国证券法》《证券、期货投资咨询管理暂行办法》《发布证券研究报告暂行规定》《中国证券业协会章程》《发布证券研究报告执业规范》。

2. 证券分析师从业人员后续职业培训学时为( )学时。
   A. 10 B. 15
   C. 20 D. 25
   【答案】C
   【解析】证券分析师从业人员的后续职业培训学时是指在年检期间应达到的培训学时,从业人员年检期间培训学时为20学时(简称总学时)。

3. 下列有关证券分析师应该受到的管理的说法,正确的是( )。
   A. 取得执业证书的人员,连续三年不在机构从业的,由证监会注销其执业证书
   B. 从业人员取得执业证书后辞职的,原聘用机构应当在其辞职后五日内向协会报告
   C. 机构不得聘用未取得执业证书的人员对外开展证券业务
   D. 协会、机构应当不定期组织取得执业证书的人员进行后续职业培训
   【答案】C
   【解析】A项,取得执业证书的人员,连续三年不在机构从业的,由协会注销其执业证书;B项,从业人员取得执业证书后,辞职或者不为原聘用机构所聘用的,或者其他原因与原聘

用机构解除劳动合同的,原聘用机构应当在上述情形发生后十日内向协会报告,由协会变更该人员执业注册登记;D项,协会、机构应当定期组织取得执业证书的人员进行后续职业培训,提高从业人员的职业道德和专业素质。

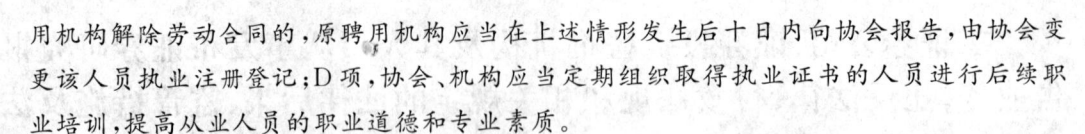

4.证券研究报告可以使用的信息来源不包括( )。
    A.上市公司按照法定信息披露义务通过指定媒体公开披露的信息
    B.上市公司通过股东大会、新闻发布会、产品推介会等非正式公告方式发布的信息
    C.经公众媒体报道的上市公司及其子公司的其他相关信息
    D.证券公司通过市场调查,从上市公司及其子公司、供应商等处获取的内幕信息
【答案】D
【解析】D项,证券研究报告可以使用的信息来源包括:证券公司、证券投资咨询机构通过上市公司调研或者市场调查,从上市公司及其子公司、供应商、经销商等处获取的信息,但内幕信息和未公开重大信息除外。

二、组合型选择题(以下备选项中只有一项最符合题目要求)
1.在证券公司、证券投资咨询机构发布的证券研究报告中,应当载明的事项包括( )。
    Ⅰ."证券研究报告"字样
    Ⅱ.证券公司、证券投资咨询机构名称
    Ⅲ.具备证券投资咨询业务资格的说明
    Ⅳ.署名人员的证券投资咨询执业资格证书编码
    A.Ⅱ、Ⅲ   B.Ⅰ、Ⅱ、Ⅳ
    C.Ⅱ、Ⅲ、Ⅳ   D.Ⅰ、Ⅱ、Ⅲ、Ⅳ
【答案】D
【解析】证券公司、证券投资咨询机构发布的证券研究报告,应当载明的事项除Ⅰ、Ⅱ、Ⅲ、Ⅳ四项外,还包括:①证券研究报告采用的信息和资料来源;②使用证券研究报告的风险提示;③发布证券研究报告的时间。

2.下列关于证券研究报告的销售服务要求的表述,不正确的是( )。
    Ⅰ.发布证券研究报告相关人员的薪酬标准必须与外部媒体评价单一指标直接挂钩
    Ⅱ.与发布证券研究报告业务存在利益冲突的部门不得参与对发布证券研究报告相关人员的考核
    Ⅲ.证券公司就尚未覆盖的具体股票提供投资分析意见的,自提供之日起3个月内不得就该股票发布证券研究报告
    Ⅳ.证券公司、证券投资咨询机构应当设立发布证券研究报告相关人员的考核激励标准
    A.Ⅰ、Ⅱ   B.Ⅰ、Ⅲ
    C.Ⅱ、Ⅲ、Ⅳ   D.Ⅰ、Ⅱ、Ⅲ、Ⅳ
【答案】B
【解析】Ⅰ项,证券公司、证券投资咨询机构应当综合考虑研究质量、客户评价、工作量等多种因素,设立发布证券研究报告相关人员的考核激励标准,发布证券研究报告相关人员

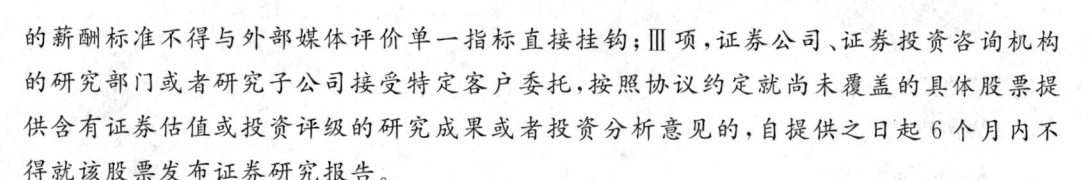

的薪酬标准不得与外部媒体评价单一指标直接挂钩；Ⅲ项，证券公司、证券投资咨询机构的研究部门或者研究子公司接受特定客户委托，按照协议约定就尚未覆盖的具体股票提供含有证券估值或投资评级的研究成果或者投资分析意见的，自提供之日起6个月内不得就该股票发布证券研究报告。

3. 证券分析师应当保持独立性，不因（　　）等利益相关者的不当要求而放弃自己的独立立场。

　　Ⅰ. 公司内部其他部门

　　Ⅱ. 资产管理公司

　　Ⅲ. 证券发行人

　　Ⅳ. 上市公司

　　A. Ⅰ、Ⅱ、Ⅲ　　　　　　　　　　B. Ⅰ、Ⅱ、Ⅳ

　　C. Ⅱ、Ⅲ、Ⅳ　　　　　　　　　　D. Ⅰ、Ⅱ、Ⅲ、Ⅳ

【答案】D

【解析】根据《证券分析师行为准则》第五条，证券分析师应当保持独立性，不因所在公司内部其他部门、证券发行人、上市公司、基金管理公司、资产管理公司等利益相关者的不当要求而放弃自己的独立立场。

4. 下列关于证券公司、证券投资咨询机构及证券分析师在证券研究报告中应履行职责的说法正确的包括（　　）。

　　Ⅰ. 遵循独立、客观、公平、审慎原则，加强合规管理，提升研究质量和专业服务水平

　　Ⅱ. 建立健全相关的管理制度，加强流程管理和内部控制

　　Ⅲ. 应当从组织设置、人员职责上，将证券研究报告制作发布环节与销售服务环节分开管理，以维护证券研究报告制作发布的独立性

　　Ⅳ. 应当建立证券研究报告的信息来源管理制度，加强信息收集环节的管理，维护信息来源的合法合规性

　　A. Ⅰ、Ⅱ、Ⅲ　　　　　　　　　　B. Ⅰ、Ⅱ、Ⅳ

　　C. Ⅱ、Ⅲ、Ⅳ　　　　　　　　　　D. Ⅰ、Ⅱ、Ⅲ、Ⅳ

【答案】D

【解析】证券公司、证券投资咨询机构及证券分析师在证券研究报告中应履行的职责包括：①发布证券研究报告应当遵循独立、客观、公平、审慎原则，加强合规管理，提升研究质量和专业服务水平；②发布证券研究报告应当建立健全相关的管理制度，加强流程管理和内部控制；③证券公司、证券投资咨询机构应当从组织设置、人员职责上，将证券研究报告制作发布环节与销售服务环节分开管理，以维护证券研究报告制作发布的独立性；④证券公司、证券投资咨询机构应当建立证券研究报告的信息来源管理制度，加强信息收集环节的管理，维护信息来源的合法合规性。

5. 按研究内容分类，证券研究报告可以分为（　　）。

　　Ⅰ. 宏观研究

Ⅱ.行业研究

Ⅲ.策略研究

Ⅳ.公司研究

A.Ⅰ、Ⅱ、Ⅲ
B.Ⅰ、Ⅱ、Ⅳ
C.Ⅱ、Ⅲ、Ⅳ
D.Ⅰ、Ⅱ、Ⅲ、Ⅳ

【答案】D

【解析】证券研究报告按研究内容分类,一般有宏观研究、行业研究、策略研究、公司研究、量化研究等;按研究品种分类,主要有股票研究、基金研究、债券研究、衍生品研究等。

6.会员公司和地方协会自行组织的培训,可作为后续职业培训,需满足的条件包括( )。

Ⅰ.培训内容为法律法规、职业操守、执业准则、操作规程及专业知识

Ⅱ.培训学时不低于20学时

Ⅲ.培训项目有明确的师资、讲义

Ⅳ.培训时间在4个学时以上

A.Ⅰ、Ⅱ
B.Ⅲ、Ⅳ
C.Ⅰ、Ⅱ、Ⅲ
D.Ⅰ、Ⅲ、Ⅳ

【答案】D

【解析】会员公司和地方协会自行组织的培训,满足下列条件,可作为后续职业培训:①培训内容为法律法规、职业操守、执业准则、操作规程及专业知识;②培训项目有明确的师资、讲义,且时间为4个学时以上。

7.发布证券研究报告相关人员进行上市公司调研活动,应当符合的要求包括( )。

Ⅰ.在证券研究报告中使用调研信息的,应当保留必要的信息来源依据

Ⅱ.不得主动寻求上市公司相关内幕信息或者未公开重大信息

Ⅲ.不得向证券研究报告相关销售服务人员、特定客户和其他无关人员泄露研究部门或研究子公司未来一段时间的整体调研计划

Ⅳ.被动知悉上市公司内幕信息或者未公开重大信息的,应当及时发布涉及该上市公司的证券研究报告

A.Ⅰ、Ⅱ、Ⅲ
B.Ⅰ、Ⅱ、Ⅳ
C.Ⅰ、Ⅲ、Ⅳ
D.Ⅱ、Ⅲ、Ⅳ

【答案】A

【解析】Ⅳ项,根据《发行证券研究报告执业规范》第十条,发布证券研究报告相关人员进行上市公司调研活动,应当符合的要求之一为:被动知悉上市公司内幕信息或者未公开重大信息的,应当对有关信息内容进行保密,并及时向所在机构的合规管理部门报告本人已获知有关信息的事实,在有关信息公开前不得发布涉及该上市公司的证券研究报告。

第二部分
专业基础

第二章　经济学

考情分析

本章的主要内容包括微观经济学和宏观经济学两部分。微观经济学部分,包括需求与供给及其弹性的含义和市场均衡原理;完全竞争市场的特征、完全竞争企业的供给曲线和利润最大化的条件;三种不完全竞争市场的特征;垄断和垄断竞争企业的短期、长期利润最大化和均衡的原理;古诺模型和纳什均衡的原理。宏观经济学部分,包括社会总供给、总需求的含义;经济均衡的基本原理;产品市场和货币市场的一般均衡;IS-LM 模型;可贷资金市场均衡、外汇市场均衡及可贷资金市场与外汇市场同时均衡。

备考方法

本章理解性的内容比较多,部分考点容易混淆,也有涉及部分计算性的考点,考生必须系统理解,比较记忆,熟练掌握,最近 3 次考试本章的平均分为 10 分。考试中会出现很多基本概念、理论,考生应该反复记忆重要知识点,对过关演练部分的题目,要做到彻底理解并能独立进行解答分析。

思维导图

```
       ┌─ 需求与供给 ─┬─ 需求与供给的函数、曲线、弹性的定义及表达式
       │             └─ 市场均衡
       │
       ├─ 完全竞争市场 ┬─ 完全竞争市场的特征
       │              └─ 利润最大化与完全竞争企业的供给曲线
       │
       │              ┌─ 完全垄断市场
       │              ├─ 寡头垄断市场
经济学 ├─ 不完全竞争市场┤
       │              ├─ 垄断竞争市场
       │              └─ 古诺模型
       │
       ├─ 博弈论 ┬─ 纳什均衡
       │         └─ 囚徒困境
       │
       ├─ 总需求、总供给 ┬─ 总供给、总需求的含义
       │                └─ 经济均衡原理
       │
       ├─ IS-LM 模型 ┬─ 产品市场和货币市场的均衡
       │             └─ IS-LM 模型
       │
       └─ 可贷资金市场 ┬─ 可贷资金市场均衡
                      └─ 可贷资金市场和外汇市场同时均衡
```

考点精讲

第一节　需求与供给

一、需求与供给的函数、曲线、弹性的定义及表达式

(1) 需求与供给的函数、曲线、弹性的定义及表达式如表 2-1 所示。

表 2-1　需求与供给

	需求	供给
函数定义	表示一种商品的需求数量和影响该需求数量的各种因素之间的相互关系	表示一种商品的供给量和影响该供给数量的各种因素之间的相互关系
函数形式	$Q^d = f(P)$，Q^d 为需求量，P 为价格	$Q^s = f(P)$，Q^s 为供给量，P 为价格
曲线类型	曲线型、直线型	曲线型、直线型

续表

	需求	供给
曲线特征	向右下方倾斜,表示需求量和价格之间呈反方向变动的关系	向右上方倾斜,表示供给量和价格呈同方向变动的规律
价格弹性定义	表示在一定时期内一种商品的价格变动所引起该商品需求量变动的程度,反映了需求量对价格变动的敏感程度	表示在一定时期内一种商品的价格变动所引起该商品供给量变动的程度,反映了供给量对价格变动的敏感程度
价格弹性公式	$-\dfrac{需求量变动百分比}{价格变动变动百分比}$	$-\dfrac{供给量变动百分比}{价格变动变动百分比}$
点弹性	$e_d = \lim\limits_{\Delta P \to 0} -\dfrac{\Delta Q}{\Delta P} \cdot \dfrac{P}{Q} = -\dfrac{\mathrm{d}Q}{\mathrm{d}P} \cdot \dfrac{P}{Q}$	$e_S = -\dfrac{\frac{\mathrm{d}Q}{Q}}{\frac{\mathrm{d}P}{P}} = \dfrac{\mathrm{d}Q}{\mathrm{d}P} \cdot \dfrac{P}{Q}$
弧弹性	$e_d = -\dfrac{\frac{\Delta Q}{Q}}{\frac{\Delta P}{P}} = -\dfrac{\Delta Q}{\Delta P} \cdot \dfrac{P}{Q}$	$e_S = -\dfrac{\frac{\Delta Q}{Q}}{\frac{\Delta P}{P}} = \dfrac{\Delta Q}{\Delta P} \cdot \dfrac{P}{Q}$

(2)商品需求(或者供给)的价格弹性根据 e 值的大小分为五个类型:$e>1$ 表示富有弹性;$e<1$ 表示缺乏弹性;$e=1$ 表示单一弹性或单位弹性;$e=\infty$ 表示完全弹性;$e=0$ 表示完全无弹性。线性需求曲线点弹性的五种类型,如图 2-1 所示(其中 C 点为直线中点)。

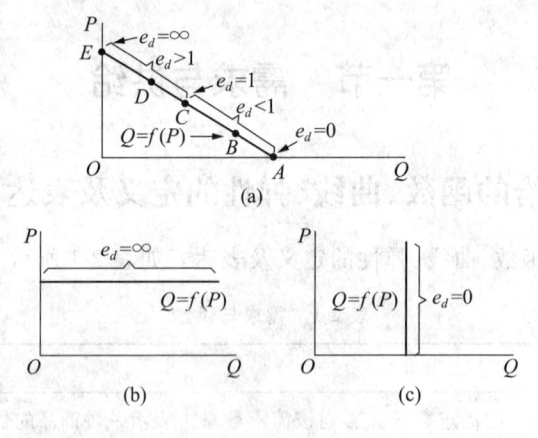

图 2-1 线性需求点弹性

(3)商品的需求的价格弹性和厂商的销售收入之间的综合关系如表 2-2 所示。

表 2-2 需求的价格弹性和销售收入

价格\收入\弹性	$e_d>1$	$e_d=1$	$e_d<1$	$e_d=0$	$e_d=\infty$
降价	增加	不变	减少	同比例于价格的下降而减少	既定价格下,收益可以无限增加,因此,厂商不会降价
涨价	减少	不变	增加	同比例于价格的上升而增加	收益会减少为零

二、市场均衡

(一)市场均衡的定义

一种商品的市场需求曲线和市场供给曲线相交时,该市场处于均衡状态,该交点被称为均衡点。均衡点上的价格被称为均衡价格,相等的供求量被称为均衡数量。市场上需求量和供给量相等的状态,也被称为市场出清的状态。

(二)市场均衡的实现过程

现在把需求曲线和供给曲线结合在一起,用图 2-2 说明一种商品的市场均衡价格的决定。

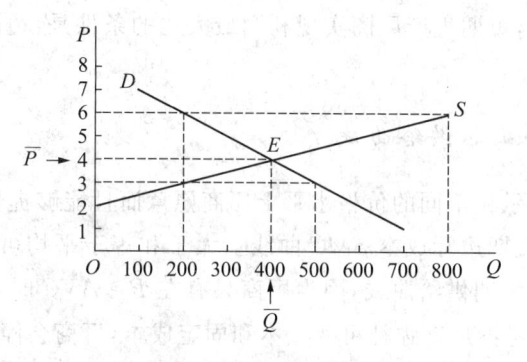

图 2-2 均衡价格的决定

如图 2-2 所示,当市场上的状态处于 E 点时,此时供给和需求曲线相交,市场处于均衡状态。当市场上的价格高于 $\overline{P}$ 时,供给量大于需求量会导致商品过剩或者商品超额供给。这种市场状况,一方面会使供给者减少商品的供给量,另一方面又会使需求者降低价格来购买商品。这样,该商品的价格必然下降,一直下降到均衡价格的水平,与此同时,供给量在减少而需求量在增加,使得市场达到均衡状态。反之亦然。因此,当市场上商品的供给等于需求时,市场就实现了均衡。

第二节 完全竞争市场

一、市场特征

完全竞争市场、垄断市场、寡头垄断和垄断竞争市场的划分及其相应的特征用表2-3来概括。

表2-3 市场类型的划分和特征

市场类型	厂商数目	产品差别程度	对价格控制的程度	进出一个行业的难易程度	接近哪种商品市场
完全竞争	无数	完全无差别	没有	很容易	一些农业品
垄断	唯一	唯一的产品,且无相近的替代品	很大程度,但经常受到管制	很困难,几乎不可能	公用事业,如水、电
寡头垄断	几个	有差别或无差别	相当程度	比较困难	钢、汽车、石油
垄断竞争	很多	有差别	有一些	比较容易	一些轻工产品、零售业

二、利润最大化与完全竞争企业的供给曲线

(一)利润最大化的均衡条件

在完全竞争市场中,短期生产厂商实现利润最大化的条件是:边际收益 $MR=$ 价格 $P=$ 短期边际成本 SMC。

(二)完全竞争企业的供给曲线

供给曲线是用来表示在不同的价格水平上厂商愿意而且能够提供的产品的数量。在完全竞争市场上,厂商的短期边际成本 SMC 曲线上大于和等于平均可变成本 AVC 曲线最低点的部分来表示厂商的短期供给曲线,因为厂商只有在 $P \geqslant AVC$ 时,才会进行生产,而在 $P < AVC$ 时,由于生产所得不足以弥补可变成本和固定成本,厂商会停止生产。

第三节 不完全竞争市场

一、垄断企业的需求和边际收益曲线的含义

(一)垄断企业的需求曲线

与完全竞争厂商的需求曲线不同,垄断厂商的需求曲线是一条向右下方倾斜的曲线。

向右下方倾斜的垄断厂商的需求曲线表示：垄断厂商的销售量与市场价格成反方向的变动，垄断厂商可以采用改变销售量的办法来控制市场价格。

(二) 垄断厂商的收益曲线

垄断厂商的需求曲线是向右下方倾斜的，其相应的边际收益 MR 曲线、平均收益 AR 曲线和总收益 TR 曲线的一般特征如图 2-3 所示：(1) 由于厂商的平均收益 AR 等于商品的价格 P，垄断厂商的 AR 曲线和需求曲线 d 重叠，是同一条向右下方倾斜的曲线。(2) 图中垄断厂商的 MR 曲线位于 AR 曲线的左下方，且 MR 曲线也向右下方倾斜。(3) 当 $MR>0$ 时，TR 曲线的斜率为正；当 $MR=0$ 时，TR 曲线达最大值点；当 $MR<0$ 时，TR 曲线的斜率为负。

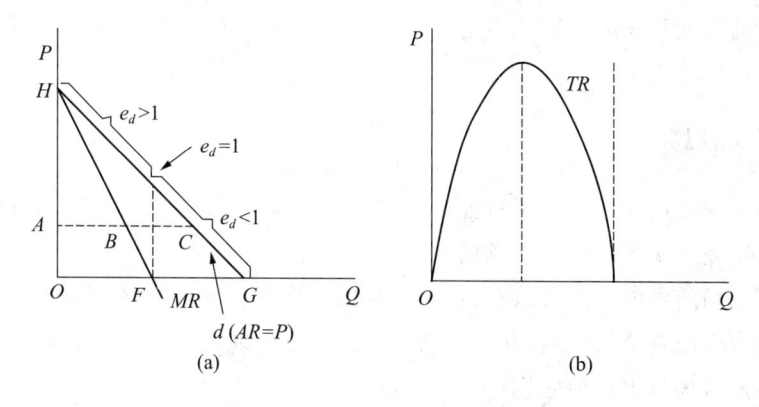

图 2-3 垄断厂商的需求曲线和收益曲线

二、垄断企业的短期均衡与利润最大化原理

在短期内，垄断厂商是在既定的生产规模下调整产量和价格，按照 $MR=SMC$ 的原则，来实现利润最大化。在短期内，垄断厂商在短期均衡点上，获得最大的利润或者是最小亏损。如图 2-4 所示，SMC 和 MR 的交点 E 决定均衡产量为 Q_1，需求曲线决定均衡价格为 P_1。

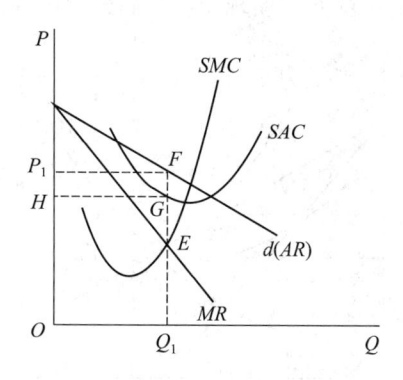

图 2-4 垄断厂商的短期均衡

三、垄断企业供给曲线

凡是在一定程度上带有垄断因素的不完全竞争市场中,或者说,单个厂商的需求曲线向右下方倾斜的市场中,是不存在具有规律性的行业和厂商的短期和长期供给曲线的。

四、垄断企业的长期均衡与利润最大化原理

在长期内,垄断厂商可以调整全部生产要素的投入量和生产规模,从而实现最大的利润。由于垄断行业有进入壁垒,如果垄断厂商在短期内获得利润,那么,他的利润在长期内是可以保持利润的,不会因为新厂商的加入而消失。

垄断厂商的长期均衡条件为:$MR=LMC=SMC$。

垄断厂商的短期和长期均衡价格与均衡产量的决定,就是垄断市场的短期和长期的均衡价格与均衡产量的决定。

五、寡头市场

寡头市场是少数厂商控制着某行业大部分产品的市场结构,是包含垄断因素与竞争因素而又更接近于完全垄断的一种市场结构。

形成寡头市场的主要原因可以有:某些产品的生产具有规模经济;行业中几家企业控制生产所需的基本生产资源的供给;存在使新企业进入某行业的障碍等等。由此可见,寡头市场的成因和垄断市场是很相似的,只是在程度上有所差别而已。

六、垄断竞争市场及其短期均衡

垄断竞争市场是有许多厂商生产和销售有差别的同种产品的市场结构,包含垄断因素与竞争因素而又更接近于完全竞争的一种市场结构。

在短期内,垄断竞争厂商是在现有的生产规模下通过对产量和价格的调整,来实现 $MR=SMC$ 的均衡条件。在短期均衡的产量上,垄断竞争厂商可能获得最大利润,也可能蒙受最小亏损。如图 2-5 所示,垄断竞争企业在 E 点实现短期利润最大化,均衡价格为 $\overline{P}$,均衡产量为 $\overline{Q}$。

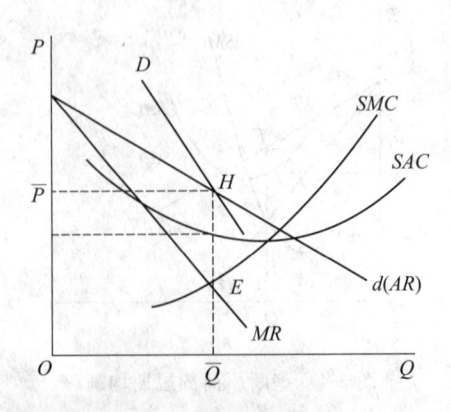

图 2-5 垄断竞争企业的短期均衡

七、垄断竞争市场的长期均衡

在长期内,由于垄断竞争厂商可以调整生产规模,垄断竞争厂商在长期均衡时的利润必定为零,从而 d 需求曲线必定与 LAC 曲线相切。但由于垄断竞争厂商所面临的是向右下方倾斜的需求曲线,因此,垄断竞争厂商的长期均衡条件为:$MR=LMC=SMC$ 和 $AR=LAC=SAC$。如图 2-6 所示,垄断竞争厂商在 E_2 点实现长期均衡,均衡价格为 $\overline{P}$,均衡产量为 $\overline{Q}$。

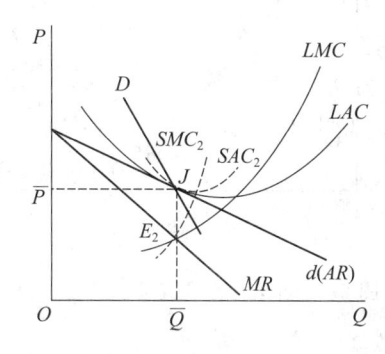

图 2-6 垄断竞争企业的长期均衡

八、古诺模型

(一)模型假设

首先,市场上有两家相同的厂商,每家厂商都根据自己关于对手产量的预测选择自己利润最大化的产量,达到均衡时,每家厂商对对手产量的预测值恰好与其实际产量相吻合。

其次,市场需求为 $p(y)$,厂商的生产成本分别为 $c_1(y)$ 和 $c_2(y)$。

(二)单个厂商的产量确定

假定厂商 1 预期厂商 2 将生产 y_2^e 单位产量,那么厂商 1 的利润最大化问题就是:

$$\max_{y_1} p(y_1+y_2^e)y_1 - c_1(y_1)$$

从而解得厂商 1 的反应曲线是:

$$y_1 = f_1(y_2^e)$$

完全相同的过程,可以导出厂商 2 的反应曲线是:

$$y_2 = f_2(y_1^e)$$

(三)市场均衡

达到均衡时,有 $y_1^* = f_1(y_2^*)$,$y_2^* = f_2(y_1^*)$,从而联立下面两个式子就可以得到均衡时各厂商的产量:

$$\begin{cases} y_1 = f_1(y_2) \\ y_2 = f_2(y_1) \end{cases}$$

(四)古诺均衡的图示及其动态调整(如图 2-7 所示)

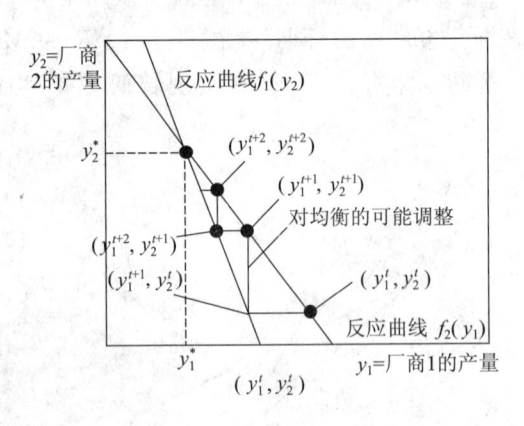

图 2-7 古诺均衡及其动态调整过程

如果寡头市场内有 n 个厂商,且边际成本相同,则可以用相同的方法推断出每个厂商的均衡产量为 $\frac{n}{n+1}Q_0$。由此可以知道,双头垄断的总产量为 $\frac{2}{3}Q_0$ 小于完全垄断的总产量 Q_0。随着市场内甲厂商数目的增加,总产量 $\frac{n}{n+1}Q_0$ 也就越来越接近 Q_0。

第四节 博弈论

一、纳什均衡

纳什均衡指这样一种策略组合,由所有参与人的最优策略组成,也就是说,在给定别人策略的情况下,没有任何单个参与人有积极性选择其他策略,从而没有任何人有积极性打破这种均衡。

二、囚徒困境

古诺均衡是假设两寡头不存在勾结的情形,而寡头市场上的共谋或勾结是普遍存在的。当寡头想达到垄断的结果时往往需要合作,而合作往往是难以维持的。博弈论中的"囚徒困境"正是说明合作困难的一个经典例子。

囚徒困境博弈模型的假设条件是:甲、乙两名罪犯被指控合谋偷窃后被警方逮捕,每个人被单独囚禁和审讯且不能互通信息。警方告知量刑原则:如果两人都拒绝坦白,则由于证据不足每人只被判处 2 年;如果两人都坦白,则各判 5 年;如果一人坦白而另一人不坦白,则坦白一方从轻处罚只判 1 年,而不坦白一方则从重处罚判 7 年(如图 2-8 所示)。

策略	甲	
	坦白	不坦白
乙 坦白	−5, −5	−1, −7
不坦白	−7, −1	−2, −2

图 2-8　囚徒困境

在以上的假设条件下，出于利己考虑，无论乙如何选择，甲都会选择坦白；同样，出于利己考虑，无论甲如何选择，乙也都会选择坦白。因此，(坦白，坦白)是囚徒困境博弈模型的一个均衡解，结果就是双方都获刑 5 年。当将这两个人当作一个整体再分析这个模型时，我们会出现，甲和乙均选择不坦白(即合作)是最好的策略，因为此时双方都获刑 2 年。可见，即使在合作使所有人状况变好时，人们也往往不能相互合作。囚徒困境的均衡反映了一个问题：从个人理性角度出发所选择的策略，从整体来看，却是最差的结局。即个人理性和团体理性往往是冲突的。这个结论可以运用在寡头市场上，说明寡头为什么在即使合作符合他们的最大利益时也不能维持合作。

第五节　总需求和总供给

一、社会总需求、社会总供给的含义

(一)社会总需求的含义

总需求是经济社会需求产品和劳务的总量，这一需求总量通常以产出水平(Y)来表示。在四部门经济中，总需求是由消费需求、投资需求、政府需求和国外需求构成。影响总需求的变量因素除了价格水平、人们的收入、对未来的预期等，还包括诸如税收、政府购买以及货币供给等政策变量。

由 IS-LM 图形可以推导出总需求曲线。总需求曲线表示产品市场与货币市场同时达于均衡时的价格水平与产出水平的组合。总需求曲线是向右下方倾斜的。它表示，价格水平越低，需求总量越大；价格水平越高，需求总量越小。即价格水平和需求总量呈反方向变化的关系。

(二)社会总供给的含义

总供给是经济社会所提供的产品和劳务的总产量(或国民收入)，即经济社会投入的基本资源所生产的产量。

按照货币工资(w)和价格水平(P)进行调整所要求的时间的长短，宏观经济学将总产出与价格水平之间的关系分为三种，即古典总供给曲线、凯恩斯总供给曲线和常规总供给曲线。下面分别进行阐述。

(1)按照西方古典学派的观点,在长期中,劳动总是处于充分就业状态,从而产量也总是处于相对应的 y_f 水平,无论是什么价格水平,经济社会供应的产品数量都一样。因此,古典学派认为,总供给曲线是一条位于经济的潜在产量或充分就业产量水平上的垂直线。如图2-8所示,该图所显示的垂直线即为古典总供给曲线。

(2)凯恩斯认为,由于存在失业,厂商们可以在现行工资水平上,使得平均生产成本不随产出水平变化而变化。于是,他们愿意按现行价格水平,提供需求所要求的数量。因此,凯恩斯的总供给曲线被认为是一条水平线,如图2-9中的 P_0E_0 所示。

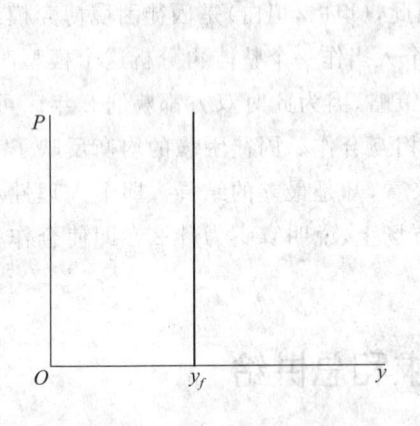

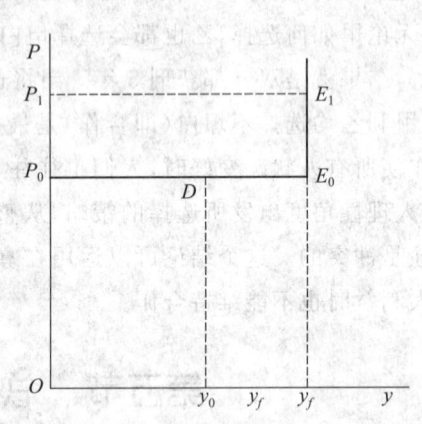

图2-8 古典总供给曲线　　图2-9 凯恩斯总供给曲线

(3)西方学者认为,在常规的情况下,短期总供给曲线位于两个极端之间,随着价格的上升,经济社会提供的总产量将增加。如图2-10的 CC 线所示。

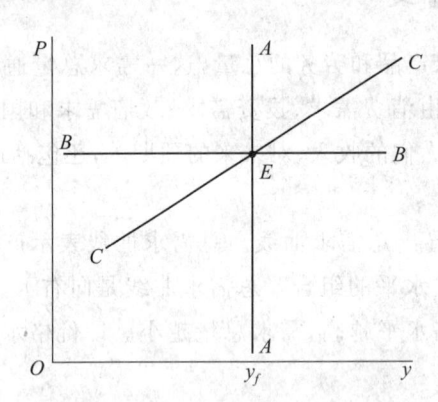

图2-10 常规总供给曲线(线性的)

向上倾斜的 CC 线表示,价格水平和总产量呈同方向变化。

二、宏观市场均衡的基本原理

在短期中,充分就业和物价稳定是宏观经济试图达到的目标。如图2-11所示。AD 是总需求曲线,AS 是总供给曲线,两者相交于 E_0 点,此时的均衡产量为 y_f,y_f 是充分就业的产量水平，此时宏观经济实现了均衡。

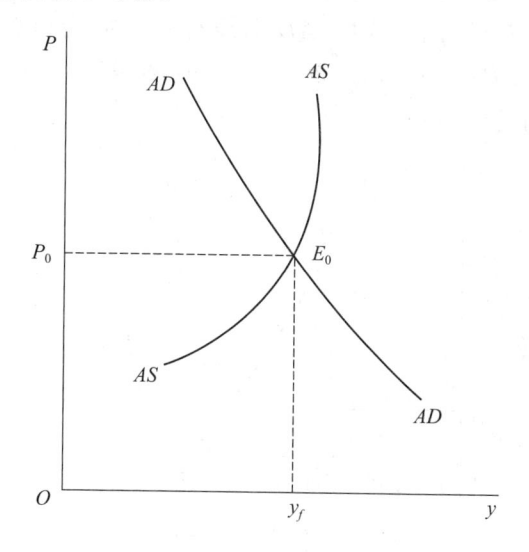

图 2-11　宏观经济的短期目标

当二者的交点偏离点 E_0 时，总需求曲线（AD）和总供给曲线（AS）移动的情况如下：

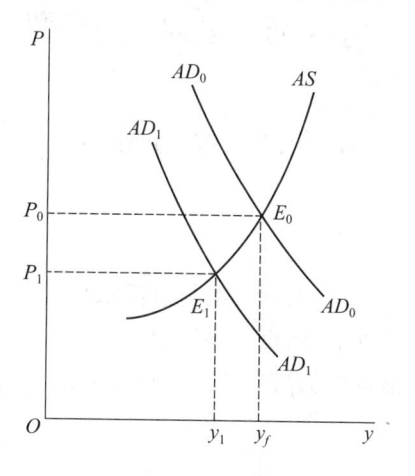

（一）总需求曲线移动的后果

总需求曲线移动的后果可以用图 2-12 加以说明，以总需求曲线向左移动为例。

图 2-12　总需求曲线移动的后果

在图 2-12 中，初始状态处于充分就业、物价稳定的 E_0 点。此时，如果总需求减少，AD_0 向左移动到 AD_1 的位置，这样，AD_1 曲线和 AS 曲线相交于 E_1 点，E_1 的产量为 y_1，价格水平为 P_1，二者均低于充分就业的数值。这表明，经济社会处于萧条状态，偏离了均衡点。

（二）总供给曲线移动的后果

总供给曲线移动的后果可以由图 2-13 表示出来，以总供给曲线向左移动为例。

在图 2-13 中，初始状态处于充分就业、物价稳定的 E_0 点。此时，由于某种原因，AS 曲线由 AS_0 向左移动到 AS_1 的位置，这样，AD 曲线与 AS_1 曲线相交于 E_1 点，E_1 的产量为 y_1，价格水平为 P_1。价格 P_1 大于 P_0，产量 y_1 小于 y_f，这表明，经济社会处于失业和通货膨胀并存的状态，经济没有达到均衡。

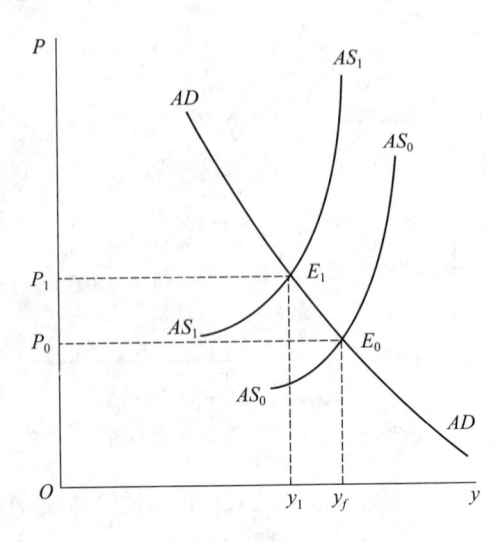

图 2-13 总供给曲线移动的后果

第六节 IS-LM 模型

一、产品市场和货币市场的一般均衡

(一) 产品市场的一般均衡

产品市场的均衡，是指产品市场上总供给与总需求相等。在两部门经济中，产品市场达到均衡的条件是总需求等于总供给，即投资等于储蓄 ($i=s$)。假定消费函数为 $c=\alpha+\beta y$，投资函数为 $i=e-dr$，这样，如果把两部门经济中的市场需求与供给的关系用经济模型表示出来，可得到下列三个关系式：

$$i=e-dr \qquad ①$$
$$s=-\alpha+(1-\beta)y \qquad ②$$
$$i=s \qquad ③$$

将以上各关系式整理后可得：

$$y=\frac{\alpha+e-dr}{1-\beta} \qquad ④$$

从上式可以看到，储蓄等于投资是使产品市场保持均衡的必要条件，则均衡的国民收入与利率之间存在着反方向变化的关系。

以纵轴代表利率,以横轴代表收入,则可得到一条反映收入和利率之间相互关系的曲线。将这条曲线称为 IS 曲线。IS 曲线是描述产品市场达到均衡($i=s$)时,国民收入与利率之间存在反方向变动关系的曲线。

(二)货币市场的一般均衡

货币市场上的供给和需求的均衡决定了利率,而货币的供给量是由货币当局所控制,假定它是一个外生变量,所以,货币市场的均衡只能通过调节对货币的需求来实现。产生货币需求的动机有交易动机、预防动机和投机动机三种。交易动机和预防动机与收入正相关,是收入的增函数。投机动机与利率负相关,是利率的减函数。

假定 m 代表实际货币供给量,当货币市场实现均衡时,有 $m=L=L_1(y)+L_2(r)=ky-hr$。其中,L_1 是货币的交易需求(由交易动机和预防动机引起),L_2 是货币的投机需求。L_1 随收入增加而增加,L_2 随利率上升而减少。

当 m 给定时,$m=ky-hr$ 的公式可表示货币市场达到均衡时的收入与利率的组合关系,这一关系的图形就被称为 LM 曲线。由于货币市场均衡时 $m=ky-hr$,因此有:

$$y=\frac{hr}{k}+\frac{m}{k} \text{ 或 } r=\frac{ky}{h}-\frac{m}{h}$$

二、IS-LM 模型

当 IS 曲线和 LM 曲线相交时,产品市场和货币市场同时实现了均衡。如图 2-14 所示,IS 曲线和 LM 曲线相交于 E 点,在 E 点同时实现了两个市场的均衡,E 点也同时决定了均衡收入和均衡利率。

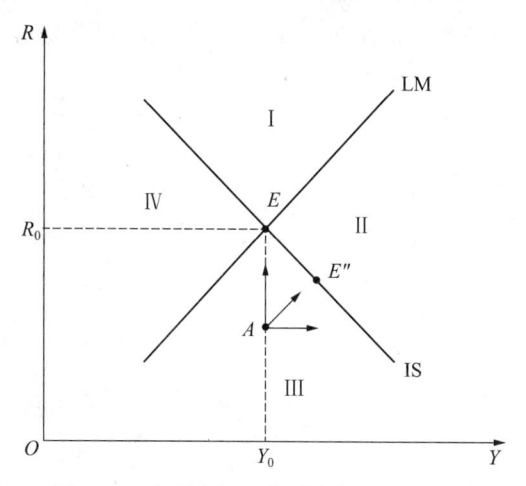

图 2-14 产品市场和货币市场的一般均衡

从图 2-14 可以看出,IS 曲线和 LM 曲线把坐标平面分成了四个区域:Ⅰ、Ⅱ、Ⅲ、Ⅳ区域,这四个区域中的非均衡关系如表 2-5 所示。

表 2-5　产品市场和货币市场的非均衡

区域	产品市场	货币市场
Ⅰ	$i<s$ 有超额产品供给	$L<M$ 有超额货币供给
Ⅱ	$i<s$ 有超额产品供给	$L>M$ 有超额货币需求
Ⅲ	$i>s$ 有超额产品需求	$L>M$ 有超额货币需求
Ⅳ	$i>s$ 有超额产品需求	$L<M$ 有超额货币供给

只有在 IS 曲线与 LM 曲线的交点，才会产生均衡收入和均衡利率。如果 IS 不均衡会导致收入变动：投资小于储蓄会导致收入下降，投资大于储蓄会导致收入上升；LM 不均衡会导致利率变动：货币需求小于货币供给会导致利率下降，货币需求大于货币供给会导致利率上升。这种调整最终都会趋向均衡收入和均衡利率。

第七节　可贷资金市场

一、可贷资金市场均衡

可贷资金市场是指想借钱投资的人能够借贷资金、想储蓄的人可以提供资金的市场。投资是可贷资金需求的来源。可贷资金的供给来自国民储蓄，包括私人储蓄和公共储蓄。

利率是贷款的价格。它代表贷款者从其储蓄或放贷中得到的货币量以及借款者要为借款支付的货币量。随着利率的上升，贷款者可以获得高利息，可贷资金供给量增加。然而，借款者需要支付高利息，可贷资金需求量减少。也就是说，可贷资金的供给曲线向右上方倾斜，而可贷资金的需求曲线向右下方倾斜。

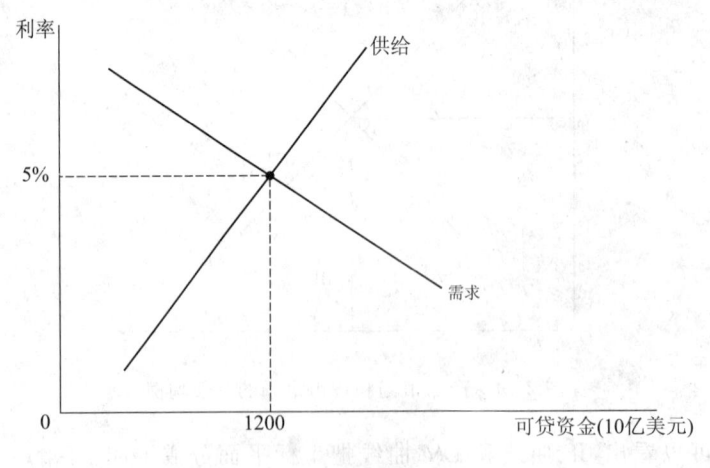

图 2-15　可贷资金市场

可贷资金市场的需求曲线和供给曲线相交时，可贷资金市场实现了均衡，交点决定了均衡利率和均衡货币量。

二、外汇市场均衡及可贷资金市场与外汇市场同时均衡

(一)外汇市场均衡

外汇市场均衡的条件：

$$资本净流出\ NCO = 净出口\ NX$$

等式右边的代表外汇市场的需求方，表示为了购买美国物品与劳务的净出口而需要的美元量。等式左方的资本净流出代表外汇市场的供给方，表示为购买国外资产而供给的美元量。

图 2-16 表明了外汇市场的需求与供给。需求曲线向右下方倾斜，即较低的真实汇率使美国的物品更加便宜，并增加了为购买这些物品而需求的美元量。供给曲线是垂直的，因为为资本净流出而供给的美元量并不取决于真实汇率。

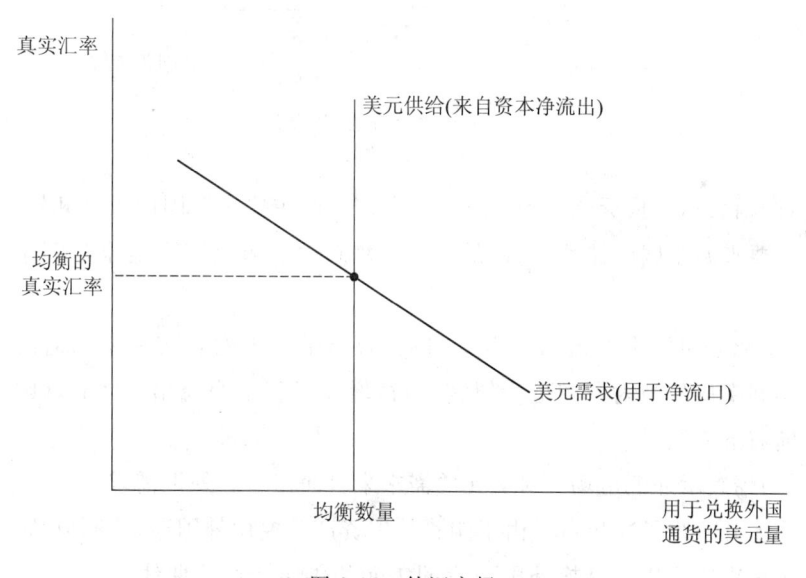

图 2-16 外汇市场

如图 2-16 所示，外汇市场上的需求曲线与供给曲线相交时，交点决定的汇率是均衡汇率，此时外汇市场实现了均衡，人们为购买净出口而需求的美元数量正好等于为购买外国资产而供给的美元数量。

(二)可贷资金市场与外汇市场同时均衡

图 2-17 说明了可贷资金市场和外汇市场如何同时达到均衡。

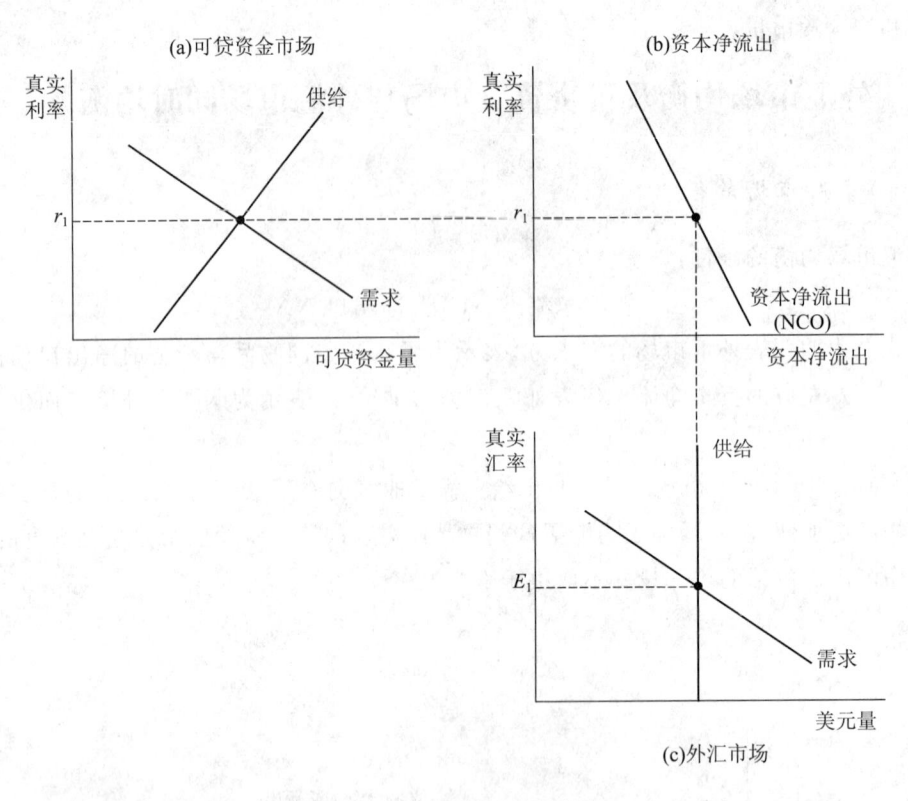

图 2-17 开放经济的实际均衡

图 2-17(a)幅表示可贷资金市场。可贷资金需求的主要来源国内投资和资本净流出，可贷资金供给主要来源于国民储蓄，均衡的真实利率（r_1）使可贷资金需求量等于可贷资金供给量。

图 2-17(b)幅表示资本净流出。它说明从(a)幅中得出的真实利率如何决定资本净流出。国内真实利率低使国内资产更为便宜，而这增加了资本净流出。因此，(b)幅中的资本净流出曲线向右下方倾斜。

图 2-17(c)幅表示外汇市场。对美元的需求来自净出口。外汇需求曲线向右下方倾斜，因为真实汇率上升减少了净出口。由于购买外国资产需要用外国通货，所以从(b)幅中得出的资本净流出量决定了用于兑换外国通货的美元的供给。供给曲线是垂直的，因为真实汇率并不影响资本净流出。均衡的真实汇率（E_1）使外汇市场上美元的需求量等于供给量。

图 2-17 中所表示的两个市场决定了两个相对价格——真实汇率和真实利率。(a)幅中可贷资金市场需求和供给决定的真实利率是相对于未来物品与劳务的现期物品与劳务的价格。(c)幅中外汇市场需求和供给决定的真实汇率是相对于国外物品与劳务的国内物品与劳务的价格。这两个相对价格同时调整使可贷资金市场和外汇市场的供求达到均衡。当这两个相对价格调整时，它们就决定了国内投资、国民储蓄、净出口和资本净流出。

过关演练

一、选择题(以下备选项中只有一项符合题目要求)

1. 假设有两家厂商,它们面临的是线性需求曲线 $P=A-BY$,每家厂商边际成本为0,古诺均衡情况下的产量是( )。
   A. $A/3B$ 　　　　　　　　B. $A/5B$
   C. $A/4B$ 　　　　　　　　D. $A/2B$

   【答案】A

   【解析】该市场仅有两家厂商,属于寡头垄断市场。根据市场的线性需求曲线 $P=A-BY$,完全垄断下,市场的总产量为:$Q_0=A/B$。寡头市场每个厂商的均衡产量相同,总产量为 $\rho_{XY}Q_0$,因此,双头垄断每个厂商的均衡产量为 $A/3B$。

2. 下列不属于垄断竞争型市场特点的是( )。
   A. 生产者众多,各种生产资料可以流动
   B. 生产的产品同种但不同质
   C. 这类行业初始投入资本较大,阻止了大量中小企业的进入
   D. 对其产品的价格有一定的控制能力

   【答案】C

   【解析】C项,"初始投入资本较大,阻止了大量中小企业的进入"属于寡头垄断市场的特点。

3. 关于完全垄断市场,下列说法错误的是( )。
   A. 能很大程度地控制价格,且不受管制
   B. 有且仅有一个厂商
   C. 产品唯一,且无相近的替代品
   D. 进入或退出行业很困难,几乎不可能

   【答案】A

   【解析】A项,在完全垄断市场,垄断厂商控制了整个行业的生产和市场的销售,可以控制和操纵市场价格,但是受到政府的管制。

4. 在其他条件不变的情况下,如果某产品需求价格弹性系数小于1,则当该产品价格提高时,( )。
   A. 会使生产者的销售收入减少
   B. 不会影响生产者的销售收入
   C. 会使生产者的销售收入增加
   D. 生产者的销售收入可能增加也可能减少

   【答案】C

   【解析】需求价格弹性和总销售收入的关系有:①如果需求价格弹性系数小于1,价格上升

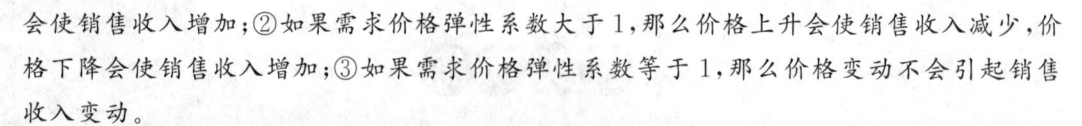

会使销售收入增加;②如果需求价格弹性系数大于1,那么价格上升会使销售收入减少,价格下降会使销售收入增加;③如果需求价格弹性系数等于1,那么价格变动不会引起销售收入变动。

5.完全垄断企业为了实现利润最大化,应遵循的决策原则是(　　)。
　　A.按照价格弹性进行价格歧视
　　B.边际收益大于边际成本
　　C.边际收益等于边际成本
　　D.边际收益等于平均收益曲线
【答案】C
【解析】不论在何种市场上,企业实现利润最大化的决策原则都是边际收益等于边际成本。

6.垄断竞争厂商短期均衡时,(　　)。
　　A.厂商一定能获得超额利润
　　B.厂商一定不能获得超额利润
　　C.只能得到正常利润
　　D.获得超额利润、发生亏损及获得正常利润三种情况都可能发生
【答案】D
【解析】在短期均衡状态下,垄断竞争厂商可能获得经济利润,也可能只获得正常利润,还可能蒙受亏损,这取决于短期均衡条件下,市场价格和平均成本的关系。垄断竞争厂商根据 $MR=MC$ 的原则调整产量和价格,直到使市场供求相等和 $MR=MC$ 同时实现为止。此时的价格大于平均成本,厂商获得最大利润;价格小于平均成本,厂商获得最小亏损;价格等于平均成本,厂商经济利润为零。

7.总需求曲线向下方倾斜的原因是(　　)。
　　A.随着价格水平的下降,居民的实际财富下降,他们将增加消费
　　B.随着价格水平的下降,居民的实际财富增加,他们将增加消费
　　C.随着价格水平的上升,居民的实际财富下降,他们将增加消费
　　D.随着价格水平的上升,居民的实际财富上升,他们将减少消费
【答案】B
【解析】当价格水平上升时,人们手中名义资产的数量不会改变,但以货币购买力衡量的实际资产的数量会减少,因此,人们在收入不变的情况下就会减少对商品的需求量而增加名义资产数量以维持实际资产数额不变。其结果是价格水平上升时,人们所愿意购买的商品总量减少,即减少消费;价格水平下降时,人们所愿意购买的商品总量增加,即增加消费。

8.以下政策可以扩大社会总需求的是(　　)。
　　A.提高税率　　　　　　　　　B.实行税收优惠
　　C.降低投资支出水平　　　　　D.减少转移性支出

【答案】B

【解析】在经济萧条时期,政府通过降低税率、实行更多税收优惠、增加财政补贴支出、增加企业和个人可支配收入、鼓励企业和个人的投资需求和消费需求,增加社会总需求,促进经济增长。

9.当经济过热时,政府(　　),可以减缓需求过旺势头。
　　A.扩大财政赤字规模　　　　　　B.增加国债发行规模
　　C.减少社会保障支出　　　　　　D.增加购买性支出

【答案】C

【解析】当经济处于过热时期,政府通过减少财政补贴支出,使企业和个人的可支配收入减少,抑制企业和个人的投资需求和消费需求,进而减少社会总需求,实现经济平稳回落;当经济处于萧条时期,政府可以通过增加财政补贴支出使企业和个人的可支配收入增加,鼓励企业和个人扩大投资需求和消费需求,进而增加社会总需求,拉动经济增长。

10.货币供给是(　　)以满足其货币需求的过程。
　　A.中央银行向经济主体供给货币
　　B.政府授权中央银行向经济主体供给货币
　　C.一国或货币区的银行系统向经济主体供给货币
　　D.现代经济中的商业银行向经济主体供给货币

【答案】C

【解析】货币供给是相对于货币需求而言的,它是指货币供给主体即一国或者货币区的银行系统向经济主体供给货币以满足其货币需求的过程。

二、组合型选择题(以下备选项中只有一项最符合题目要求)

1.当社会总供给大于总需求时,政府可实施的财政政策措施有(　　)。
　　Ⅰ.增加财政补贴支出
　　Ⅱ.实行中性预算平衡政策
　　Ⅲ.缩小预算支出规模
　　Ⅳ.降低税率
　　A.Ⅰ、Ⅱ　　　　　　　　　　　B.Ⅰ、Ⅳ
　　C.Ⅲ、Ⅳ　　　　　　　　　　　D.Ⅱ、Ⅲ、Ⅳ

【答案】B

【解析】社会总供给大于总需求,即社会总需求不足,在这种情况下,政府通常采取扩张性财政政策,通过减税、增加支出等手段扩大社会需求,提高社会总需求水平,缩小社会总需求与社会总供给之间的差距,最终实现社会总供需的平衡。

2.在社会总需求大于社会总供给的经济过热时期,政府可以采取的财政政策有(　　)。
　　Ⅰ.缩小政府预算支出规模
　　Ⅱ.鼓励企业和个人扩大投资
　　Ⅲ.减少税收优惠政策

Ⅳ.降低政府投资水平

A. Ⅰ、Ⅱ　　　　　　　　　　　B. Ⅱ、Ⅲ

C. Ⅰ、Ⅱ、Ⅲ　　　　　　　　　D. Ⅰ、Ⅲ、Ⅳ

【答案】D

【解析】在社会总需求大于社会总供给的情况下,政府通常采取紧缩性的财政政策,通过增加税收、减少财政支出等手段,减少或者抑制社会总需求,达到降低社会总需求水平,最终实现社会总供需的平衡。Ⅱ项属于扩张性的财政政策。

3.通常情况下,影响某种商品的供给价格弹性大小的因素有(　　)。

Ⅰ.该种商品替代品数量和相近程度

Ⅱ.该种商品的用途

Ⅲ.该种商品的生产自然条件状况

Ⅳ.该种商品的生产周期

A. Ⅰ、Ⅱ　　　　　　　　　　　B. Ⅱ、Ⅳ

C. Ⅲ、Ⅳ　　　　　　　　　　　D. Ⅰ、Ⅱ、Ⅲ

【答案】C

【解析】影响供给价格弹性的因素主要有:①时间(决定供给弹性的首要因素);②生产周期和自然条件;③投入品替代性大小和相似程度。Ⅰ、Ⅱ两项是影响需求价格弹性的因素。

4.关于垄断竞争市场的说法,正确的有(　　)。

Ⅰ.企业的需求曲线就是行业的需求曲线

Ⅱ.不同企业生产的产品存在差别

Ⅲ.企业不是完全的价格接受者

Ⅳ.进入或退出市场比较容易

A. Ⅰ、Ⅱ、Ⅲ　　　　　　　　　B. Ⅰ、Ⅱ、Ⅳ

C. Ⅱ、Ⅲ、Ⅳ　　　　　　　　　D. Ⅰ、Ⅱ、Ⅲ、Ⅳ

【答案】C

【解析】垄断竞争市场的主要特征包括:①具有很多的生产者和消费者;②产品具有差异性,生产者不再是完全的价格接受者;③进入或退出市场比较容易,不存在任何进入障碍。Ⅰ项,完全垄断企业的需求曲线就是行业的需求曲线。

5.完全垄断市场是一种比较极端的市场结构。在我国,下列市场接近于完全垄断市场的有(　　)。

Ⅰ.小麦　　　　　　　　　　　　Ⅱ.铁路

Ⅲ.邮政　　　　　　　　　　　　Ⅳ.钢铁

A. Ⅰ、Ⅱ　　　　　　　　　　　B. Ⅰ、Ⅳ

C. Ⅱ、Ⅲ　　　　　　　　　　　D. Ⅲ、Ⅳ

【答案】C

【解析】在我国,铁路、邮政属于政府垄断;小麦等农产品市场接近于完全竞争市场;钢铁行业有若干大的生产商,接近于寡头垄断市场;啤酒、糖果等市场,生产者较多,接近于垄断竞争市场。

6. 下列有关储蓄—投资恒等式的说法,正确的有( )。
   Ⅰ. $I=S$
   Ⅱ. $I=S+(T-G)$
   Ⅲ. $I=S+(M-X)$
   Ⅳ. $I=S+(T-G)+(M-X)$
   A. Ⅰ、Ⅱ、Ⅲ　　　　　　　　B. Ⅰ、Ⅱ、Ⅳ
   C. Ⅰ、Ⅲ、Ⅳ　　　　　　　　D. Ⅱ、Ⅲ、Ⅳ

【答案】B

【解析】Ⅰ、Ⅱ、Ⅳ三项分别是两部门、三部门和四部门经济中的储蓄—投资恒等式。

7. 短期总供给曲线是一条向右上方倾斜的曲线,这表明( )。
   Ⅰ. 价格水平越高,投资的效率就越低
   Ⅱ. 价格水平越高,国民收入水平越高
   Ⅲ. 利率水平越高,投资的效率就越高
   Ⅳ. 价格与国民收入同方向变动
   A. Ⅰ、Ⅲ　　　　　　　　　　B. Ⅰ、Ⅳ
   C. Ⅱ、Ⅲ　　　　　　　　　　D. Ⅱ、Ⅳ

【答案】D

【解析】短期总供给曲线一般是一条向右上方倾斜的曲线,它表示价格与国民收入同方向变动。短期内随着价格水平的下降,企业愿意提供的产品数量减少;价格水平上升时企业愿意提供的产品数量上升。其原因是,由于价格和工资调整缓慢,企业的成本在短期内表现相对稳定,当产品价格上升时,企业的利润上升,企业将会扩大生产,社会总产出就相应增加。

8. 私人完全垄断一般有以下( )情形。
   Ⅰ. 根据政府授予的特许专营
   Ⅱ. 根据专利生产的独家经营
   Ⅲ. 由于资本雄厚、技术先进而建立的排他性的私人垄断经营
   Ⅳ. 初始投入资本较大,阻止了大量中小企业的进入
   A. Ⅰ、Ⅱ、Ⅲ、Ⅳ　　　　　　B. Ⅰ、Ⅱ、Ⅲ
   C. Ⅱ、Ⅲ、Ⅳ　　　　　　　　D. Ⅰ、Ⅱ、Ⅳ

【答案】B

【解析】私人完全垄断包括根据政府授予的特许专营,或根据专利生产的独家经营以及由于资本雄厚、技术先进而建立的排他性的私人垄断经营。Ⅳ项属于寡头垄断型市场。

9. 下列关于弹性的表达中,正确的有( )。

Ⅰ.需求价格弹性是需求量变动对价格变动的敏感程度

Ⅱ.需求价格弹性等于需求的变动量除以价格的变动量

Ⅲ.收入弹性描述的是收入与需求量的关系

Ⅳ.交叉弹性是一种商品的价格变化对另一种商品需求量的影响

A. Ⅰ、Ⅱ、Ⅲ B. Ⅰ、Ⅱ、Ⅳ
C. Ⅰ、Ⅲ、Ⅳ D. Ⅱ、Ⅲ、Ⅳ

【答案】C

【解析】Ⅱ项,需求价格弹性是用来测度商品需求量变动对于商品自身价格变动反应的敏感性程度,它等于需求变动的百分比除以价格变动的百分比。

10.完全垄断型市场结构的特点有( )。

Ⅰ.垄断者根据市场情况制定理想的价格和产量

Ⅱ.产品没有或缺少合适的替代品

Ⅲ.垄断者在制定理想的价格与产量时不会受到政府的约束

Ⅳ.市场被独家企业所控制

A. Ⅰ、Ⅱ、Ⅲ B. Ⅰ、Ⅱ、Ⅳ
C. Ⅱ、Ⅲ、Ⅳ D. Ⅰ、Ⅱ、Ⅲ、Ⅳ

【答案】B

【解析】完全垄断型市场结构的特点有:①市场被独家企业所控制,其他企业不可以或不可能进入该行业;②产品没有或缺少相近的替代品;③垄断者能够根据市场的供需情况制定理想的价格和产量,在高价少销和低价多销之间进行选择,以获取最大的利润;④垄断者在制定产品的价格与生产数量方面的自由性是有限度的,要受到反垄断法和政府管制的约束。

第三章 金融学

考情分析

本章主要包括利率与风险、资产定价、有效市场与行为金融三部分。其中,利率与风险部分主要介绍了单、复利,终值与现值,无风险利率和风险溢价等基本概念;资产定价部分主要介绍了定价的假设条件,资本资产定价模型,资本市场线和证券市场线,因素模型;有效市场和行为金融部分主要介绍了有效市场假说,金融市场中的行为偏差,行为资产定价理论与资产组合理论。

备考方法

本章理解性的内容比较多,难度也大,有的知识点看似简单,实际涉及的小考点多,考生必须牢记考点,才能在短时间内选出正确答案,最近 3 次考试本章的平均分为 12 分。在复习过程中,考生应区分理解单、复利,现值与终值,资本市场线与证券市场线,掌握资产定价的假设条件、资本资产定价模型和因素模型,理解有效市场假说,对于预期效用理论、行为偏差原理、行为资产定价、组合理论等内容,要求考生熟练掌握。

● 思维导图 ●

```
              ┌ 单利、复利、连续复利的含义
       利率、风 │ 终值、现值与贴现因子的含义
       险与收益 │ 无风险利率和风险评价、风险偏好的概念
              └ 无风险利率和风险溢价的度量方法及主要影响因素

              ┌ 资本资产定价模型的假设条件
              │ 资本市场线、证券市场线的定义和图形
       资产定价 │ 证券系数的含义和应用
              │ 资本资产定价模型的含义和应用
   金          └ 因素模型的含义和应用
   融
   学
              ┌ 市场有效性和信息类型
              │ 有效市场假说的含义、特征、应用和缺陷
              │ 预期效用理论
       有效市场 │ 判断与决策中的认知偏差
       行为金融 │ 金融市场中的行为偏差的原理
              │ 行为偏差原理
              │ 行为资产定价理论
              └ 行为资产组合理论
```

● 考点精讲 ●

第一节　利率、风险与收益

一、单利和复利的含义

表 3-1　单利和复利的含义

	定义	计算公式
单利	单利是以本金为基数计算利息,已过计息日但没有提取的利息不并入本金计息的一种方法	$S=P(1+rn)$ 式中:投资的期限为 n 期,每期利率为 r
复利	复利也称利滚利,是将上期利息并入本金中重复计算利息的一种方法	$S=P(1+r)^n$ 式中:投资的期限为 n 期,每期利率为 r

二、连续复利的含义

连续复利,是指在复利的基础上,当期数趋于无限大时计算得到的利率。

假设本金为 P_0,年利率为 i,如果每年含有 m 个复利结算周期,当复利结算的周期数 $m \to \infty$,n 年后的本利和为:$\lim_{m \to \infty}\left(1+\frac{i}{m}\right)^{\frac{1}{i/m}}=e$;$P_n = P_0 e^{ni}$。

三、终值、现值与贴现因子的含义

表 3-2　终值、现值与贴现因子的含义

概念	含义
终值	对于任何一定量的货币资金,它在未来某一特定时点上的价值都可以根据利率计算出来。这个"价值"就是前面说的本利和,也即"终值"
现值	将未来某一特定时点上的一定量的货币资金看作是那时的本利和,就可按现行利率计算出要想取得这样数量的本利和,现在所必须具有的本金,这样逆算出来的本金就是"现值"
贴现因子	贴现因子是指将未来某一特定时点上的终值(本利和)折算成现值的介于 0~1 之间的一个数。$\frac{1}{(1+r)^n}$ 就是贴现因子

四、无风险利率和风险评价、风险偏好的概念

表 3-3　无风险利率和风险评价、风险偏好的概念

概念	内容
无风险利率	指将一定量的货币资金投资于某一项不需要承担任何风险的投资对象而能够获得的利息率
风险评价	指在风险识别和风险估测的基础上,结合其他因素对风险发生的概率、损失程度等进行全面的考虑,评估发生风险的可能性及将会造成的危害,并与公认的安全指标相比较,以衡量风险的程度,并决定是否需要采取相应的措施来应对风险的过程。风险价值(VaR)方法是一种重要的风险评价和控制方法
风险偏好	指为了达到既定的目标,投资者在承担风险的种类、大小等方面的基本态度。根据投资者对风险的偏好程度,可将其分为风险偏好者、风险厌恶者和风险中立者。对于同样的风险,越是厌恶风险的人所要求的风险补偿越高

五、无风险利率和风险溢价的度量方法及主要影响因素

表 3-4 无风险利率和风险溢价的度量方法及主要影响因素

	度量方法	主要影响因素
无风险利率	①用短期国债利率作为无风险利率; ②用利率期限结构中的远期利率来估计远期的无风险利率; ③用即期的长期国债利率作为无风险利率	①资产市场化程度; ②信用风险因素; ③流动性因素
风险溢价	风险溢价是指由于投资者承担了风险而相应可以获得高出无风险资产收益的收益,$\bar{r}_m - r_f$ 为市场组合 M 的风险溢价。资产的市场风险溢价系数通常用 β 来表示。根据上述无风险利率的度量方法,可得到对应的三种风险溢价的度量方法。	①信用风险因素; ②流动性因素; ③到期日因素

第二节 资产定价

一、资本资产定价模型的假设条件

(1)投资者根据均值-方差方法来评价其投资组合;
(2)投资者是追求自身效用最大化的理性人;
(3)投资者是厌恶风险的;
(4)市场上存在一种无风险资产,投资者可以按无风险利率借贷任意数额的无风险资产;
(5)税收和交易费用均忽略不计,即不存在任何市场摩擦。

二、资本市场线和证券市场线的定义和图形

(一)资本市场线

根据一种无风险资产和一组风险资产组合构成的特定资产组合的期望收益率和风险,可以在坐标图上画出一条向上倾斜的、与马科维茨资产组合曲线相切的直线,该直线即为资本市场线。如图 3-1 所示。

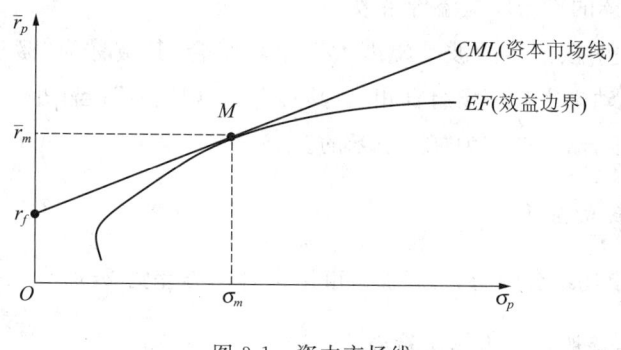

图 3-1 资本市场线

资本市场线可以用如下公式表示为：

$$\bar{r}_p = r_f + \frac{\bar{r}_m - r_f}{\sigma_m} \times \sigma_p$$

(二)证券市场线

在资本市场线的基础上，可以得到一条以无风险利率 r_f 为截距、市场组合的风险溢价 $\bar{r}_m - r_f$ 为斜率的直线，此直线即为证券市场线。它直观地表现出特定资产的风险与期望收益率的关系。如图 3-2 所示。

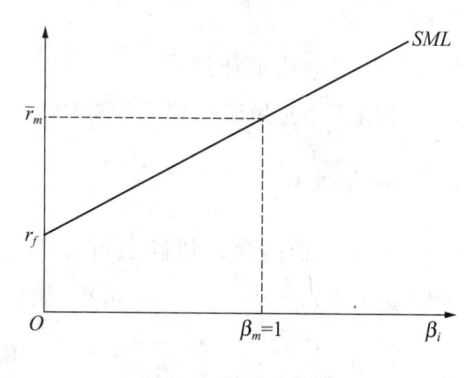

图 3-2 证券市场线

三、证券系数的含义和应用

(一)证券系数的含义

单个证券对整个市场组合风险的影响可以用 β 系数来表示。它是用来衡量证券市场风险(系统性风险)的工具，在数值上等于资产 i 与包括资产 i 在内的市场组合 m 的协方差同市场组合 m 的方差之比：

$$\beta_i = \frac{\sigma_{i,m}}{\sigma_m^2}$$

式中，β_i 为第 i 种资产的市场风险溢价系数。

当 $|\beta|>1$ 时，表明该证券的波动幅度大于市场组合，其被称为"激进型"的；当 $|\beta|=1$ 时，表明该证券的波动幅度与市场组合相当，其具有"平均风险"；当 $|\beta|<1$ 时，表明该证券的波动幅度小于市场组合，其被称为"防卫型"的。

(二) 证券系数的应用

已知某股票与市场组合的协方差为 4，市场组合的方差为 2，那么根据证券系数的计算公式：$\beta_i=\dfrac{\sigma_{i,m}}{\sigma_m^2}$，可得，该股票的市场风险溢价系数 $\beta=4/2=2$。

四、资本资产定价模型的含义及应用

(一) 资本资产定价模型的含义

单个证券的期望收益率可以表示为：
$$\bar{r}_i=r_f+\beta_i(\bar{r}_m-r_f)$$

上述公式就是资本资产定价模型（CAPM），它反映的是单个特定证券的风险与其期望收益率之间的关系。

公式右边可以分为两部分：
(1) 用无风险利率表示的投资的机会成本补偿；
(2) 用风险溢价表示的投资者由于承担风险而要求的补偿。

(二) 资本资产定价模型的应用

已知目前的无风险利率是 3%，市场组合的风险溢价是 5%，如果某股票的 β 系数是 1.5，那么，根据资本资产定价模型：$\bar{r}_i=r_f+\beta_i(\bar{r}_m-r_f)$，可得，该股票的期望收益率 $\bar{r}_i=3\%+1.5\times5\%=10.5\%$。

五、因素模型的含义及应用

(一) 因素模型的含义

假定除了证券市场风险（系统性风险）以外，还存在 n 个影响证券收益率的非市场风险因素（非系统性风险），则在资本资产定价模型的基础上可以得出多因素模型，其公式为：
$$\bar{r}_i=r_f+\beta_{i,M}(\bar{r}_M-r_f)+\beta_{i,f1}(\bar{r}_{f1}-r_f)+\beta_{i,f2}(\bar{r}_{f2}-r_f)+\cdots+\beta_{i,fn}(\bar{r}_{fn}-r_f)$$

式中，$f_1,f_2,\ldots,f_n$ 为从 1 到 n 个非市场风险因素；$\beta_{i,M}$ 为第 i 种资产的市场风险溢价系数；$\beta_{i,f1},\beta_{i,f2},\ldots,\beta_{i,fn}$ 为第 1 到 n 个非市场风险因素的溢价系数 $\bar{r}_{f1},\bar{r}_{f2},\ldots,\bar{r}_{fn}$ 为因素 1 到 n 的期望收益率。

(二)因素模型的应用

已知目前的无风险利率是3%,市场风险和非市场风险因素1、2、3的风险利率分别为5%、6%、7%和8%,如果某股票与风险因素相对应的β系数分别为1.5、2、2.5和3,则该股票的期望收益率为:

$$\overline{r_i}=3\%+1.5\times(5\%-3\%)+2\times(6\%-3\%)+2.5\times(7\%-3\%)+3\times(8\%-3\%)=34\%$$

第三节 有效市场和行为金融

一、市场有效性和信息类型

(一)市场有效性

市场有效性,是指市场根据新信息迅速调整证券价格的能力。如果市场是有效的,那么证券的价格可以对最新出现的信息做出快速的反应,价格迅速调整到位。反之,如果市场是无效的,那么证券的价格不会对新信息做出反应。

(二)信息类型

市场有效性假说界定了三种形式的资本市场:弱式有效市场、半强式有效市场和强式有效市场。具体如表3-5所示。

表3-5 市场有效性的信息类型

市场类型	信息类型
弱式有效市场	证券的价格充分反映了过去的价格和交易信息,即历史信息
半强式有效市场	证券的价格反映了包括历史信息在内的所有公开发表的信息,即公开可得信息
强式有效市场	证券的价格反映了与证券相关的所有公开的和不公开的信息

二、有效市场假说的含义、特征、应用和缺陷

表3-6 有效市场假说的含义、特征、应用和缺陷

项目	内容
含义	有效市场假说是指证券在任一时点的价格都是对与证券相关的所有信息的即时、充分的反映

续表

项目	内容
特征	①将资本市场划分为弱式有效市场、半强式有效市场和强式有效市场三种形式； ②证券的价格能充分反映该证券的所有可获得的信息，即"信息有效"； ③证券的价格能够根据最新信息迅速做出调整
应用	①在高度有效的市场中，证券的价格应该与其预期价值一致，不存在偏离的情形；但是如果出现价格与价值偏离的情况，理性的投资者会立即掌握这一信息，迅速买进或卖出，使价格与价值趋于一致。因此，在高度有效的市场中，所有投资者都不可能获得超额收益。此时正确的投资策略是：与市场同步，取得和市场一致的投资收益。具体做法是：按照市场综合价格指数组织投资。 ②如果市场是弱有效的，即存在信息高度不对称，那么提前掌握大量消息或内部消息的投资者就可以比其他投资者更准确地识别证券的价值，并在价格与价值有较大偏离的情况下，通过买进或卖出的交易行为，获取超额收益。此时正确的策略或做法是：设法得到第一手的有效信息，确定价格被高估或者低估的证券，并作卖出或者买进的处理
缺陷	①理性人假设缺陷；②完全信息假设缺陷；③投资者均为风险厌恶者假设缺陷

三、预期效用理论

（一）预期效用理论的定义

预期效用理论亦称期望效用函数理论，是 20 世纪 50 年代冯·纽曼和摩根斯坦在公理化假设的基础上，运用逻辑和数学工具，建立的不确定条件下对理性人选择进行分析的框架。

（二）期望效用函数

如果某个随机变量 X 以概率 P_i 取值 $x_i(i=1,2,\cdots,n)$，并且某人在取得 x_i 时的效用为 $u(x_i)$，那么，该随机变量给他的效用可以用下面的公式表示为：

$$U(X)=E[u(X)]=P_1u(x_1)+P_2u(x_2)+\cdots+P_nu(x_n)$$

其中，$E[u(X)]$ 表示关于随机变量 X 的期望效用。

（三）预期效用理论的缺陷

(1) 预期效用理论描述了"理性人"在风险条件下的决策行为，但实际上投资者并不是纯粹的理性人；

(2) 预期效用理论在一系列选择实验中受到了一些"悖论"（同结果效应、同比率效应、反射效应、概率性保险、孤立效应、偏好反转等）的挑战。

四、判断与决策中的认知偏差

投资者在判断与决策中出现认知偏差的原因主要有:
(1)人性中存在包括自私、趋利避害等弱点;
(2)投资者的认知中存在诸如有限的短时记忆容量、不能全面了解信息等生理能力方面的限制;
(3)投资者的认知中受到信息获取、加工、输出、反馈等阶段的行为、心理偏差的影响。

五、金融市场中的行为偏差的原因

投资者在金融市场中出现行为偏差的原因如表3-7所示。

表3-7 金融市场中的行为偏差的原因

原因	内容
过度自信	投资者是过度自信的,尤其对其自身知识的准确性过度自信,从而系统性地低估某类信息并高估其他信息
后悔厌恶与处置效应	处置效应是指投资者为寻求自豪会倾向于过早卖出盈利的股票,而为避免遗憾会长期持有亏损的股票
投资经历、记忆与行为偏差	过去的经历或结果通常会影响投资者以后的风险决策,但是,人们的大脑防护机制总是倾向于过滤掉反面的信息,并改变对过去决策的回忆,导致投资者很难客观评价他们的决策行为是否符合既定的投资目标。因此,存在如下效应:"赌场效应"(赚钱之后倾向于购买风险更大的股票)——"尽量返利效应"(大部分交易最终都赔钱)——"蛇咬效应"(投资者害怕再次进入市场)
心理账户对投资行为的影响	心理账户是指人们在心里无意识地把财富划归不同的账户进行管理,不同的心理账户有不同的记账方式和心理运算规则。其存在使投资者在做决策时往往做出许多非理性的投资或消费行为
代表性思维与熟识性思维对投资组合的影响	代表性思维是指人们总是倾向于假定将来的模式会与过去相似,并寻求固定的模式来做判断,而没有考虑这种模式产生的原因和重复的概率;熟识性思维是指即使获胜的概率小一些,但投资者还是愿意选择自己了解的证券
投资者群体行为和投资者情绪	羊群行为是指投资者在信息环境不确定的情况下,容易模仿他人决策,或者过度依赖于舆论,而不考虑自己的信息的行为;投资者情绪是反映投资者意愿或预期的市场人气指标,它可以告诉投资者股市中的预期偏差,并以此提供获取超额收益的机会

六、行为资产定价理论

行为资产定价模型(BAPM)是谢弗林和斯塔曼在1994年挑战资本资产定价模型的基

础上提出来的。BAPM 是对现代资本资产定价模型（CAPM）的扩展。

BAPM 模型与 CAPM 有以下不同之处：

(1) 在 BAPM 模型中，投资者被划分为两类

①信息交易者。信息交易者是"理性投资者"，他们通常支持现代 CAPM 模型，在避免出现认识性错误的同时具有均值方差偏好。

②噪声交易者。噪声交易者通常跳出 CAPM 模型，不仅易犯认识性错误，而且没有严格的均值方差偏好。

当信息交易者占据交易的主体地位时，市场是有效率的；而当噪声交易者占据交易的主体地位时，市场是无效率的。

(2) 在 BAPM 模型中，证券的预期收益是由其"行为贝塔"决定的，行为资产组合（行为贝塔组合）中成长型股票的比例要比市场组合中的高。因此，在 BAPM 中，虽然均值方差有效组合会随时间而改变，但是资本市场组合的问题仍然存在。

(3) CAPM 模型只包括了人们的功利主义考虑，而 BAPM 把功利主义考虑和价值表达考虑都包括了进来。功利主义考虑（如产品成本，替代品价格）和价值表达考虑（如个人品位，特殊偏好）是由供求决定的。

(4) BAPM 在噪声交易者存在的条件下，对市场组合回报的分布、风险溢价、期限结构、期权定价等问题进行了全面研究。从无法战胜市场的意义上，BAPM 模型接受了市场有效性观点；而从理性主义的意义出发，它拒绝了市场有效性观点。即 BAPM 模型既有限度地接受了市场有效性观点，也秉承了行为金融学所奉行的有限理性、有限控制力和有限自利观点。

七、行为资产组合理论

(一) 行为资产组合理论概述

行为资产组合理论立足于均值－方差方法以及以其为基础的投资者的投资决策行为分析理论的缺陷，认为投资者的最优投资决策实际上是不确定条件下的心理选择，确立了以 $E(w)$（预期财富）和 $Prob(w \leqslant s) \leqslant \alpha$（$\alpha$ 为某一预先确定的概率）为基础来进行组合与投资选择的方法，并在以上理论的基础上来研究投资者的最优投资决策行为。

该理论的创新点在于，它打破了现代投资组合理论中存在的局限：理性人局限、投资者均为风险厌恶者的局限以及风险度量的局限，更加符合实践中投资者的实际投资行为。

(二) 行为资产组合理论内容

谢弗林和斯塔曼在预期财富和财富低于可以维持生计的概率的情况下描绘了行为资产组合理论的有效边界。

由于投资者的投资决策实际上是不确定条件下的心理选择，故行为资产组合理论设立了单一心理账户和多个心理账户。其中，单一心理账户投资者之所以把投资组合整个放在

一个心理账户里面,是因为他们只关心投资组合中各资产的相关系数;而多个心理账户投资者会将投资组合分成多个部分分别放入不同的账户,从而忽视了各个账户之间的相关关系。

行为资产组合理论与现代资产组合理论的不同之处表现为:行为资产组合理论实际上是在对不同资产的风险程度的认识以及特定投资目的的基础上所构建的一种金字塔式的资产组合。金字塔的每一层都对应着投资者特定的投资目的和风险特征。投资者通过综合考察现有财富、投资的安全性、期望财富水平、达到期望水平的概率等几个因素来选择符合个人愿望的最优投资组合。而现代资产组合理论认为投资者最优的投资组合应该在均值方差的有效前沿上。

过关演练

一、选择题(以下备选项中只有一项符合题目要求)

1. 某投资者购买了10000元的投资理财产品,期限2年,年利率为6%,按年支付利息。假定不计复利,第一年收到的利息也不用于再投资,则该理财产品到期时的本息和为( )元。

   A. 10600.00   B. 11200.00
   C. 11910.16   D. 11236.00

   【答案】B

   【解析】单利计算公式为:$I = P \times r \times n$。其中,I表示利息额,P表示本金,r表示利率,n表示时间。则该理财产品到期时的本息和为:$FV = 10000 + 10000 \times 6\% \times 2 = 11200$(元)。

2. 在计算利息额时,按一定期限,将所生利息加入本金再计算利息的计息方法是( )。

   A. 单利计息   B. 存款计息
   C. 复利计息   D. 贷款计息

   【答案】C

   【解析】复利计息是指在计算利息额时,要按一定期限(如一年),将所生利息加入本金再计算利息,逐期滚算的计息方法,俗称利滚利。

3. 某机构投资者计划进行为期2年的投资,预计第2年年末收回的现金流为121万元。如果按复利每年计息一次,年利率10%,则第2年年末收回的现金流现值为( )万元。

   A. 100   B. 105
   C. 200   D. 210

   【答案】A

   【解析】现值是指未来某一时点上的一定量现金折合到现在的价值,俗称"本金"。连续复利下现值的计算公式为:$PV = \dfrac{A_n}{\left(1 + \dfrac{r}{m}\right)^{mn}}$,式中,$A_n$表示第$n$年末的现金流量,$m$是年计息次数，$r$ 是年贴现率。所以，第 2 年年末收回的现金流现值为：$121/(1+10\%)^2 = 100$（万元）。

4. 某债券为一年付息一次的息票债券，票面价值为 1000 元，息票利率为 8%，期限为 10 年，当市场利率为 7% 时，该债券的发行价格应为（　　）元。
   A. 1000　　　　　　　　　　　B. 1070
   C. 1076　　　　　　　　　　　D. 1080

【答案】B

【解析】因为一年付息一次，把每年收到的现金折成现值即为发行价：
$$P = \sum_{t=1}^{n} \frac{F \times r}{(1+i)^t} + \frac{F}{(1+i)^n} = 80/1.07 + 80/(1.07)^2 + 80/(1.07)^3 + \cdots + 80/(1.07)^{10} + 1000/(1.07)^{10} = 1070.24（元）。$$

5. 资本资产定价理论是在马科维茨投资组合理论基础上提出的，下列不属于其假设条件的是（　　）。
   A. 存在一种无风险资产　　　　　B. 税收和交易费用均忽略不计
   C. 投资者是厌恶风险的　　　　　D. 市场效率边界曲线无法确定

【答案】D

【解析】资本资产定价模型假定：①投资者根据投资组合在单一投资期内的预期收益率和标准差来评价其投资组合；②投资者总是追求投资者效用的最大化，当面临其他条件相同的两种选择时，将选择收益最大化的那一种；③投资者是厌恶风险的，当面临其他条件相同的两种选择时，他们将选择具有较小标准差的那一种；④市场上存在一种无风险资产，投资者可以按无风险利率借进或借出任意数额的无风险资产；⑤税收和交易费用均忽略不计。

6. 资本资产定价模型（CAPM）中的贝塔系数测度的是（　　）。
   A. 利率风险　　　　　　　　　　B. 通货膨胀风险
   C. 非系统性风险　　　　　　　　D. 系统性风险

【答案】D

【解析】系统风险，是由那些影响整个市场的风险因素所引起的，这些因素包括宏观经济形势的变动、国家经济政策的变化、税制改革、政治因素等。系统风险在市场上永远存在，不可能通过资产组合来消除，属于不可分散风险。资产定价模型（CAPM）提供了测度系统风险的指标，即风险系数 β，用以度量一种证券或一个投资证券组合相对总体市场的波动性。

7. 如果某证券的 β 值为 1.5，若市场组合的风险收益为 10%，则该证券的风险收益为（　　）。
   A. 5%　　　　　　　　　　　　B. 15%
   C. 50%　　　　　　　　　　　D. 85%

【答案】B

【解析】证券市场线的表达式为：$E(r_i)-r_f=[E(r_M)-r_f]\times\beta_i$。其中，$[E(r_i)-r_f]$是证券的风险收益，$[E(r_M)-r_f]$是市场组合的风险收益。$E(r_i)-r_f=10\%\times1.5=15\%$。

8.下列关于市场有效性与获益情况，说法错误的是（　　）。
　A.在弱式有效市场中，投资者不能根据历史价格信息获得超额收益
　B.在半强式有效市场中，投资者可以根据公开市场信息获得超额收益
　C.在半强式有效市场中，投资者可以获得超额收益
　D.在强式有效市场中，投资者不能获得超额收益
【答案】B
【解析】B项，在半强式有效市场中，投资者可以获得超额收益，但根据公开市场信息不能获得超额收益。

9.弱式有效市场假说认为，市场价格已充分反映出所有过去历史的证券价格信息。下列说法中，属于弱式有效市场所反映出的信息是（　　）。
　A.成交量　　　　　　　　　　B.财务信息
　C.内幕信息　　　　　　　　　D.公司管理状况
【答案】A
【解析】弱式有效市场假说认为在弱势有效的情况下，市场价格已充分反映出所有过去历史的证券价格信息，包括股票的成交价、成交量等。

二、组合型选择题（以下备选项中只有一项最符合题目要求）

1.资本资产定价理论认为，理性投资者应该追求（　　）。
　Ⅰ.投资者效用最大化
　Ⅱ.同风险水平下收益最大化
　Ⅲ.同风险水平下收益稳定化
　Ⅳ.同收益水平下风险最小化
　A.Ⅰ、Ⅱ　　　　　　　　　　B.Ⅰ、Ⅲ
　C.Ⅰ、Ⅱ、Ⅳ　　　　　　　　D.Ⅰ、Ⅲ、Ⅳ
【答案】C
【解析】资本资产定价模型假设：投资者总是追求投资者效用的最大化，当面临其他条件相同的两种选择时，将选择收益最大化的那一种；投资者是厌恶风险的，当面临其他条件相同的两种选择时，他们将选择具有较小标准差的那一种。

2.下列关于弱式有效市场的描述中，正确的有（　　）。
　Ⅰ.证券价格完全反映过去的信息
　Ⅱ.技术分析无效
　Ⅲ.投资者不可能获得超额收益
　Ⅳ.当前的价格变动不包含未来价格变动的信息
　A.Ⅰ、Ⅱ　　　　　　　　　　B.Ⅰ、Ⅲ
　C.Ⅰ、Ⅱ、Ⅳ　　　　　　　　D.Ⅰ、Ⅲ、Ⅳ

【答案】C

【解析】Ⅲ项,在强式有效市场中,由于所有信息均反应在证券价格上,投资者不可能获得超额收益。但在弱式有效市场中,投资者可以利用当期公开信息和内幕信息获得超额收益。

3. 在半强式有效市场中,证券当前价格反映的信息有(   )。
　　Ⅰ.公司的财务报告
　　Ⅱ.公司公告
　　Ⅲ.有关公司红利政策的信息
　　Ⅳ.内幕信息
　　A.Ⅰ、Ⅱ、Ⅲ　　　　　　　　　　B.Ⅰ、Ⅲ、Ⅳ
　　C.Ⅱ、Ⅲ、Ⅳ　　　　　　　　　　D.Ⅰ、Ⅱ、Ⅲ、Ⅳ

【答案】A

【解析】半强式有效市场中,当前的证券价格不仅反映了历史价格包含的所有信息,而且反映了所有有关证券的能公开获得的信息。在这里,公开信息包括公司的财务报告、公司公告、有关公司红利政策的信息和经济形势等。

4. 贝塔系数的经济学含义包括(   )。
　　Ⅰ.贝塔系数为1的证券组合,其均衡收益率水平与市场组合相同
　　Ⅱ.贝塔系数反映了证券价格被误定的程度
　　Ⅲ.贝塔系数是衡量系统风险的指标
　　Ⅳ.贝塔系数反映证券收益率对市场收益率组合变动的敏感性
　　A.Ⅰ、Ⅱ　　　　　　　　　　　　B.Ⅰ、Ⅲ
　　C.Ⅰ、Ⅲ、Ⅳ　　　　　　　　　　D.Ⅱ、Ⅲ、Ⅳ

【答案】C

【解析】β系数为直线斜率,反映了证券或组合的收益水平对市场平均收益水平变化的敏感性。β系数值绝对值越大,表明证券或组合对市场指数的敏感性越强。β系数是衡量证券承担系统风险水平的指标。

5. 根据资产定价理论中的有效市场假说,有效市场的类型包括(   )。
　　Ⅰ.弱式有效市场
　　Ⅱ.半弱式有效市场
　　Ⅲ.半强式有效市场
　　Ⅳ.强式有效市场
　　A.Ⅰ、Ⅱ　　　　　　　　　　　　B.Ⅰ、Ⅳ
　　C.Ⅰ、Ⅲ、Ⅳ　　　　　　　　　　D.Ⅰ、Ⅱ、Ⅲ、Ⅳ

【答案】C

【解析】有效市场假说奠定了对资产价值的认知基础,该假说认为,相关的信息如果不受扭曲且在证券价格中得到充分反映,市场就是有效的。有效市场的类型包括:①弱式有效

市场;②半强式有效市场;③强式有效市场。

6.在强势有效市场中,下列描述正确的是( )。
Ⅰ.任何人都不可能通过对公开或内幕信息的分析获取额外收益
Ⅱ.证券价格总是能及时充分地反映所有相关信息
Ⅲ.每一位投资者都掌握了有关证券产品的所有公开可得信息
Ⅳ.基本面分析是无效的
A.Ⅰ、Ⅱ、Ⅳ   B.Ⅰ、Ⅱ、Ⅲ
C.Ⅰ、Ⅱ、Ⅲ、Ⅳ   D.Ⅱ、Ⅲ、Ⅳ
【答案】C
【解析】在强式有效市场上,证券的价格反映了与证券相关的所有公开的和不公开的信息,证券价格能及时充分地反映所有相关信息,所以,基本分析无效,投资者无法利用公开或者内幕信息获取额外收益。

7.下列关于证券市场线的叙述正确的有( )。
Ⅰ.证券市场线是用标准差作为风险衡量指标
Ⅱ.如果某证券的价格被低估,则该证券会在证券市场线的上方
Ⅲ.如果某证券的价格被低估,则该证券会在证券市场线的下方
Ⅳ.证券市场线说明只有系统风险才是决定期望收益率的因素
A.Ⅰ、Ⅱ   B.Ⅰ、Ⅲ
C.Ⅱ、Ⅳ   D.Ⅲ、Ⅳ
【答案】C
【解析】Ⅰ项,证券市场线是用贝塔系数作为风险衡量指标,即只有系统风险才是决定期望收益率的因素;Ⅲ项,如果某证券的价格被低估,意味着该证券的期望收益率高于理论水平,则该证券会在证券市场线的上方。

8.某投资者打算购买A、B、C三只股票,该投资者通过证券分析得出三只股票的分析数据:(1)股票A的收益率期望值等于0.05,贝塔系数等于0.6;(2)股票B的收益率期望值等于0.12,贝塔系数等于1.2;(3)股票C的收益率期望值等于0.08,贝塔系数等于0.8,据此决定在股票A上的投资比例为0.2,在股票B上的投资比例为0.5,在股票C上的投资比例为0.3,那么( )。
Ⅰ.在期望收益率-β系数平面上,该投资者的组合优于股票C
Ⅱ.该投资者的组合β系数等于0.96
Ⅲ.该投资者的组合预期收益率大于股票C的预期收益率
Ⅳ.该投资者的组合预期收益率小于股票C的预期收益率
A.Ⅰ、Ⅱ   B.Ⅰ、Ⅳ
C.Ⅱ、Ⅲ   D.Ⅱ、Ⅳ
【答案】C
【解析】该投资者的组合的预期收益率=0.05×0.2+0.12×0.5+0.08×0.3=0.094;该

投资者的组合β系数＝0.6×0.2＋1.2×0.5＋0.8×0.3＝0.96。

9. 关于 SML 和 CML，下列说法正确的有（　　）。

　　Ⅰ．两者都表示有效组合的收益与风险关系

　　Ⅱ．SML 适合于所有证券或组合的收益风险关系，CML 只适合于有效组合的收益风险关系

　　Ⅲ．SML 以 β 描绘风险，而 CML 以 σ 描绘风险

　　Ⅳ．SML 是 CML 的推广

　　A．Ⅰ、Ⅲ　　　　　　　　　　　B．Ⅰ、Ⅳ
　　C．Ⅲ、Ⅳ　　　　　　　　　　　D．Ⅱ、Ⅲ、Ⅳ

【答案】D

【解析】资本市场线表明有效投资组合的期望收益率与风险是一种线性关系；而证券市场线表明任意投资组合的期望收益率与风险是一种线性关系。

10. 金融市场个体投资者出现的心理和行为偏差主要有（　　）。

　　Ⅰ．处置效应

　　Ⅱ．羊群行为

　　Ⅲ．过度交易行为

　　Ⅳ．本土偏差

　　A．Ⅰ、Ⅱ　　　　　　　　　　　B．Ⅰ、Ⅱ、Ⅳ
　　C．Ⅱ、Ⅲ　　　　　　　　　　　D．Ⅰ、Ⅱ、Ⅲ、Ⅳ

【答案】D

【解析】除Ⅰ、Ⅱ、Ⅲ、Ⅳ四项外，金融市场个体投资者出现的心理和行为偏差还包括有限注意力驱动的交易和恶性增资等偏差。

第四章　数理方法

考情分析

本章主要包括概率的基本理论、统计学基础、回归分析、时间序列分析和常用的统计软件等五部分内容。其中,概率理论部分主要包括概率与随机变量的基本概念,多元分布函数的数字特征、随机变量的函数及其几个重要的分布;统计学理论部分包括统计推断的参数估计和假设检验;回归分析部分主要涉及了一元、多元线性回归模型的特征和非线性模型线性化的原理,以及回归模型中常见问题和处理方法;最后简单介绍了常用的统计软件。

备考方法

本章内容较多,知识点层层套入,且计算量较大,考生应该以理解为主,记忆为辅,由易到难,最近的3次考试中,平均分值约为12分。考生要对分布函数的数字特征、几个重要分布熟练掌握;对参数的估计和假设检验的过程熟练掌握;将一元回归分析类比至多元回归分析之中,并且深刻理解;熟练掌握非线性模型如何线性化以及回归过程中常见问题的处理;此外,还需了解时间序列分析部分;最后,针对实际操作部分,至少要掌握一种常用的统计软件。

思维导图

数理方法
- 概率基础
  - 概率与随机变量的含义、计算和原理
  - 多元分布函数及其数字特征
  - 随机变量的函数
  - 几个重要分布
- 统计基础
  - 总体、样本和统计量的含义
  - 统计推断的参数估计
  - 统计推断的假设检验
- 回归分析
  - 一元线性回归模型
  - 多元线性回归模型
  - 非线性模型的线性化
  - 回归模型常见问题及处理
- 时间序列分析
  - 时间序列的基本概念
  - 平稳时间序列 ARMA 模型
  - 非平稳时间序列 ARIMA 模型
  - 协整分析和误差修正模型
- 常用的统计软件及其运用
  - Excel、SPSS、SAS、Eviews 等

考点精讲

第一节　概率基础

一、概率与随机变量的含义、计算和原理

(一) 概率

1. 概率的定义

在数学上,概率测度 P 是定义在样本空间子集族上的函数。样本空间 S 上的概率测度 P 满足以下概率公理:

(1) 对于任意的事件 $A \subset S, 0 \leqslant P(A) \leqslant 1$,表示一个事件的概率必定在 0 和 1 之间;

(2) $P(S)=1$,表示样本空间 S 包含所有可能的结果,事件 S 的概率应该为 1;

(3)如果 $A \cap B = \emptyset$,表示如果事件 A 和事件 B 互斥,那么它们并集的概率等于两个事件的概率和,即 $P(A \cup B) = P(A) + P(B)$。

2. 条件概率与事件独立

(1)条件概率

在给定事件 B 已经发生的条件下事件 A 发生的概率为条件概率,记为 $P(A|B)$,$P(A|B) = \dfrac{P(A \cap B)}{P(B)}$。

(2)事件独立

如果 $P(A \cap B) = P(A|B)P(B) = P(A)P(B)$,那么事件 A 和事件 B 是相互独立的。否则,事件 A 和事件 B 是相互依赖的。

(二)随机变量

随机变量是从样本空间到实数集的一个函数。

1. 离散随机变量及其概率分布函数

设随机变量 X 取值为有限个或者可数多个值,则 $P(X = x_i) = p_i \quad i = 1, 2, \cdots, n$ 称为随机变量 X 的(概率)分布。

2. 连续随机变量与概率密度函数

(1)连续随机变量

设 X 是随机变量,事件 $\{X \leqslant x\}$ 发生的概率用 $F(x)$ 表示,即 $F(x) = P(X \leqslant x)$。称 $F(x)$ 为随机变量 X 的分布函数。

(2)概率密度函数

定义在实数集上的函数 $f(x)$,如果满足下列三条性质,则称它为某个连续的随机变量 X 的概率密度函数:

①对于所有的 $x \in R$,有 $f(x) \geqslant 0$;

②$\int_{-\infty}^{\infty} f(x) \mathrm{d}x = 1$;

③对于任意两个实数 a、b,有 $P(a \leqslant X \leqslant b) = \int_{a}^{b} f(x) \mathrm{d}x$。

(3)连续的随机变量 X 的累积分布函数为 $F(x) = P(X \leqslant x) = \int_{-\infty}^{x} f(t) \mathrm{d}t$,并且 $f(x) = \dfrac{\mathrm{d}F(x)}{\mathrm{d}x} = F'(x)$。

(三)随机变量的数字特征

1. 数学期望

(1)定义

如果 X 为离散随机变量,它的分布为 $P(X = x_i) = p_i, i = 1, 2, \cdots, n$,它的期望值为

$$E[X] = \sum_{i=1}^{n} x_i p_i。$$

如果 X 是一个连续的随机变量，它的概率密度函数为 $f(x)$，那么它的期望值为 $E[X] = \int_{-\infty}^{\infty} x f(x) \mathrm{d}x$。

(2)性质

① 如果 a 和 b 是两个常数，那么 $E[aX+b] = aE[X]+b$；

② 对于 X 的某个函数 $g(X)$ 的数学期望，如果 X 是一个离散的随机变量，那么 $E[g(X)] = \sum_{i=1}^{n} g(x) p_i$；如果 X 是一个连续的随机变量，那么 $E[g(X)] = \int_{-\infty}^{\infty} g(x) f(x) \mathrm{d}x$。

2. 方差与标准差

X 的方差记为 σ^2 或 $VAR(X)$，并且有：

$$\sigma^2 = E[(X-E[X])^2] = E[X^2] - (E[X])^2$$

方差的平方根称为标准差，标准差可用于衡量随机变量波动程度。

(四)切比雪夫定理(不等式)

如果一个随机变量 X 的均值为 μ，方差为 σ^2，切比雪夫定理可表示为：

$$P(|X-\mu| < k\sigma) \geqslant 1 - \frac{1}{k^2} \text{ 或 } P(|X-\mu| \geqslant k\sigma) < \frac{1}{k^2}$$

即一个随机变量和它的均值之差的绝对值超过它的标准差 k 倍的概率小于 $1/k^2$。

二、多元分布函数及其数字特征

(一)多元分布函数

1. 离散随机变量的分布

如果 X 和 Y 是两个离散的随机变量，那么函数 $f(x,y) = P(X=x, Y=y)$ 被称为联合概率密度函数。

(1)概率密度函数满足 $f(x,y) \geqslant 0$，并且 $\sum_x \sum_y f(x,y) = 1$。

(2)相应的联合累积分布函数为：

$$F(x,y) = P(X \leqslant x, Y \leqslant y) = \sum_{r \leqslant x} \sum_{t \leqslant y} f(r,t)$$

2. 连续随机变量的分布

(1)如果 X 和 Y 是两个连续随机变量，那么满足下列性质的二元函数 $f(x,y)$ 被称为 X 和 Y 的联合概率密度函数：

① $f(x,y) \geqslant 0$；

② 对于任意的 $A \subset R^2$ 有 $P[(X,Y) \in A] = \iint f(x,y) \mathrm{d}x \mathrm{d}y$；

③ $\int_{-\infty}^{\infty}\int_{-\infty}^{\infty} f(x,y) \mathrm{d}x\mathrm{d}y = 1$。

(2) 相应的联合累积分布函数为：
$$F(x,y) = P(X \leqslant x, Y \leqslant y) = \int_{-\infty}^{x}\int_{-\infty}^{y} f(x,y)\mathrm{d}x\mathrm{d}y$$

(3) 如果 $F(x,y)$ 的偏导数存在，那么联合密度函数为：
$$f(x,y) = \frac{\partial^2 F(x,y)}{\partial x \partial y}$$

(4) X 和 Y 的边际概率密度函数为：
$$g(x) = \int_{-\infty}^{\infty} f(x,y)\mathrm{d}y$$
$$h(y) = \int_{-\infty}^{\infty} f(x,y)\mathrm{d}x$$

(5) 当两个随机变量为独立变量时，联合概率密度是各个边际概率密度的乘积，即 $f(x,y) = g(x) \cdot h(y)$。

(二) 多元分布函数的数字特征

1. 协方差

协方差用于描述两个随机变量之间相关程度。两个实数随机变量 X 与 Y 之间的协方差 $\mathrm{cov}(X,Y)$ 定义为：
$$\mathrm{cov}(X,Y) = E[(X-EX)(Y-EY)] = E[XY] - E[X]E[Y]$$

如果 X 和 Y 是相互独立的，那么 $\mathrm{cov}(X,Y) = 0$。

2. 相关关系

X 和 Y 之间的相关系数记为 ρ_{XY}，$\rho_{XY} = \dfrac{\mathrm{cov}(X,Y)}{\sqrt{\mathrm{var}(X)}\sqrt{\mathrm{var}(Y)}}$。

相关系数的性质有：

(1) ρ_{XY} 的取值一定在 -1 和 1 之间；

(2) 若 X 和 Y 相互独立，则 $\rho_{XY} = 0$；

(3) 如果 $Y = aX + b, (a,b \neq 0)$，那么 $|\rho_{XY}| = 1$，此时称 X 和 Y 是完全相关的。X 和 Y 的值越接近线性关系，$|\rho_{XY}|$ 越大。

3. 协方差矩阵

对于多元随机变量而言，用 X 表示随机变量组成的向量，即：
$$X = \begin{bmatrix} X_1 \\ X_2 \\ \vdots \\ X_n \end{bmatrix}$$

其中 $E(X_i) = \mu_i$，$\mathrm{var}(X_i) = \sigma_i^2$，$\mathrm{cov}(X_i, X_j) = \sigma_{ij}$。

(1) X 的期望值:

$$E[X] = \begin{bmatrix} E[X_1] \\ E[X_2] \\ \vdots \\ E[X_n] \end{bmatrix} = \begin{bmatrix} \mu_1 \\ \mu_2 \\ \vdots \\ \mu_n \end{bmatrix} = \mu$$

(2) 随机向量 X 的协方差矩阵:

$$\begin{aligned} \mathrm{cov}(X) &= E[(X-E[X])(X-E[X])'] \\ &= \begin{bmatrix} \mathrm{var}(X_1) & \mathrm{cov}(X_1,X_2) & \cdots & \mathrm{cov}(X_1,X_n) \\ \mathrm{cov}(X_2,X_1) & \mathrm{var}(X_2) & \cdots & \mathrm{cov}(X_2,X_n) \\ \cdots & \cdots & & \cdots \\ \mathrm{cov}(X_n,X_1) & \mathrm{cov}(X_n,X_2) & \cdots & \mathrm{var}(X_n) \end{bmatrix} \\ &= \begin{bmatrix} \sigma_1^2 & \sigma_{12} & \cdots & \sigma_{1n} \\ \sigma_{21} & \sigma_2^2 & \cdots & \sigma_{2n} \\ \cdots & \cdots & & \cdots \\ \sigma_{n1} & \sigma_{n2} & \cdots & \sigma_n^2 \end{bmatrix} \end{aligned}$$

X 的协方差矩阵记为 $\sum X$,它是一个半正定矩阵。

三、随机变量的函数

一个随机变量经过函数变换后仍是一个随机变量,并且通过原始随机变量的分布可得到新随机变量的概率分布。

(一)随机变量的线性组合

如果 $a_1, a_2 \cdots a_n$ 是常数,$X_1, X_2, \cdots, X_n$ 是随机变量,那么

$$\mathrm{var}[a_0 + a_1 X_1 + \cdots + a_n X_n] = \sum_{i=1}^n a_i^2 \mathrm{var}(X_i) + 2 \sum\sum_{i<j} a_i a_j \mathrm{cov}(X_i, X_j)$$

特别地有:

$$\mathrm{var}(a_0 + a_1 X_1) = a_1^2 \mathrm{var}(X_1),$$
$$\mathrm{var}(X_1 \pm X_2) = \mathrm{var}(X_1) + \mathrm{var}(X_2) \pm 2\mathrm{cov}(X_1, X_2)$$

(二)随机变量的加权和

如果 $\alpha' = (\alpha_1, \alpha_2 \cdots \alpha_n)$ 是常数向量,那么

$$E[\alpha'X] = \alpha'\mu = \alpha_1 \mu_1 + \alpha_2 \mu_2 + \cdots + \alpha_n \mu_n,$$
$$\mathrm{var}(\alpha'X) = \alpha' \Sigma_x \alpha = \sum_{i=1}^n \alpha_i^2 \sigma_i^2 + 2 \sum\sum_{i<j} \alpha_i \alpha_j \sigma_{ij}$$

如果 α 是资产组合的权重,μ 是资产组合收益率,σ_i 是资产组合波动率,上述结果就是资产组合收益率的期望和方差计算公式,可用于计算组合风险价值。

（三）随机变量的积

对于随机变量乘积 $Y = X_1 X_2$，其期望为：

$$E(X_1 X_2) = E(X_1)E(X_2) + \text{cov}(X_1, X_2)$$

（四）随机变量变换（函数）的分布

假设 X 是一个连续随机变量，概率密度函数为 $f(x)$，$g(X)$ 是一个单调函数，那么 $Y = g(X)$ 是一个新的随机变量。把 X 表述成 Y 的函数为 $X = W(Y)$，那么 Y 的概率密度函数 $h(y)$ 为：

$$h(y) = f(w(y)) \cdot |\partial w(y)/\partial y|$$

四、几个重要分布

（一）对数正态分布

如果一个随机变量 X 的对数形式 $Y = Ln(X)$ 是正态分布，则称这一变量服从对数正态分布。对数正态分布的密度函数为：

$$f(x) = \frac{1}{x\sqrt{2\pi\sigma^2}} \exp\left[-\frac{1}{2\sigma^2}(\ln(x) - \mu)^2\right], x > 0$$

对数正态分布变量 X 的均值和方差分别为：

$$E(X) = e^{\mu + \sigma^2/2},$$

$$\text{Var}(X) = e^{2\mu + \sigma^2}(e^{\sigma^2} - 1)$$

如果资产的对数收益率是独立同分布，且都服从均值 μ 和方差 σ^2 的正态分布，那么，简单收益率是独立同分布的对数正态分布的随机变量，均值和方差分别为 $E(R_t) = e^{\mu + \sigma^2/2} - 1$，$\text{var}(R_t) = e^{2\mu + \sigma^2}(e^{\sigma^2} - 1)$。

反之，假设简单收益率 R_t 服从对数正态分布，均值为 m_1，方差为 m_2，则对应的对数收益率 r_t 的均值和方差分别为 $E(r_t) = \ln\left[\dfrac{m_1 + 1}{\sqrt{1 + \dfrac{m_2}{(1+m_1)^2}}}\right]$，$\text{Var}(r_t) = \ln\left[1 + \dfrac{m_2}{(1+m_1)^2}\right]$。

（二）卡方（χ^2）分布

一个标准正态随机变量的平方服从自由度为 1 的 χ^2 分布。即如果 $Z \sim N(0,1)$，那么 $Z^2 \sim \chi^2(1)$。如果 $Z_1, Z_2, \cdots, Z_N$ 是相互独立的标准正态分布，那么 $Y = Z_1^2 + Z_2^2 + \cdots + Z_n^2 \sim \chi^2_{(n)}$。

（三）t 分布

（1）如果 $Z \sim N(0,1)$，$\chi^2_{(r)}$ 表示自由度为 r 的服从 χ^2 分布的随机变量，Z 和 $\chi^2_{(r)}$ 是相互独

立的,那么 $T=\dfrac{Z}{\sqrt{\chi^2_{(r)}/r}}$ 服从自由度为 r 的 t 分布,记为 $t(r)$。

(2) t 分布的基本性质如下：

① t 分布的图像关于 y 轴对称；

② $E[T]=0$, $\mathrm{var}(T)=\dfrac{r}{r-2}$（这里 $r>2$）；

③ 当 r 趋于无穷大时，T 的分布趋于标准正态分布。

(四) F 分布

如果 $\chi^2_{(r_1)}$ 和 $\chi^2_{(r_2)}$ 是相互独立的自由度分别为 r_1 和 r_2 的卡方随机变量,那么 $F=\dfrac{\chi^2_{(r_1)}/r_1}{\chi^2_{(r_2)}/r_2}$ 服从自由度为 r_1 和 r_2 的 F 分布,记为 $F_{(r_1,r_2)}$。

第二节 统计基础

一、总体、样本和统计量的含义

(一) 总体与样本

把研究对象的全体称为总体 X,把组成总体的每个成员称为个体。X 的分布函数称为总体分布函数。

首先依照一定的规则抽取 n 个个体,然后对这些个体进行测试或观察得到一组数据 $x_1, x_2, \cdots, x_n$,这一过程称为抽样。由于抽样前无法知道得到的数据值,设有可能得到的值为 $X_1, X_2, \cdots, X_n$,n 维随机向量 $(X_1, X_2, \cdots, X_n)$ 称为样本,n 为样本容量,$X_1, X_2, \cdots, X_n$ 称为样本观测值。

(二) 统计量

1. 定义

由样本加工得到的量（样本的一个函数）称之为统计量,记为 $f(X_1, X_2, \cdots, X_n)$。用统计量对总体分布本身进行统计推断,称为非参数统计推断。用它来估计或检验总体中的一些参数,这称为参数统计推断。

2. 常用统计量

(1) 样本均值：$\overline{X}=\dfrac{1}{n}\sum\limits_{i=1}^{n}X_i$,用来估计总体的均值 μ。

(2) 样本方差：$S^2=\dfrac{1}{n}\sum\limits_{i=1}^{n}(X_i-\overline{X})^2=\dfrac{1}{n}\sum\limits_{i=1}^{n}X_i^2-\overline{X}^2$ 用于估计总体方差 σ^2。

二、统计推断的参数估计

统计推断的参数估计包括点估计、区间估计。

(一)点估计

设$(X_1, X_2, \cdots, X_n)$是来自总体X的样本,θ是总体的未知参数,若用一个统计量$\hat{\theta} = \hat{\theta}(X_1, X_2, \cdots, X_n)$来估计$\theta$,则称$\hat{\theta}$为参数$\theta$的估计量。这种估计称为点估计,常用方法包括矩估计和最大似然估计。

1. 矩估计

基本思路是利用样本矩去估计对应总体的各阶矩。

(1)原点矩

记样本的i阶原点矩为$m_i = \frac{1}{n}\sum_{j=1}^{n} X_j^i$,记总体的$i$阶原点矩为$\mu_i = E(X^i)$,则$\mu_i = m_i$。

(2)中心矩

样本的k阶中心矩为$A_k = \frac{1}{n}\sum_{i=1}^{n}(X_i - \overline{X})^k$,总体$k$阶中心矩为$M_k = \frac{1}{n}E[(X_i - EX)^k]$。

(3)最常用的矩估计法

最常用的矩估计法是用一阶样本原点矩来估计总体的期望,用二阶样本中心矩来估计总体的方差。

2. 最大似然估计

最大似然估计的基本思想是:当从模型总体中随机抽取n组样本观测值后,最合理的参数估计量应该使得从模型中抽取该n组样本观测值的概率最大。

3. 点估计的优良性评判准则

(1)无偏性。设$\hat{g} = \hat{g}(X_1, \cdots, X_n)$是$g(\theta)$的一个估计量,若$E(\hat{g}) = g(\theta)$,对每一$\theta \in \Theta$成立,则称$\hat{g}(X_1, X_2, \cdots, X_n)$是$g(\theta)$的一个无偏估计。

(2)有效性。设g_1和g_2是$g(\theta)$的两个无偏估计,如对每一$\theta \in \Theta$,有$VAR(g_1) \leqslant VAR(g_2)$,且至少对某个$\theta$使不等式严格成立,则称$g_1$比$g_2$有效。一致最小方差无偏估计指的是在所有的$g(\theta)$无偏估计中,方差最小的那一个。

(二)区间估计

1. 区间估计中的统计思想

以总体均值为例,一般以点估计$\overline{X}$为中心的一个区间$(\overline{X} - d, \overline{X} + d)$,$d$是估计的精度,对于给定的小正数$\alpha$(如5%等),称为显著性,$1 - \alpha$是置信水平(置信度),使得$P(\mu \in (\overline{X} - d, \overline{X} + d)) \geqslant 1 - \alpha$。由于可靠度和精度相互矛盾,那么需要在保证可靠度(置信水平)的前提下,使得精度越高越好(d越小越好)。称$(\overline{X} - d, \overline{X} + d)$为总体均值$\mu$的$(1 - \alpha) \times 100\%$的置

信区间。

2. 区间估计的数学定义

设 $X_1, X_2 \cdots X_n$ 是来自总体 $f(X, \theta)$ 的样本,$\theta \in \Theta$ 未知,对于任意 $0 < \alpha < 1$,若统计量 $\underline{\theta} = \underline{\theta}(X_1, \cdots, X_n) < \overline{\theta}(X_1, \cdots, X_n) = \overline{\theta}$,使得 $P_\theta(\underline{\theta} \leqslant \theta \leqslant \overline{\theta}) \geqslant 1 - \alpha, \theta \in \Theta$,则称 $[\underline{\theta}, \overline{\theta}]$ 为 θ 的双侧 $1 - \alpha$ 置信区间,$1 - \alpha$ 为置信水平。一旦样本有观察值 $X_1, X_2, \cdots, X_n$,则称相应的 $(\underline{\theta}(X_1, X_2, \cdots, X_n), \overline{\theta}(X_1, X_2, \cdots, X_n))$ 为置信区间的观察值。

3. 求置信区间的一般步骤

(1) 先求出 θ 的一个点估计(通常为最大似然估计):$\hat{\theta} = \hat{\theta}(X_1, \cdots, X_n)$。

(2) 构造 θ 和 $\hat{\theta}$ 的一个枢轴函数:$G = G(\hat{\theta}, \theta)$。式中,$G$ 除包含的未知参数只有 θ,且 G 的分布完全已知或完全可以确定。

(3) 确定 $a < b$,使得 $P(a \leqslant G(\hat{\theta}, \theta) \leqslant b) \geqslant 1 - \alpha$。当 G 的分布为连续型时,只须考虑等号的情形。

(4) 将 $a \leqslant G(\hat{\theta}, \theta) \leqslant b$ 等价变形为 $\underline{\theta} \leqslant \theta \leqslant \overline{\theta}$ 其中 $\underline{\theta}(X_1, X_2, \cdots, X_n)$ 和 $\overline{\theta}(X_1, X_2, \cdots, X_n)$ 仅是样本函数,则 $[\underline{\theta}(X_1, X_2, \cdots, X_n), \overline{\theta}(X_1, X_2, \cdots, X_n)]$ 就是 θ 的 $1 - \alpha$ 置信区间。

4. 给定 α 及 d 时,样本大小的确定

在区间估计中,置信度和精度相互矛盾,如果在保证置信度的前提下还要满足精度的要求,只能增加样本大小 n。由于 $d = \dfrac{\sigma}{\sqrt{n}} u_{\alpha/2}$,得到 $n = (\sigma u_{\alpha/2}/d)^2$。

一般 σ^2 可以通过前一阶段数据的积累来估计,即用 s 估计 σ。由公式 $n = (\sigma u_{\alpha/2}/d)^2$,就可以由给定的置信度和精度给出最小的样本大小 n 以同时满足置信度和精度的要求。

(1) 均值 μ 的置信区间

若 σ^2 已知,取 $G(\overline{X}, \mu) = \dfrac{\sqrt{n}(\overline{X} - \mu)}{\sigma} \sim N(0, 1)$,故 μ 的双侧 $1 - \alpha$ 置信区间为

$$\left[\overline{X} - u_{\alpha/2} \dfrac{\sigma}{\sqrt{n}}, \overline{X} + u_{\alpha/2} \dfrac{\sigma}{\sqrt{n}}\right];$$

若 σ^2 未知,取 $G(\overline{X}, \mu) = \dfrac{\sqrt{n}(\overline{X} - \mu)}{S^*} \sim t(n - 1)$,故 μ 的双侧 $1 - \alpha$ 置信区间为

$$\left[\overline{X} - t_{\alpha/2} \dfrac{S^*}{\sqrt{n}}, \overline{X} + t_{\alpha/2} \dfrac{S^*}{\sqrt{n}}\right]。$$

(2) 方差 σ^2 的置信区间

若 μ 已知,取 $G(\hat{\sigma}^2, \sigma^2) = \dfrac{1}{\sigma^2} \sum_{i=1}^{n} (X_i - \mu)^2 \sim \chi^2(n)$,故 σ^2 的双侧 $1 - \alpha$ 置信区间为

$$\left[\dfrac{\sum_{i=1}^{n}(X_i - \mu)^2}{\chi^2_{1-\alpha/2}(n)}, \dfrac{\sum_{i=1}^{n}(X_i - \mu)^2}{\chi^2_{\alpha/2}(n)}\right];$$

若 μ 未知,取 $G(\hat{\sigma}^2, \sigma^2) = \dfrac{nS^2}{\sigma^2} = \dfrac{nS^2}{\sigma^2} \sim \chi^2(n - 1)$,故 σ^2 的双侧 $1 - \alpha$ 置信区间为

$$\left[\frac{nS^2}{\chi^2_{1-\alpha/2}(n-1)}, \frac{nS^2}{\chi^2_{\alpha/2}(n-1)}\right].$$

三、统计推断的假设检验

(一)假设检验基本概念

1. 假设检验问题

原假设(H_0):如果提出一种想法,要检验这种想法是否正确,那么这种想法或假设称为"原假设"(也称为零假设)。一般零假设是经过长期检验被认为是正确的,在现在的新情况下希望检验它是否仍然正确。

备择假设(H_1):当 H_0 被否定后作为备用选择的假设就是正确的,称这种备用选择的假设为对立假设或备择假设。

2. 两类错误的概率

第一类错误(概率):弃真概率 α。指原假设成立,而错误地加以拒绝。

第二类错误(概率):取伪概率 β。指原假设不成立,而错误地接受它。

3. 显著水平(α)

在样本容量给定的情况下,犯两类错误的概率不可能同时小,只有增加样本容量,才能使他们同时减小。一般在控制弃真概率的条件下,使得取伪概率尽量小,简化为控制第一类错误的概率 α(也称为"显著性水平")。

4. 假设检验的基本思路

前提条件:原假设分布已知,设定显著性水平。

首先,假定原假设成立;然后利用样本计算统计量;最后判断统计量是否落在否定 H_0 的区域(即拒绝域)。如果统计量落在拒绝域,则否定原假设,说明小概率事件发生了,这时对于 H_0 的否决就是显著的。

(二)参数假设检验

总体服从正态分布的参数检验的步骤如下。

(1)总体 $X \sim N(\mu, \sigma^2)$,当 σ^2 已知时,μ 的参数检验步骤如下:

①明确原假设和备选假设。检验 $H_0: \mu = \mu_0 \leftrightarrow H_1: \mu \neq \mu_0$(其中,$H_0$ 已知);

②假设 H_0 成立,那么 $\overline{X} \sim N\left(\mu_0, \frac{\sigma^2}{n}\right)$,提出检验统计量 $Z = \frac{\sqrt{n}(\overline{X} - \mu_0)}{\sigma}$;

③构造显著水平 α 检验的拒绝域 $W_1 = \{(x_1, \cdots, x_n): |Z| > u_{\alpha/2}\}$;

④基于数据,算出 Z 的观察值 z,如 $z \in W_1$ 则拒绝 H_0,否则只能接受 H_0。在此规则下,接受 H_0 的概率不小于 $(1-\alpha) \times 100\%$。

(2)σ^2 未知,单正态总体参数 μ 检验

当 σ^2 未知时,检验统计量 Z 为:$T=\dfrac{\sqrt{n}(\overline{X}-\mu_0)}{S^*}$。其中,$S^*$ 为修正样本标准差。相应的拒绝域为 $W_1=\{(x_1,\cdots,x_n):|T|>t_{\alpha/2}(n-1)\}$,$t_{\alpha/2}(n-1)$ 为自由度 $n-1$ 的 t 分布的 $\alpha/2$ 分位点。其他的检验步骤相同。

第三节 回归分析

一、一元线性回归模型

(一)模型假定

1. 一元线性回归模型

$$y_i=\alpha+\beta x_i+u_i,(i=1,2,3,\cdots,n) \tag{4-1}$$

其中,y 称为因变量或被解释变量,x 称为自变量或解释变量;u 是一个随机变量,称为随机(扰动)项;α 和 β 是两个常数,称为回归参数;下标 i 表示变量的第 i 个观察值或者随机项。

2. 随机项 u 和自变量 x 满足的统计假定

(1)每个 $u_i(i=1,2,3,\cdots,n)$ 均为独立同分布,服从正态分布的随机变量。且 $E(u_i)=0(i=1,2,3,\cdots,n)$,$V(u_i)=\sigma u^2=$ 常数。

(2)随机项 u_i 与自变量的任一观察值 x_j 不相关,即 $\mathrm{cov}(u_i,x_j)=0(i,j=1,2,3,\cdots,n)$。

3. 总体回归直线

对上述(4-1)式两边同时取均值,则有

$$E(y_i)=\alpha+\beta x_i \tag{4-2}$$

满足式(4-2)的点 $(x_i,E(y_i))$ 构成的直线叫作总体回归直线。由于 y_i 是 u_i 的线性函数,则 y_i 的正态分布为

$$y_i \sim N(\alpha+\beta x_i,\sigma_u^2) \tag{4-3}$$

(二)回归参数的 OLS 估计

1. 样本回归直线

样本观察值 $P_i(x_i,y_i)$,$i=1,2,\cdots,n$,给样本观察值 P_i 配一条直线,使它作为样本观察值的最优拟合直线,这条直线叫作样本回归直线。假设样本回归直线已作出,设它为:

$$\hat{y}_i=\hat{\alpha}+\hat{\beta}x_i \tag{4-4}$$

其中,$\hat{\alpha}$ 是 α 的估计量,$\hat{\beta}$ 是 β 的估计量。利用样本回归直线(4-4),可估计总体回归直线(4-2)。

设在二维坐标系里作出给定的样本观察值 (x_i,y_i),$i=1,2,\cdots,n$,的对应点 (x_i,y_i),$i=1,2,\cdots,n$,构成散点图。可用散点图拟合样本回归直线。

2. 最小二乘原理与参数估计

设最优拟合直线为 $\hat{y}_i = \hat{\alpha} + \hat{\beta} x_i$。观察值 y_i 与它的拟合值（回归值）$\hat{y}_i$ 之差 ε_i 称为回归残差，记为 $\varepsilon_i = y_i - \hat{y}_i$。于是有 $y_i = \hat{\alpha} + \hat{\beta} x_i + \varepsilon_i$，其中 $\hat{\alpha}$、$\hat{\beta}$ 是 α、β 的估计量，作为 u_i 估计量的残差 ε_i 是可以观察的。

最小二乘准则认为，α 和 β 应这样选择：使得 ε_i 对所有的 i 平方和最小，即使

$$Q = \sum_{i=1}^{n} \varepsilon_i^2 = \sum_{i=1}^{n} (y_i - \hat{y}_i)^2 = \sum_{i=1}^{n} [y_i - (\hat{\alpha} + \hat{\beta} x_i)]^2 \qquad (4-5)$$

达到最小，这就是最小二乘准则（原理）。这种估计回归参数的方法称为普通最小二乘法（简记 OLS），$\hat{\alpha}$ 和 $\hat{\beta}$ 称为普通最小二乘估计量（简记 OLSE）。

通过使 (4-5) 式中 α 和 β 的一阶偏导为零可得：

$$\begin{cases} \hat{\alpha} = \bar{y} - \hat{\beta} \bar{x} \\ \hat{\beta} = \dfrac{\sum \dot{x}_i \dot{y}_i}{\dot{x}_i^2} \end{cases}$$

其中 $\dot{x}_i = x_i - \bar{x}, \dot{y}_i = y_i - \bar{y}$。

3. 参数估计量的抽样分布

由于 $\hat{\alpha}$ 和 $\hat{\beta}$ 都是 y_i 的线性函数，而每个 y_i 都服从正态分布，所以 $\hat{\alpha}$ 和 $\hat{\beta}$ 也服从正态分布，即：

$$\begin{cases} \hat{\alpha} \sim N\left[\alpha, \sigma_u^2 \left(\dfrac{1}{n} + \dfrac{\bar{x}^2}{\sum \dot{x}_i^2}\right)\right] \\ \hat{\beta} \sim N\left(\beta, \dfrac{\sigma_u^2}{\sum \dot{x}_i^2}\right) \end{cases}$$

上述就是 $\hat{\alpha}$ 和 $\hat{\beta}$ 的抽样分布。但是 σ_u^2 是未知的，但可用它的无偏估计量 $\hat{\sigma}_u^2 = \dfrac{\sum \varepsilon_i^2}{n-2}$ 代替。其中，$\varepsilon_i = y_i - \hat{y}_i$。

（三）回归参数显著性检验和回归参数区间估计

获得模型的参数 $\hat{\alpha}$ 和 $\hat{\beta}$ 之后，需要对模型是否稳健和有效做出判断，为此，还需进行：第一，对回归参数检验，并对参数做区间估计；第二，对回归模型的有效性做出判断。

1. 回归参数 t 检验

由假设可知 $\hat{\alpha}$ 和 $\hat{\beta}$ 均服从正态分布，即：

$$\begin{cases} \hat{\alpha} \sim N(\alpha, V(\hat{\alpha})) \\ \hat{\beta} \sim N(\beta, V(\hat{\beta})) \end{cases}$$

统计量满足：

$$\dfrac{\hat{\alpha} - \alpha}{\sqrt{V(\hat{\alpha})}} \sim N(0,1)$$

$$\frac{\hat{\beta}-\beta}{\sqrt{V(\hat{\beta})}} \sim N(0,1)$$

但是,上述统计量中σ_u^2是未知的,用σ_u^2的无偏估计量$\hat{\sigma}_u^2$代替,由此得到$V(\alpha)$和$V(\beta)$的无偏估计量:

$$\hat{V}(\hat{\alpha}) = \hat{\sigma}_u^2 \left[\frac{1}{n} + \frac{\bar{x}^2}{\sum \dot{x}_i^2} \right]$$

$$\hat{V}(\hat{\beta}) = \frac{\hat{\sigma}_u^2}{\sum \dot{x}_i^2}$$

可得t统计量:

$$\frac{\hat{\alpha}-\alpha}{\sqrt{\hat{V}(\hat{\alpha})}} \sim t(n-2)$$

$$\frac{\hat{\beta}-\beta}{\sqrt{\hat{V}(\hat{\beta})}} \sim t(n-2)$$

通常需要判断回归模型中的因变量与自变量之间是否存在线性关系$y=\alpha+\beta x$,为此对β进行t检验。提出假设$H_0:\beta=0$,备择假设$H_1:\beta\neq 0$,在H_0成立时,有统计量:

$$T = \frac{\hat{\beta}-\beta}{\sqrt{\hat{V}(\hat{\beta})}} \sim t(n-2)$$

对给定的显著水平α,查自由度为$n-2$的t分布表,得临界值$t_{\alpha/2}(n-2)$,如果$|T|>t_{\alpha/2}(n-2)$,则拒绝H_0,接受H_1,表明回归模型中因变量与自变量之间确实存在线性关系。

2. 回归参数的区间估计

T统计量服从t分布:

$$T = \frac{\hat{\beta}-\beta}{\sqrt{\hat{V}(\hat{\beta})}} \sim t(n-2)$$

给定显著水平α,有$P\{-t_{\alpha/2}(n-2)<T<t_{\alpha/2}(n-2)\}=1-\alpha$,说明有$1-\alpha$(置信度)的把握认为$\beta$在以下区间(置信区间)内,即:

$$\left(\hat{\beta}-t_{\alpha/2}(n-2) \cdot \sqrt{\hat{V}(\hat{\beta})}, \hat{\beta}+t_{\alpha/2}(n-2) \cdot \sqrt{\hat{V}(\hat{\beta})} \right)$$

对于参数α,同样有:

$$\left(\hat{\alpha}-t_{\alpha/2}(n-2) \cdot \sqrt{\hat{V}(\hat{\alpha})}, \hat{\alpha}+t_{\alpha/2}(n-2) \cdot \sqrt{\hat{V}(\hat{\alpha})} \right)$$

(四)回归方程显著性检验与拟合优度

1. 总离差平方和分解

y_i的总离差$=y_i-\bar{y}$。

总离差平方和$TSS=\sum_{i=1}^{n}(y_i-\bar{y})^2$,是反映全部总离差变化最好的量;回归平方和$RSS=\sum_{i=1}^{n}(\hat{y}-\bar{y})^2$,反映了$TSS$中被$y$对$x$回归说明的部分;残差平方和$ESS=\sum_{i=1}^{n}\varepsilon_i^2$,是$TSS$

中除了 y 对 x 回归之外的一切随机因素构成的部分。$TSS = RSS + ESS$。

三个平方和的自由度之间关系：$f_T = f_R + f_E$。对于一元回归问题，$f_T = n-1$，$f_R = 1$，$f_E = n-2$，其中 n 是样本容量。

2. 拟合优度（样本决定系数）

定义拟合程度的量化指标拟合优度为 RSS/TSS。

$$R^2 = \frac{RSS}{TSS} = \frac{\sum(\hat{y}-\bar{y})^2}{\sum(y_i-\bar{y})^2} = 1 - \frac{ESS}{TSS}$$

拟合优度越大，表示回归直线与样本观察值拟合的越好，反之，越差。通过分析可知，$0 \leq R^2 \leq 1$，越接近 1，拟合效果越好。

3. 回归方程的显著性 F 检验

回归方程的显著性检验是回归模型总体的显著性检验，本质上就是判断回归方程的解释变量 x 对于被解释变量 y 的影响的显著性，实际上是对于回归方程拟合优度的检验。具体步骤如下：

(1) 设定假设 $H_0: \beta = 0$，备择假设 $H_1: \beta \neq 0$；

(2) 构造统计量：

$$F = \frac{RSS/f_R}{ESS/f_E} = \frac{\sum(\hat{y}-\bar{y})^2}{\sum \varepsilon_i^2/(n-2)} = \frac{\hat{\beta}\sum(x_i-\bar{x})(y_i-\bar{y})}{\sum \varepsilon_i^2/(n-2)}$$

(3) 当 H_0 成立时，$F \sim F(1, n-2)$；

(4) 给定显著性水平 α，确定临界值 F_α；

(5) 判定方程显著性。

① 若 $F > F_\alpha$，则拒绝假设 H_0，即解释变量总体对于 y 的影响是显著的，方程估计可靠。

② 若 $F < F_\alpha$，则接受假设 H_0，说明解释变量对于 y 的影响不显著，方程估计不可靠。

另外，考虑到 F 统计量的构成要素，可以证明：

$$F = (n-2)\frac{R^2}{1-R^2}$$

从上式可以看出，F 与 R^2 成正比，拟合优度越大，F 值越大，总体的 F 检验越显著。因此，可以将 F 检验看成是对拟合优度的检验。

（五）利用模型进行预测

1. 点预测

利用回归方程 $\hat{y}_i = \hat{\alpha} + \hat{\beta}x_i$ 将 i 外推到某个预测期 f，x_f 已知，则 $\hat{y}_f = \hat{\alpha} + \hat{\beta}x_f$，这是 y_f 在 f 点的预测值，也可以作为 $E(y_f)$ 的预测值。

2. 区间预测

(1) $E(y_f)$ 的区间预测

首先求出 y_f 的方差，y_f 方差的估计量为 $\hat{V}(\hat{y}_f) = \hat{\sigma}_u^2 \left[\dfrac{1}{n} + \dfrac{(x_f - \bar{x})^2}{\sum (x_i - \bar{x})^2} \right]$。

接着，构造 T 统计量如下：

$$T = \dfrac{\hat{y}_f - E(y_f)}{\sqrt{\hat{V}(\hat{y}_f)}} \sim t(n-2)$$

对于置信度为 $1-\alpha$ 的置信区间为：

$$\left[\hat{y}_f - t_{\alpha/2}(n-2) \cdot \hat{\sigma} \cdot \sqrt{\dfrac{1}{n} + \dfrac{(x_f - \bar{x})^2}{\sum (x_i - \bar{x})^2}},\ \hat{y}_f + t_{\alpha/2}(n-2) \cdot \hat{\sigma}_u \cdot \sqrt{\dfrac{1}{n} + \dfrac{(x_f - \bar{x})^2}{\sum (x_i - \bar{x})^2}} \right]$$

(2) y_f 的区间预测

首先计算 $\hat{y}_f - y_f$ 的方差，因为 $\hat{y}_f$ 与 y_f 不相关，通过计算可知：

$$\hat{V}(\hat{y}_f - y_f) = \hat{\sigma}_u^2 \left[1 + \dfrac{1}{n} + \dfrac{(x_f - \bar{x})^2}{\sum (x_i - \bar{x})^2} \right]$$

同样，构造统计量：

$$T = \dfrac{\hat{y}_f - y_f}{\sqrt{\hat{V}(\hat{y}_f - y_f)}} \sim t(n-2)$$

对于置信度为 $1-\alpha$ 的置信区间为：

$$\left[\hat{y}_f - t_{\alpha/2}(n-2) \cdot \hat{\sigma}_u \cdot \sqrt{1 + \dfrac{1}{n} + \dfrac{(x_f - \bar{x})^2}{\sum (x_i - \bar{x})^2}},\ \hat{y}_f + t_{\alpha/2}(n-2) \cdot \hat{\sigma}_u \cdot \sqrt{1 + \dfrac{1}{n} + \dfrac{(x_f - \bar{x})^2}{\sum (x_i - \bar{x})^2}} \right]$$

(3) $E(y_f)$ 和 y_f 的区间预测结果的特点：

① 对于相同的置信度下，y_f 的置信区间宽一些，说明预测的误差大；
② 样本容量 n 越大，预测精度越高，预测越准确；
③ x_f 距离 x 的均值越近，预测精度越高。

二、多元线性回归模型

(一)模型定义

多元线性回归模型研究一个因变量和几个解释变量之间的关系。形式如下：

$$y = x_1 \beta_1 + \cdots + x_K \beta_K + \varepsilon$$

可用矩阵方式表示为：

$$y = X\beta + \varepsilon$$

这里 $X = (x_1, x_2 \cdots x_k)$ 是一个 $T \times K$ 矩阵，$\beta = (\beta_1, \beta_2 \cdots \beta_k)'$ 是未知参数向量，ε 是随机扰动项。

(二)模型假定

(1) 被解释变量和解释变量之间具有一种线性关系。

(2)解释变量之间不存在线性关系。

(3)随机扰动项在观察值 X 上的条件期望值为零,即 $E(\varepsilon_i|X)=0$。表明所有的 X 的观察值都不能为随机扰动的期望值提供任何信息。

(4)随机扰动的方差和协方差假设:
$$\mathrm{var}(\varepsilon_i|X)=\sigma^2, i=1,2,\cdots,T$$
$$\mathrm{cov}(\varepsilon_i,\varepsilon_j|X)=0, i\neq j$$

即所有随机扰动的方差都相等,不同的随机扰动互不相关。这里 σ^2 是未知参数。

(5)x_i 是非随机的。

(三)参数的最小二乘估计

1. 对 β 的 OLS 估计

对于多元线性回归模型 $y=X\beta+\varepsilon$,利用样本数据估计未知参数向量 β,从而获得回归模型去推断总体。采用最小二乘方法估计 β 值,通过求导得,β 的最小二乘估计量:
$$b=(X'X)^{-1}X'y$$

对于一般线性回归模型 $y=X\beta+\varepsilon$,定义最小二乘残差向量为 $e=y-Xb$。代入参数向量 β 的最小二乘估计量 b,可得:
$$e=y-X(X'X)^{-1}X'y=(I-X(X'X)^{-1}X')y=My$$

2. 估计参数 σ^2 和 b 的协方差矩阵

最小二乘法仅仅是得到了参数向量 β 的点估计,而没有对 σ^2 作出估计。关于 β 的假设进行检验,要求估计 $\mathrm{cov}(b)=\sigma^2(X'X)^{-1}$,即要求估计 σ^2。

σ^2 的一个无偏估计量为 $s^2=\dfrac{e'e}{T-K}$。利用这个估计量,可以得到 b 的协方差矩阵的一个估计为 $\hat{\mathrm{cov}}(b)=s^2(X'X)^{-1}$。

(四)解释度与预测

1. 预测被解释变量

利用线性统计模型 $y=X\beta+\varepsilon$,有 $y_0=X_0\beta+\varepsilon_0$。最小二乘法预测函数 X_0b 是 y_0 的最好的线性无偏预测。

由于 $E[y_0]=X_0\beta$,而 $X_0\beta$ 的最小二乘估计量为 X_0b,所以 X_0b 仍可作为 $E(y_0)$ 的预测。

2. 拟合优度和模型有效性

使用拟合优度评价模型的优劣,即所选择的解释变量能在多大程度上解释被解释变量。

(1)总平方和的分解

首先,把最小二乘预测方程写为 $y=Xb+e=\hat{y}+e$。这里 $\hat{y}$ 是由 X 变量解释的部分,e 是对不能解释的误差向量的估计。于是平方和 $y'y$ 可表示为:
$$y'y=b'X'Xb+e'e+2b'X'e=b'X'Xb+e'e=\hat{y}'\hat{y}+e'e$$

所以,平方和可分为两个部分,一部分是通过解释变量得到,一部分是通过不能解释的

误差得到。而传统上用于测度 y 的可变性的一种度量是 y 与其样本均值之差的平方和,即:

$$\sum_{i=1}^{T}(y_i-\bar{y})^2=(y-i_T\bar{y})'(y-i_T\bar{y})=y'y-T\bar{y}^2$$

i_T 表示每个分量都为 1 的 $(T\times 1)$ 向量。通过计算,可得:

$$y'y-\overline{Ty^2}=(\hat{y}'\hat{y}-\overline{Ty^2})+e'e=(\hat{y}'\hat{y}-\overline{Ty^2})+e'e$$

称 $y'y-\overline{Ty^2}$ 为总的平方和,记为 SST。称 $(\hat{y}'\hat{y}-\overline{Ty^2})$ 为回归平方和,记为 SSR,它表示总的平方和中由线性回归解释的部分;$e'e$ 是误差平方和,记为 SSE。则可以得到 $SST = SSR + SSE$。

(2)拟合优度与决定系数

决定系数记为 R^2,它表示总离差平方和中线性回归解释的部分所占的比例,也即:

$$R^2=\frac{SSR}{SST}=1-\frac{SSE}{SST}$$

R^2 越接近于 1,线性回归模型的解释力越强。R^2 的值随着解释变量的增多而增大。为了克服这个缺点,可以使用调整之后的 $\bar{R}^2$,它的表达式为:

$$\bar{R}^2=1-\left(\frac{T-1}{T-K}\right)(1-R^2)$$

$\bar{R}^2$ 与 R^2 不同的是,随着解释变量的增多,它的值可能变小,甚至可能取负值。

三、非线性模型的线性化

当变量 y 与 x 之间可能不存在线性关系时,有一部分可以通过变量的替换,转化为线性的回归模型处理。线性关系只是要求参数和随机扰动项是线性的,而并不要求变量之间是线性关系。典型的对数线性模型是经常使用的一个模型。它的表达式为:

$$y=e^{\beta_1}X_2^{\beta_2}X_3^{\beta_3}\cdots X_K^{\beta_K}e^{\varepsilon}$$

两边取自然对数可得:

$$\ln y=\beta_1+\beta_2\ln X_2+\beta_3\ln X_3+\cdots+\beta_K\ln X_K+\varepsilon$$

四、回归模型常见问题及处理

(一)多重共线性

1. 多重共线性概念

在经典回归模型 $y=X\beta+\varepsilon$,其基本假设之一是解释变量是互相独立的。如果解释变量之间存在严格或者近似的线性关系,这就是多重共线性,本质为解释变量之间高度相关。

2. 多重共线性的后果

(1)多重共线性使得估计值 b 不稳定,并对于样本非常敏感;

(2)使得参数估计值的方差 $\text{cov}(b)$ 增大;

(3)由于参数估计的方差增加,使得统计量 $t=b/\sqrt{\text{cov}(b)}$ 减小,从而 $|t|<t_{\alpha/2}$ 出现的机

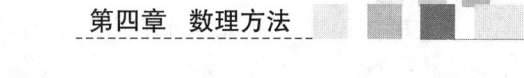

会变大,即 t 值落在零假设范围内的可能性增加,可能会出现舍去对因变量有显著影响的变量,从而导致模型错误;

(4)由于 $\text{cov}(b)$ 增大,作预测时,会导致预测的置信区间过大,降低预测精度。

3. 多重共线性检验

判断多重共线性的方法主要有逐步回归检验法、判定系数检验法等。

(1)识别多重共线性

①对两个解释变量的模型,采用简单相关系数法,求出 x_1 与 x_2 的简单相关系数 r,若 $|r|$ 接近1,则说明两变量存在较强的多重共线性。

②对多个解释变量的模型,采用综合统计检验法。

采用最小二乘法时:R^2 与 F 值较大,但 t 检验值较小,说明各解释变量对 Y 的联合线性作用显著,但各解释变量间存在共线性而使得它们对 Y 的独立作用不能分辨,故 t 检验不显著。

(2)判断哪些变量之间存在共线性

①逐步回归法

以 Y 为被解释变量,逐个引入解释变量,构成回归模型,进行模型估计。根据拟合优度的变化决定新引入的变量是否独立。如果拟合优度变化显著,则说明新引入的变量是一个独立解释变量;如果拟合优度变化很不显著,则说明新引入的变量与其他变量之间存在共线性关系。

②判定系数检验法

使模型中每一个解释变量分别以其余解释变量为解释变量进行回归,并计算相应的拟合优度。如果某一种回归 $X_{ji} = a_1 X_{1i} + a_2 X_{2i} + \cdots + a_k X_{ki}$ 的判定系数较大,说明 X_j 与其他 X 间存在共线性。

4. 消除多重共线性影响的方法

(1)排除引起共线性的变量

使用逐步回归法找出引起多重共线性的解释变量,将它排除。

(2)差分法

对于时间序列数据,将原模型变换为差分模型 $\Delta Y_i = \beta_1 \Delta X_{1i} + \beta_2 \Delta X_{2i} + \cdots + \beta_k \Delta X_{ki} + \Delta \varepsilon_i$,可以有效地消除原模型中的多重共线性。

(3)通过增加样本容量或者使用岭回归技术降低参数估计的方差。

(二)异方差问题

1. 异方差概念与后果

对于线性模型 $y_i = x_{1i}\beta_1 + \cdots + x_{Ki}\beta_K + \varepsilon_i$,如果出现 $var(\varepsilon_i) = \sigma_i^2$ 不为常数,即对于不同的样本点,随机误差项的方差互不相同,这就是异方差性。

对于存在异方差性的模型,采用OLS估计模型参会产生下列不良后果:

(1)参数估计量非有效:无偏的 OLS 估计量不再具有有效性。

(2)变量的显著性检验失去意义:变量的显著性检验中,构造了 t 统计量建立在正确估计 $\hat{cov}(b)=s^2(X'X)^{-1}$ 基础上,异方差性导致 t 检验失去意义。其他检验也如此。

(3)模型的预测失效:当模型出现异方差性时,参数 OLS 估计值的变异程度增大,从而造成对 Y 的预测误差变大,降低预测精度,预测功能失效。

2. 异方差的检验方法

(1)散点图判断

可利用 $X-\varepsilon^2$ 残差图判断异方差性,以是否形成斜率为零的直线作为判断基础。

(2)统计检验方法

这里主要介绍 G-Q 的检验法。G-Q 检验的思想为:先将样本一分为二,对子样 1 和子样 2 分别作回归,然后利用两个子样的残差平方和之比构造统计量进行异方差检验。该统计量服从 F 分布,因此假如存在递增的异方差,则 F 远大于 1;反之,就会等于 1(同方差)或小于 1(递减方差)。

3. 异方差问题的处理

模型检验出存在异方差性,可用加权最小二乘法(WLS)进行估计。其基本思想是:加权最小二乘法是对原模型加权,使之变成一个新的不存在异方差性的模型,然后采用 OLS 估计其参数。

(三)序列相关性问题

1. 序列相关概念及后果

如果对于不同的样本点,随机误差项之间存在某种相关性,则出现序列相关性。其他条件不变时,序列相关性表示 $E(\varepsilon_i,\varepsilon_j)\neq 0$,如果只是出现 $E(\varepsilon_i,\varepsilon_{i+1})\neq 0$ 称为自相关。自相关往往可写成 $\varepsilon_i=\rho\varepsilon_{i-1}+v_i$,其中,$\rho$ 为自相关系数,$-1<\rho<1$,v_i 满足标准(正态)随机干扰项的假定。

模型一旦出现序列相关性,如果仍采用 OLS 法估计模型参数,会产生下列不良后果:

(1)不影响参数估计量的线性和无偏性,但是参数估计量失去有效性;

(2)变量的显著性检验失去意义;

(3)模型的预测失效。

2. 序列相关的检验思路和常用方法

(1)序列相关性检验的思路

首先采用 OLS 对模型做估计,获得随机干扰项的近似估计量。然后,通过分析这些"近似估计量"之间的相关性,以判断随机误差项是否具有序列相关性。

(2)常用检验方法

常用方法包括图示法、回归检验法、杜宾—瓦森(Durbin-Watson)检验法、拉格朗日乘数检验等。其中,图示法简单,回归检验法可以满足任何类型序列相关性检验,拉格朗日乘数检验适用于高阶序列相关以及模型中存在滞后变量的情形。

DW 检验的假设条件为解释变量 X 为非随机,随机干扰项满足一阶自回归形式。DW 检测的判断如表 4-1 所示。

表 4-1 DW 检测的判断

DW 区间	判断结果
$0<\text{D.W.}<d_L$ (d_L:统计量临界值下限)	存在正自相关
$d_L<\text{D.W.}<d_U$ (d_U:统计量临界值上限)	不能确定
$d_U<\text{D.W.}<4-d_U$	无自相关
$4-d_U<\text{D.W.}<4-d_L$	不能判断
$4-d_L<\text{D.W.}<4$	存在负自相关

当 D.W. 值在 2 左右时,模型不存在一阶自相关(见图 4-1)。

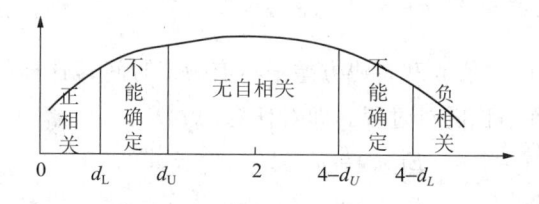

图 4-1 D.W. 检测的判断

3. 消除自相关影响方法

最常用的方法是广义最小二乘法(GLS)和广义差分法。

广义最小二乘法(GLS)就是使用可逆阵 D 对原模型 $Y = X\beta + \varepsilon$ 做变换,获得新模型:$D^{-1}Y = D^{-1}X\beta + D^{-1}\varepsilon$,即:$Y_* = X_*\beta + \mu$,该模型具有同方差性且随机干扰项相互独立。使用 OLS 估计上述新的同方差模型,获得参数估计量为 $\beta_* = (X'\Omega^{-1}X)^{-1}X'\Omega^{-1}Y$,这是原模型 $Y = X\beta + \varepsilon$ 的广义最小二乘估计量,是无偏、有效的估计量。其中 $\Omega = DD'$ 对于随机扰动项为一阶自相关的,则有:

$$D^{-1} = \begin{pmatrix} \sqrt{1-\rho^2} & 0 & 0 & \cdots & 0 & 0 & 0 \\ -\rho & 1 & 0 & \cdots & 0 & 0 & 0 \\ 0 & -\rho & 1 & \cdots & 0 & 0 & 0 \\ \vdots & \vdots & \vdots & \ddots & \vdots & \vdots & \vdots \\ 0 & 0 & 0 & \cdots & -\rho & 1 & 0 \\ 0 & 0 & 0 & \cdots & 0 & -\rho & 1 \end{pmatrix}$$

第四节 时间序列分析

一、时间序列基本概念

(一)随机过程

依赖参数时间 t 的随机变量集合就是随机过程,记为 $\{y_t\}$。元素 y_t 也被当作该随机变量的一个观察值,此时称之为时间序列。

(二)自相关系数与自相关函数

记 y_t 的均值为 $\mu_t = E(y_t)$,它的方差为 $\sigma_{0t} = E[y_t - \mu_t]^2$。$y_t$ 与 y_{t-j} 之间的自协方差为 $\sigma_{jt} = E[y_t - \mu_t][y_{t-j} - \mu_{t-j}]$。定义自相关系数为 $\rho_j = \dfrac{\sigma_{jt}}{\sqrt{\sigma_{0t}}\sqrt{\sigma_{0,t-j}}}$,自相关系数序列 $\{\rho_j\}$($j = 0, \pm 1, \pm 2, \pm 3, \cdots$)就是自相关函数。

(三)平稳随机过程

如果一个随机过程的均值 μ 和自协方差 σ 不依赖于时间 t,这样的随机过程被称为协方差平稳(或弱平稳),简称平稳随机过程。即对任意的 t,有:

$$E[y_t] = \mu$$
$$E[y_t - \mu_t][y_{t-j} - \mu_{t-j}] = \sigma_j$$

对于平稳的随机过程而言,它的自相关系数 ρ_j 也不依赖时间 t,即 $\rho_j = \dfrac{\sigma_j}{\sigma_0}$。

(四)白噪声

如果随机过程 $\{\varepsilon_t\}_{t=-\infty}^{+\infty}$,满足 $E[\varepsilon_t] = 0$,$\mathrm{var}(\varepsilon_t) = \sigma^2$,当 $t \neq \tau$ 时,有 $E[\varepsilon_t \varepsilon_\tau] = 0$,则称这个随机过程为白噪声过程。

白噪声过程是一个平稳的过程。如果当 $t \neq \tau$ 时,ε_t 与 ε_τ 是相互独立的,则称之为独立白噪声过程。如果随机过程 $\{y_t\}_{t=-\infty}^{+\infty}$ 是常数 μ 与一个白噪声过程的和,即 $y_t = \mu + \varepsilon_t$,那么 $\{y_t\}_{t=-\infty}^{+\infty}$ 是一个平稳的随机过程。

二、平稳时间序列 ARMA 模型

(一)移动平均(MA)过程

1. MA(q)的基本概念

设 $\{\varepsilon_t\}_{t=-\infty}^{+\infty}$ 是白噪声过程,如果一个随机过程满足两个白噪声的加权和 $y_t = \mu + \varepsilon_t +$

$\theta \varepsilon_{t-1}$，μ 和 θ 是任意常数，则称它为一阶移动平均过程，记为 MA(1)。MA(1) 过程的一阶自相关系数为 $\rho_1 = \dfrac{\theta \sigma^2}{(1+\theta^2)\sigma^2} = \dfrac{\theta}{(1+\theta^2)}$，所有的高阶自相关系数都为零。

记 $(\theta_1, \theta_2, \cdots \theta_q)$ 是任意实数，一个 q 阶移动平均过程（记为 MA(q)）可表示为：

$$y_t = \mu + \varepsilon_t + \theta_1 \varepsilon_{t-1} + \theta_2 \varepsilon_{t-2} + \cdots + \theta_q \varepsilon_{t-q}$$

MA(q) 过程是平稳的。它的自协方差函数为：

$$\sigma_j = \begin{cases} (\theta_j + \theta_{j+1}\theta_1 + \cdots + \theta_q \theta_{q-j})\sigma^2 & j = 1, 2, \cdots, q \\ 0 & j > q \end{cases}$$

2. 参数估计

假设 $\{\varepsilon_t\}_{t=-\infty}^{+\infty}$ 是一个高斯白噪声过程，利用最大似然估计法来估计未知参数。对于一个 MA(q) 过程，样本 $y = (y_1, y_2, \cdots y_T)$ 所对应的似然函数为：

$$l(\theta, \sigma^2 \mid y) = (2\pi\sigma^2)^{-T/2} \mid \Sigma_y \mid^{-1/2} \exp(-(y-\mu)' \Sigma_y^{-1}(y-\mu)/2\sigma^2)$$

这里 $\theta = (\theta_1, \theta_2, \cdots, \theta_q)'$，$\Sigma_y = E[yy']$。

根据参数 θ 和 σ^2 最大化似然函数，就可得到它们的 ML 估计量 $\tilde{\theta}$ 和 $\tilde{\sigma}^2$，一般需要利用数值解法求解最大似然估计。

（二）自回归（AR）过程

1. AR(p) 的基本概念

一个 p 阶自回归过程可表示为：

$$y_t = c + \phi_1 y_{t-1} + \phi_2 y_{t-2} + \cdots + \phi_p y_{t-p} + \varepsilon_t$$

将其记为 AR(p)。如果其特征根都在单位圆外面，则 AR(P) 过程是平稳的。

2. 参数估计

利用最小二乘法来估计 AR(p) 过程中的未知参数。把观察值代入 AR(p) 过程，使用矩阵形式为 $y = X\phi + \varepsilon$。

参数向量 ϕ 的最小二乘 (OLS) 估计量为 $\hat{\phi} = (X'X)^{-1}X'y_t$。如果 ε_t 服从正态分布，那么这个 OLS 估计量是相合的和渐近正态的。

（三）ARMA 模型

实际上 AR 模型和 MA 模型都是自回归移动平均过程的特例。阶数为 (p, q) 的自回归移动平均过程可表示为：

$$y_t = c + \phi_1 y_{t-1} + \cdots + \phi_p y_{t-p} + \varepsilon_t + \theta_1 \varepsilon_{t-1} + \cdots + \theta_q \varepsilon_{t-q}$$

这里 $\{\varepsilon_t\}_{t=-\infty}^{+\infty}$ 是一个白噪声过程。将这个过程记为 ARMA(p, q)。常用的过程是 ARMA(1, 1)。利用滞后算子可以证明 ARMA(p, q) 过程是平稳的。ARMA 模型的估计需要使用非线性估计方法，实务中常使用数学软件进行估计。

三、非平稳时间序列 ARIMA 模型

考虑下列过程：
$$y_t = y_{t-1} + x_t$$

这里 x_t 是一个平稳过程，均值为 $\mu \neq 0$，假设 $y_0 = 0$，那么有：
$$y_t = (y_{t-2} + x_{t-1}) + x_t = \cdots = x_1 + x_2 + \cdots + x_t$$

故 $E(y_t) = t\mu \neq 0$。因此，$\{y_t\}$ 有一个时间趋势，它不是一个平稳过程。为了消除这个时间趋势，考虑 y_t 的一阶差分 $x_t = y_t - y_{t-1}$，它是一个平稳过程。作差分是把非平稳过程转换成平稳过程常用的方法。

如果上述模型中 x_t 是一个 ARMA(p,q) 过程，则称上述模型的 y_t 是一个自回归融合移动平均过程，记为 ARIMA($p,1,q$)。如果 x_t 是 y_t 经过 d 阶差分后的一个 ARMA(p,q) 过程，那么 y_t 是一个 ARIMA(p,d,q)。

四、协整分析和误差修正模型

（一）协整概念

协整是指某些时间序列是非平稳时间序列，但它们的线性组合却存在长期的均衡关系。具体来讲，对于两个时间序列 $\{x_t\}$ 和 $\{y_t\}$ 均为一阶单整序列，即 $x_t \sim I(1)$，$y_t \sim I(1)$，若存在一组非零常数 α_0 和 α_1，使得 $\alpha_1 x_t + \alpha_2 y_t \sim I(0)$，则称 x_t 和 y_t 之间存在协整关系。

虽然两个经济变量有各自的长期波动规律，但是如果它们是协整的，则它们之间存在着一个长期稳定的比例关系。

（二）误差修正模型

误差修正模型基本思想是，若变量间存在协整关系，则表明这些变量间存在着长期均衡关系，而这种长期均衡关系是在短期波动过程的不断调整下得以实现的。

由于大多数金融时间序列的一阶差分是平稳序列，受长期均衡关系的支配，这些变量的某些线性组合也可以是平稳的。即所研究变量中的各长期分量相互抵消，产生了一个平稳的时间序列，这是由于一种调节机制——所谓的误差修正机制——在起作用，它防止了长期均衡关系出现较大的偏差。因此，任何一组相互协整的时间序列变量都存在误差修正机制，通过短期调节行为，达到变量间长期均衡关系的存在。

如果 x_t 和 y_t 是协整的，则误差修正模型有以下基本形式：

$$\Delta x_t = m_1 + \rho_1 u_{t-1} \sum_{i=1}^{k}(\alpha_{1i}\Delta x_{t-i} + \beta_{1i}\Delta y_{t-i}) + v_{1t}$$

$$\Delta y_t = m_2 + \rho_2 u_{t-1} \sum_{i=1}^{k}(\alpha_{2i}\Delta x_{t-i} + \beta_{2i}\Delta y_{t-i}) + v_{2t}$$

其中，v_{1t}，v_{2t} 是白噪声，ρ_1 和 ρ_2 是调节均衡偏差的幅度，同时他们中至少一个不为零，k 为滞

后期。

(三) 单整、协整检验、协整估计

如果使用协整理论对于时间序列进行分析,必须先检验序列是否是 $I(1)$,然后判别其协整性。

1. 单整检验

最简单的单整检验是通过对 AR(1) 模型的随机游走性检验,先做自回归 $x_t = \rho x_{t-1} + v_t$,或者 $\Delta x_t = (\rho - 1)x_{t-1} + v_t = \beta x_{t-1} + v_t$。

检验上式的系数 β 是否为 0,即 $H_0: \beta = 0, H_1: \beta < 0$。如果接受 H_0,说明序列 $\{x_t\}$ 是 $I(1)$。

需要说明的是检验统计量 t 统计量服从 DF 分布,相应检验为 DF 检验;如果上述残差不是同方差的,则 DF 检验失效,需要使用 ADF 检验。

2. 协整检验

设 x_t, y_t 是 $I(1)$,协整模型为 $y_t = \alpha_0 + \alpha_1 x_t + \pi_t$,得到 α_0 和 α_1 的估计量 $\hat{\alpha}_0$、$\hat{\alpha}_1$ 及残差序列 $\hat{u}_t$,其中 $\hat{u}_t = y_t - \hat{\alpha}_0 - \hat{\alpha}_1 x_t$。

若协整,则残差序列 $\{\hat{u}_t\}$ 是平稳的,需要检验残差序列的平稳性,检验方法与单整基本相同,只是检验统计量遵循 Engle-Granger 分布。

3. 协整参数估计

如果已知 x_t, y_t 是协整的,建立误差修正模型一般分为两步。

第一步,建立反映数据长期特征的长期均衡关系模型——两个时间序列共同漂移的方式。即通过水平变量和 OLS 法估计出时间序列变量间的关系。长期均衡关系模型如下所示:

$$y_t = \alpha_0 + \alpha_1 x_t + u_t, \quad t = 1, \cdots, N$$

得到 α_0 和 α_1 的估计量 $\hat{\alpha}_0$、$\hat{\alpha}_1$ 以及残差序列 $\{\hat{u}_t\}$:

$$\hat{u}_t = y_t - \hat{\alpha}_0 - \hat{\alpha}_1 x_t, \quad t = 1, \cdots, N$$

之后检验残差序列 $\{\hat{u}_t\}$ 是否平稳。若平稳,则这些变量间存在着相互协整的关系,长期均衡关系模型是合理的。

第二步,建立数据短期波动特征的误差修正模型。短期波动是指 y_t 对长期趋势的偏离,Δy 与各解释变量滞后值之间的关系:

$$\Delta x_t = m_1 + \rho_1 u_{t-1} + \sum_{i=1}^{k}(\alpha_{1i}\Delta x_{t-i} + \beta_{1i}\Delta y_{t-i}) + v_{1t}$$

$$\Delta y_t = m_2 + \rho_2 u_{t-1} + \sum_{i=1}^{k}(\alpha_{2i}\Delta x_{t-i} + \beta_{2i}\Delta y_{t-i}) + v_{2t}$$

将长期均衡关系模型中的残差序列 $\{\hat{u}_{t-1}\}$ 作为解释变量引入,之后按照常规方法估计上述方程。

误差修正模型将变量的原始值和变量的差分有机地结合在一起,充分利用这两者所提

供的信息。从短期看,被解释变量的变动是由较稳定的长期趋势和短期波动所决定,短期内系统对于均衡状态的偏离程度的大小直接导致波动幅度的大小。从长期看,协整关系式起到引力线的作用,将非均衡状态拉回到均衡状态。

第五节 常用统计软件及其运用

常用的统计软件有 Excel、SPSS、SAS、Minitab、Statistica、Eviews,其各自的特征如表4-2所示。

表 4-2 常见的统计软件

统计软件	优缺点
Excel	优点:功能强大,容易操作,插件 XLSTAT 能进行数据统计分析; 缺点:运算速度慢,统计方法不全
SPSS	优点:操作比较方便,统计方法比较齐全,绘制图形、表格比较方便,输出结果比较直观; 缺点:功能有限,处理前沿的统计过程是其弱项
SAS	优点:有比较完备的数据存取、数据管理、数据分析和数据展现的系列功能,数据分析能力强大; 缺点:需要编写程序,比较适合统计专业人员使用
Minitab	优点:简单易懂,方便进行试验设计及质量控制功能
Statistica	优点:能提供使用者所有需要的统计及制图程序,制图功能强大,能够在图表视窗中显示各种统计分析和作图技术。
Eviews	优点:具有现代 Windows 软件可视化操作的优良性,拥有强大的命令功能和批处理语言功能

过关演练

一、选择题(以下备选项中只有一项符合题目要求)

1. 某种动物活到25岁以上的概率为0.8,活到30岁的概率为0.4,则现年25岁的这种动物活到30岁以上的条件概率是( )。
   A. 0.76 B. 0.5
   C. 0.4 D. 0.32

【答案】B

【解析】记 X 为动物活的岁数。现年25岁的这种动物活到30岁以上的条件概率为:

$$P\{X \geqslant 30 | X \geqslant 25\} = \frac{P\{X \geqslant 30 \cap X \geqslant 25\}}{P\{X \geqslant 25\}} = \frac{P\{X \geqslant 30\}}{P\{X \geqslant 25\}} = \frac{0.4}{0.8} = 0.5$$

2. 设随机变量 $X \sim N(3,2^2)$，且 $P(X>a)=P(X<a)$，则常数 a 为（   ）。
   A. 0 B. 2
   C. 3 D. 4

   【答案】C

   【解析】由于 X 为连续型随机变量，所以 $P(X=a)=0$，已知 $P(X>a)=P(X<a)$，可得 $P(X<a)=P(X>a)=0.5$，即 a 处在正态分布的中心位置，根据题干中的条件可知该分布关于 $\mu=3$ 中心对称，所以 $a=3$。

3. 设随机变量 ξ 的概率密度为 $f(x)=\frac{1}{2\pi}e^{-\frac{(x-3)^2}{4}}(-\infty<x<+\infty)$，则 $\eta=($ $)\sim N(0,1)$。
   A. $\frac{\xi+3}{2}$ B. $\frac{\xi+3}{\sqrt{2}}$
   C. $\frac{\xi-3}{2}$ D. $\frac{\xi-3}{\sqrt{2}}$

   【答案】D

   【解析】设 $X \sim N(\mu,\sigma^2)$，则 $Z=\frac{X-\mu}{\sigma} \sim N(0,1)$。由 ξ 的概率密度为 $f(x)=\frac{1}{2\pi}e^{-\frac{(x-3)^2}{4}}$ $(-\infty<x<+\infty)$ 可知 ξ 的数学期望 $\mu=3$，方差 $\sigma^2=2$，则 $\eta=\frac{\xi-3}{\sqrt{2}} \sim N(0,1)$。

4. 已知变量 X 和 Y 的协方差为 -40，X 的方差为 320，Y 的方差为 20，其相关系数为（   ）。
   A. 0.5 B. -0.5
   C. 0.01 D. -0.01

   【答案】B

   【解析】随机变量 X 和 Y 的相关系数为：$\rho_{XY}=\frac{\text{cov}(X,Y)}{\sqrt{\text{var}(X)}\sqrt{\text{var}(Y)}}=\frac{-40}{\sqrt{320 \times 20}}=-0.5$。

5. 从均值为 200、标准差为 50 的总体中，抽出 $n=100$ 的简单随机样本，用样本均值 $\overline{X}$ 估计总体均值 μ，则 $\overline{X}$ 的期望值和标准差分别为（   ）。
   A. 200，5 B. 200，20
   C. 200，0.5 D. 200，25

   【答案】A

   【解析】中心极限定理：设服从均值为 μ 方差为 σ^2（有限）的任意一个总体中抽取样本量为 n 的样本，当 n 充分大时，样本均值 $\overline{X}$ 的抽样分布近似服从均值为 μ，方差为 σ^2/n 的正态分布。由此可知 $\overline{X}$ 的期望值为 $\mu=200$，标准差为 $\sigma/\sqrt{n}=50/\sqrt{100}=5$。

6. （   ）是指模型的误差项间存在相关性。
   A. 异方差 B. 自相关
   C. 伪回归 D. 多重共线性

【答案】B

【解析】对于不同的样本点,随机误差项之间存在某种相关性,则出现序列相关性。如果只出现 $E(\varepsilon_i) \neq 0$,则认为模型存在自相关。自相关是指模型的误差项间存在相关性。一旦发生自身相关,意味着数据中存在自变量所没有解释的某种形态。由于这个原因,自相关的存在,说明模型还不够完善。

7. 以 y 表示实际观测值,$\hat{y}$ 表示回归估计值,则普通最小二乘法估计参数的准则是使( )最小。

A. $\sum(y_i - \hat{y}_i)$ B. $\sum(y_i - \hat{y}_i)^2$

C. $\sum(y_i - \hat{y}_i)^3$ D. $\sum(y_i - \hat{y}_i)^4$

【答案】B

【解析】最小二乘准则认为,$\hat{\alpha}$ 和 $\hat{\beta}$ 应选择:使得残差平方和最小,即:$Q = \sum_{i=1}^{n} e_i^2 = \sum_{i=1}^{n}(y_i - \hat{y}_i)^2 = \sum_{i=1}^{n}[y_i - (\hat{\alpha} + \hat{\beta} x_i)]^2$ 达到最小,这就是最小二乘准则(原理)。这种估计回归参数的方法称为普通最小二乘法(OLS)。

8. 产量 X(台)与单位产品成本 Y(元/台)之间的回归方程为 $Y = 356 - 1.5X$,这说明( )。

A. 产量每增加一台,单位产品成本平均减少 356 元
B. 产量每增加一台,单位产品成本平均增加 1.5 元
C. 产量每增加一台,单位产品成本平均增加 356 元
D. 产量每增加一台,单位产品成本平均减少 1.5 元

【答案】D

【解析】由题干中给出的回归方程可知,当产量 X(台)增加 1 时,单位产品成本 Y(元/台)平均减少 1.5 元。

9. 样本判定系数 R^2 的计算公式是( )。

A. $R^2 = \dfrac{ESS}{RSS}$ B. $R^2 = \dfrac{ESS}{TSS}$

C. $R^2 = 1 - \dfrac{RSS}{ESS}$ D. $R^2 = \dfrac{RSS}{TSS}$

【答案】B

【解析】反映回归直线与样本观察值拟合程度的量是拟合优度,又称样本"可决系数",常用 R^2 表示。其计算公式为:

$$R^2 = \frac{ESS}{TSS} = \frac{\sum(\hat{y}_i - \bar{y})^2}{\sum(y_i - \bar{y})^2} = 1 - \frac{RSS}{TSS}$$

10. 多重共线性产生的原因复杂,以下哪一项不属于多重共线性产生的原因?( )

A. 自变量之间有相同或者相反的变化趋势
B. 从总体中取样受到限制

C. 自变量之间具有某种类型的近似线性关系

D. 模型中自变量过多

【答案】D

【解析】如果解释变量之间存在严格或者近似的线性关系,这就产生了多重共线性问题。产生多重共线性的原因包括:①经济变量之间有相同或者相反的变化趋势;②模型中包含有滞后变量;③从总体中取样受到限制等。

二、组合型选择题(以下备选项中只有一项最符合题目要求)

1. 若通过检验发现多元线性回归模型存在多重共线性,则应用模型会带来的后果是( )。

Ⅰ. 回归参数估计量非有效

Ⅱ. 变量的显著性检验失效

Ⅲ. 模型的预测功能失效

Ⅳ. 解释变量之间不独立

A. Ⅰ、Ⅱ、Ⅲ B. Ⅰ、Ⅱ、Ⅳ

C. Ⅰ、Ⅲ、Ⅳ D. Ⅱ、Ⅲ、Ⅳ

【答案】A

【解析】在多元线性回归模型中,如果存在多重共线性,将会给回归方程的应用带来严重的后果,具体包括:①多重共线性使得参数估计值不稳定,并对于样本非常敏感;②使得参数估计值的方差增大;③由于参数估值的方差增加,导致对于参数进行显著性t检验时,会出现接受零假设的可能性增加,可能会出现舍去对因变量有显著影响的变量,导致模型错误;④由于参数估计值的方差增大,做预测时,会导致预测的置信区间过大,降低预测精度。

2. 下列关于决定系数 R^2 的说法,正确的有( )。

Ⅰ. 残差平方和越小,R^2 越小

Ⅱ. 残差平方和越小,R^2 越大

Ⅲ. $R^2=1$ 时,模型与样本观测值完全拟合

Ⅳ. R^2 越接近于0,模型的拟合优度越高

A. Ⅰ、Ⅲ B. Ⅰ、Ⅳ

C. Ⅱ、Ⅲ D. Ⅱ、Ⅳ

【答案】C

【解析】$R^2=\dfrac{ESS}{TSS}=1-\dfrac{RSS}{TSS}$,$TSS=ESS+RSS$,$ESS$ 是回归平方和,RSS 是残差平方和,残差越小,拟合优度 R^2 越大。R^2 越接近于0,回归直线的拟合程度就越差;R^2 越接近于1,回归直线的拟合程度就越好。

3. 下列关于回归平方和的说法,正确的有( )。

Ⅰ. 总的离差平方和与残差平方和之差

Ⅱ. 无法用回归直线解释的离差平方和

Ⅲ.回归值$\hat{y}$与均值$\bar{y}$的离差平方和

Ⅳ.实际值y与均值$\bar{y}$的离差平方和

A.Ⅰ、Ⅱ B.Ⅰ、Ⅲ

C.Ⅰ、Ⅳ D.Ⅱ、Ⅲ

【答案】B

【解析】Ⅱ项,回归平方和是可用回归直线解释的离差平方和;Ⅳ项为总离差平方和。

4.在用普通最小二乘法估计回归模型时,存在异方差问题将导致(　　)。

Ⅰ.参数估计量非有效

Ⅱ.变量的显著性检验无意义

Ⅲ.模型的预测失效

Ⅳ.参数估计量有偏

A.Ⅰ、Ⅱ、Ⅲ B.Ⅰ、Ⅱ、Ⅳ

C.Ⅰ、Ⅲ、Ⅳ D.Ⅱ、Ⅲ、Ⅳ

【答案】A

【解析】计量经济学模型一旦出现异方差性,如果仍采用普通最小二乘法估计模型参数,会产生下列不良后果:①参数估计量非有效,OLS估计量仍然具有无偏性,但不具有有效性;②变量的显著性检验失去意义;③模型的预测失效,当模型出现异方差性时,参数OLS估计值的变异程度增大,从而造成对被解释变量的预测误差变大,降低预测精度,预测功能失效。

5.根据误差修正模型,下列说法正确的是(　　)。

Ⅰ.若变量之间存在长期均衡关系,则表明这些变量间存在着协整关系

Ⅱ.建模时需要用数据的动态非均衡过程来逼近经济理论的长期均衡过程

Ⅲ.变量之间的长期均衡关系是在短期波动过程中的不断调整下得以实现的

Ⅳ.传统的经济模型通常表述的是变量之间的一种"长期均衡"关系

A.Ⅰ、Ⅱ、Ⅲ B.Ⅰ、Ⅱ、Ⅳ

C.Ⅰ、Ⅲ、Ⅳ D.Ⅱ、Ⅲ、Ⅳ

【答案】D

【解析】传统的经济模型通常表述的是变量之间的一种"长期均衡"关系,而实际经济数据却是由"非均衡过程"生成的。因此,建模时需要用数据的动态非均衡过程来逼近经济理论的长期均衡过程,于是产生了误差修正模型。误差修正模型的基本思想是:若变量间存在协整关系,则表明这些变量间存在着长期均衡关系,而这种长期均衡关系是在短期波动过程中不断调整下以实现的。

6.变量和变量之间通常存在(　　)关系。

Ⅰ.因果 Ⅱ.确定性函数

Ⅲ.相关 Ⅳ.线性

A.Ⅰ、Ⅱ B.Ⅱ、Ⅲ

C．Ⅱ、Ⅳ   D．Ⅲ、Ⅳ

【答案】B

【解析】当研究经济和金融问题时往往需要探寻变量之间的相互关系,变量和变量之间通常存在两种关系:确定性函数关系或相关关系。确定性函数关系表示变量之间存在一一对应的确定关系;相关关系表示一个变量的取值不能由另外一个变量唯一确定,即当变量 x 取某一个值时,变量 y 对应的不是一个确定的值,而是对应着某一种分布,各个观测点对应在一条直线上。

7. 下列关于相关系数 r 的说法正确的是（　　）。

　　Ⅰ．$|r|$ 越接近于 1,相关关系越强

　　Ⅱ．$r=0$ 表示两者之间没有关系

　　Ⅲ．取值范围为 $-1 \leqslant r \leqslant 1$

　　Ⅳ．$|r|$ 越接近于 0,相关关系越弱

　　A．Ⅰ、Ⅱ、Ⅲ   B．Ⅰ、Ⅱ、Ⅳ
　　C．Ⅰ、Ⅲ、Ⅳ   D．Ⅰ、Ⅱ、Ⅲ、Ⅳ

【答案】C

【解析】Ⅱ项,当 $r=0$ 时,并不表示两者之间没有关系,而是两者之间不存在线性关系。

8. 白噪声过程需满足的条件有（　　）。

　　Ⅰ．均值为 0

　　Ⅱ．方差为不变的常数

　　Ⅲ．序列不存在相关性

　　Ⅳ．随机变量是连续型

　　A．Ⅰ、Ⅱ、Ⅲ   B．Ⅰ、Ⅱ、Ⅳ
　　C．Ⅰ、Ⅲ、Ⅳ   D．Ⅱ、Ⅲ、Ⅳ

【答案】A

【解析】若一个随机过程的均值为 0,方差为不变的常数,而且序列不存在相关性,这样的随机过程称为白噪声过程。

9. DW 检验的假设条件有（　　）。

　　Ⅰ．回归模型不含有滞后自变量作为解释变量

　　Ⅱ．随机扰动项满足 $\mu_i = \rho\mu_{i-1} + v_i$

　　Ⅲ．回归模型含有不为零的截距项

　　Ⅳ．回归模型不含有滞后因变量作为解释变量

　　A．Ⅱ、Ⅳ   B．Ⅲ、Ⅳ
　　C．Ⅰ、Ⅱ、Ⅲ   D．Ⅱ、Ⅲ、Ⅳ

【答案】D

【解析】DW 检验假设条件为:解释变量 X 为非随机变量,随机扰动项满足一阶自回归形式 $\mu_i = \rho\mu_{i-1} + v_i$,回归模型中不应含有滞后因变量作为解释变量,且回归模型含有不为零

的截距项。

10. 按研究变量的多少划分,相关关系分为( )。

Ⅰ.一元相关(也称单相关)

Ⅱ.多元相关(也称复相关)

Ⅲ.线性相关

Ⅳ.非线性相关

A.Ⅰ、Ⅱ　　　　　　　　　　B.Ⅰ、Ⅲ

C.Ⅱ、Ⅳ　　　　　　　　　　D.Ⅲ、Ⅳ

【答案】A

【解析】一般来说,相关关系有如下分类:①按研究变量的多少划分,有一元相关(也称单相关)和多元相关(也称复相关);②按照变量之间依存关系的形式划分,有线性相关和非线性相关;③按变量变化的方向划分,有正相关和负相关;④按变量之间关系的密切程度区分:当变量之间的依存关系密切到近乎函数关系时,称为完全相关;当变量之间不存在依存关系时,就称为不相关或零相关。

第三部分
专业技能

第五章 基本分析

考情分析

本章的主要内容包括宏观经济分析信息、评价宏观经济形式的基本指标、宏观经济政策;行业分析方法、行业特征;公司市场调研、公司法人治理、公司盈利能力和成长性分析、财务报表及分析、资产重组和关联交易;投资策略、大势研判、投资时钟与资产配置等。本章知识点多且分散,考生需要认真复习。真题考查内容多为宏观经济政策、行业分析方法、公司财务分析以及一些常用的投资策略等。

备考方法

本章内容较多,且考点较为分散,考生需要理解与记忆并重,在最近 3 次考试中,本章的平均分值约为 15 分。考生要对宏观经济分析信息、行业分析方法等有大致的了解,对宏观经济政策、资产重组与关联交易等要熟练掌握;对公司财务报表及分析、股票投资策略等要逐条记忆并深刻理解。本章知识点多,信息量大,考生需要通过大量的真题练习来巩固知识点。

思维导图

基本分析
- 宏观经济分析
  - 宏观经济分析信息
  - 评价宏观经济形势的基本指标
  - 宏观经济政策
  - 货币政策
  - 外汇
  - 财政政策
  - 证券市场
- 行业分析
  - 行业分析概述
  - 行业分析方法
  - 行业的特征
- 公司分析
  - 公司市场调研
  - 公司法人治理
  - 公司盈利能力和成长性分析
  - 财务报表及财务分析
  - 资产重组和关联交易
- 策略分析
  - 投资策略
  - 大势研判
  - 投资时钟与资产配置
  - 股票投资策略与主题投资
  - 行业比较

考点精讲

第一节 宏观经济分析

一、宏观经济分析信息

(一)信息来源及处理方法

1.信息来源

(1)通过媒体(电视、广播、报纸、杂志等)了解世界经济动态与国内经济大事;

(2)政府部门与经济管理部门,省、市、自治区公布的各种经济政策、计划、统计资料和经济报告,各种统计年鉴;

(3)各主管公司、行业管理部门搜集和编制的统计资料;
(4)预测、情报和咨询机构公布的数据资料;
(5)部门和企业内部的原始记录;
(6)国家领导人和有关部门、省市领导报告或讲话中的统计数字和信息等。

2. 信息处理方法

(1)不可比数据

①国家政策法规造成数据统计口径不一致,可以更换分析指标或舍弃部分信息。

②价格因素造成的统计数据不可比,通过价格折算剔除价格影响。

(2)异常数据

通常的选择是将异常值剔除。当数据较少时,不适合采用剔除法,可以利用平均值法,即将异常值前后相邻两期数据的算术平均值作为当期修正值。

(二)信息内容

(1)影响宏观经济运行总量指标:国民生产总值、消费额、投资额、银行贷款总额及物价水平等。

(2)经济系统中各组成部分及其对比关系指标:产业结构、消费结构、投资结构等。

(三)对信息、数据的质量要求

对信息、数据的质量要求包括:①准确性;②系统性;③时间性;④可比性;⑤适用性。

(四)总量分析法与结构分析法

总量分析法是指为了说明整个经济的状态和全貌,对影响宏观经济运行总量指标的因素及其变动规律进行分析。总量分析法是一种动态分析,同时包括静态分析。

结构分析法是指对经济系统中各组成部分及其对比关系变动规律的分析。结构分析侧重于对一定时期经济整体中各组成部分相互关系的研究。

总量分析和结构分析相互联系。总量分析需要结构分析来深化和补充;结构分析则要服从于总量分析的目标。

二、评价宏观经济形势的基本指标

(一)国内生产总值

国内生产总值(GDP)是指一个国家或地区所有常住居民在一定时期内(一般按年统计)生产活动的最终成果。核算 GDP 的方法有生产法、支出法和收入法。其中,支出法和收入法较为常用。

1. 支出法

$$GDP = C + I + G + (X - M)$$

(五)失业率与通货膨胀率

1.失业率

失业率是指劳动力人口中失业人数所占的百分比。在我国,劳动力人口是指年龄在16岁以上具有劳动能力的人的全体。目前,我国城镇登记失业率=城镇登记失业人数/(城镇从业人数+城镇登记失业人数)。

2.通货膨胀率

通货膨胀率相关内容如表5-1所示。

表5-1 通货膨胀率的相关内容

项目	描述
通货膨胀的定义	通货膨胀是指一般物价水平持续、普遍、明显的上涨。通过对一般物价水平上涨幅度的衡量可以得出通货膨胀的程度
通货膨胀分类	①温和的通货膨胀:年通货膨胀率低于10%的通货膨胀; ②严重的通货膨胀:两位数的通货膨胀; ③恶性的通货膨胀:三位数以上的通货膨胀
解释原因	传统的理论解释通货膨胀产生的原因,主要有三种观点:需求拉上的通货膨胀、成本推进的通货膨胀、结构性通货膨胀
影响方式	一是通过收入,二是通过财产的再分配以及通过改变产品产量与类型影响经济
衡量指标	CPI与PPI

(六)居民消费价格指数与生产者价格指数

1.居民消费价格指数(CPI)

CPI反映消费者为购买消费品而付出的价格的变动情况。计算CPI是确定一个固定的代表平均水平的一篮子商品和服务,并根据其当前价值除以基准年份的价值,则t年CPI表示为:

$$\mathrm{CPI}_t = \frac{\sum_{i}^{N} P_{it} \times q_i^*}{\sum_{i}^{N} P_i^* \times q_i^*}$$

式中:P_{it}为t年第i最终商品或服务的价格;q_i^*为一篮子中第i最终商品或服务的价格;P_i^*为基准年第i最终商品或服务的价格。

2.生产者价格指数(PPI)

PPI是衡量工业企业产品出厂价格变动趋势和变动程度的指数。我国生产者价格指数(PPI)的计算采用国际通行的链式拉氏公式。PPI的上涨反映了生产者价格的提高,相应地式中：C 代表消费（即常住居民的个人消费。其中，所以房屋，包括居民住房的购买，都属于固定资本形成，而不属于消费性支出）；I 为投资（包括净投资与折旧）；G 为政府支出（包括政府购买，但不包括政府转移支出，以避免重复计算）；X 为出口；M 为进口；$(X-M)$ 为净出口。

2. 收入法

国民收入＝工资＋利息＋利润＋租金＋间接税和企业转移支付＋折旧

（二）经济增长率

经济增长率是指国民收入的增长率，尤其是国内生产总值（GDP）的增长率。

用 Y_t 表示 t 时期的总产量，Y_{t-1} 表示 $(t-1)$ 时期的总产量，则增长率公式为：

$$g_Y = \frac{Y_t - Y_{t-1}}{Y_{t-1}}$$

（三）固定资产投资

固定资产投资是固定资产再生产活动，包括建造和购置固定资产的经济活动。

（1）按照经济类型划分，可分为国有经济单位投资、城乡集体经济单位投资、其他各种经济类型的单位投资和城乡居民个人投资。

（2）按照我国现行管理体制划分，可分为基本建设、更新改造、房地产开发投资和其他固定资产投资。

（四）工业增加值与社会消费品零售总额

1. 工业增加值

工业增加值是指工业行业在报告期内以货币表现的工业生产活动的最终成果。工业增加值有两种计算方法。

（1）生产法，即工业总产出减去工业中间投入；

（2）收入法，也称要素分配法。从收入的角度出发，根据生产要素在生产过程中应得到的收入份额计算，具体构成项目有固定资产折旧、劳动者报酬、生产税净额、营业盈余。

2. 社会消费品零售总额

社会消费品零售总额是指国民经济各行业通过多种商品流通渠道向城乡居民和社会集团供应的消费品总额。社会消费品零售总额包括各种经济类型的批发零售贸易业、餐饮业、制造业和其他行业售给城乡居民和社会集团的消费品零售额，以及农民售给非农业居民和社会集团的消费品零售额。

社会消费品零售总额按销售对象不同可分为以下两部分：①对居民的消费品零售额，它针对售给城乡居民用于生活消费的商品；②对社会集团的消费品零售额，针对企业、事业和行政等各种类型单位用公款购买的用作非生产、非经营用的消费品。

生产者的生产成本增加,最终会转嫁到消费者身上,导致CPI的上涨。因此,PPI是衡量通货膨胀的潜在性指标。

(七)采购经理指数(PMI)

采购经理指数(PMI)是根据企业采购与供应经理的问卷调查数据而编制的月度公布指数。PMI具有明显的先导性,对国家经济活动的监测和预测具有重要作用。通常以50%作为经济强弱的分界点,PMI高于50%,反映制造业经济扩张;低于50%,则反映制造业经济衰退。

(八)商品贸易

商品贸易是指以商品买卖为目的的纯商业方式的贸易活动。商品贸易的具体方法有:经销(总经销、独家经销、特约经销和一般经销)、代理(总代理、独家代理、特约代理和一般代理)、寄售、拍卖、招投标及展卖等。

(九)资本流动

资本流动是指大额资金在国与国之间流动,其目的在于寻求较高的回报率和较好的投资机会。其作用分为积极和消极两个方面,如表5-2所示。

表5-2 资本流动的作用

作用	内容
积极	①促进世界生产水平的提高与经济效益的增长; ②有利于各国国际收支的调节; ③有利于国内外突发事件不良影响的缓解
消极	①引起货币市场的混乱与外汇市场的动荡; ②长期、过度的资本输出,可能会引起资本输出国经济发展的停滞; ③资本输入国如无正确的产业政策与投资政策就不能正确地引导发展国际上具有竞争性的优势产业;或国外直接投资规模过大,则易成为外国资本的附庸

三、宏观经济政策

(一)宏观调控的手段和目标

1.财政政策手段

主要包括国家预算、税收、国债、财政补贴、财政管理体制、转移支付制度等。这些手段可以单独使用,也可以配合协调使用。

2. 货币政策手段

货币政策主要包括公开市场操作、法定准备金率、利率。

3. 我国宏观调控的主要目标及各目标间的关系

促进经济增长,增加就业,稳定物价,保持国际的收支平衡是我国宏观调控的主要目标。其中各目标之间的关系为:促进经济增长对增加就业、稳定物价、保持国际收支平衡有决定意义;增加就业、稳定物价、保持国际收支平衡又可以促进经济的发展,保持社会稳定,维护国家独立和主权;促进经济增长是国家宏观调控最主要的任务和目标。

(二)宏观调控对证券市场的影响

1. 证券市场是宏观经济的先行指标,是经济的晴雨表

宏观经济的走向决定证券市场的长期趋势。宏观经济运行对证券市场的影响主要有:

(1)对企业经济效益的影响。公司的经济效益会随着宏观经济运行周期、宏观经济政策、利率水平和物价水平等宏观经济因素的变动而变动。如果宏观经济运行趋好,企业总体盈利水平提高,证券市场的市值自然上涨;如果政府采取强有力的宏观调控政策,紧缩银根,企业的投资和经营会受到影响,盈利下降,证券市场市值就可能缩水。无论从长期还是从短期看,宏观经济环境是影响公司生存、发展的最基本因素。

(2)对居民收入水平的影响。居民收入水平的提高会直接促进证券市场投资需求的提高。在经济周期处于上升阶段或在提高居民收入政策的作用下,居民收入水平提高将会在一定程度上拉动消费需求,从而增加相关企业的经济效益。

(3)对投资者股价预期的影响。当宏观经济趋好时,投资者预期公司效益和自身的收入水平会上升,证券市场自然人气旺盛,从而推动市场平均价格走高;当宏观经济趋坏时,投资者对证券市场信心下降。

(4)对资金成本的影响。当国家经济政策发生变化时,国家调整利率水平、征收利息税等政策以及实施消费信贷政策会影响居民、单位的资金持有成本。如征收利息税的政策和利率水平的降低,将会促使部分资金由银行储蓄变为投资,从而影响证券市场的走向。

2. 宏观经济变动与证券市场波动的关系

(1)国内生产总值变动

国内生产总值(GDP)是一国经济成就的根本反映。从长期看,在上市公司的行业结构与该国产业结构基本一致的情况下,股票平均价格的变动与GDP的变化趋势是相吻合的。

①在持续、稳定、高速的GDP增长的情况下,社会总需求与总供给协调增长,经济结构逐步合理,趋于平衡,需求刺激并使得闲置的或利用率不高的资源得以更充分利用成为经济增长的来源,从而经济发展势头良好。

②宏观调控下的GDP减速增长。当GDP呈失衡的高速增长时,政府可能采取宏观调控措施以维持经济的稳定增长,这样必然减缓GDP的增长速度。如果调控目标得以顺利实现,GDP仍以适当的速度增长而未导致GDP的负增长或低增长,说明宏观调控措施十分有

效,经济矛盾逐步得以缓解,并为GDP进一步增长创造了有利条件。这时,证券市场亦将反映这种好的形势而呈平稳渐升的态势。

③高通货膨胀下的GDP增长。当经济处于严重失衡下的高速增长时,总需求大大超过总供给,这将表现为高的通货膨胀率。这是经济形势恶化的征兆,如不采取调控措施,必将导致未来的滞胀(通货膨胀与经济停滞并存)。这时,经济中的各种矛盾会突出表现出来,企业经营将面临困境,居民实际收入也将降低,因而失衡的经济增长必将导致证券市场行情下跌。

④转折性的GDP变动。当GDP由低速增长转向高速增长时,表明低速增长中,经济结构得到调整,经济的瓶颈制约得以改善,新一轮经济高速增长已经来临,证券市场亦将伴之以快速上涨之势;如果GDP一定时期以来呈负增长,当负增长速度逐渐减缓并呈现向正增长转变的趋势时,说明恶化的经济环境逐步得到改善,证券市场走势也将由下跌转为上升。

(2)经济周期变动

经济周期表现为扩张和收缩的交替出现,是一个连续不断的过程。某个时期产出、价格、利率、就业不断上升直至某个高峰—繁荣,之后可能出现经济的衰退,产出、产品销售、利率、就业率开始下降,直至某个低谷—萧条。

(3)通货变动

通货是指一个国家的法定货币。通货变动包括通货膨胀和通货紧缩。

①通货膨胀对证券市场的影响

稳定的、温和的通货膨胀对股价的影响较小。必要收益率提高、债券价格下跌;经济处于景气(扩张)阶段时通货膨胀在一定的可容忍范围内持续,产量和就业增长,股价上升;严重的通货膨胀时,经济被严重扭曲,货币贬值加速,囤积商品、购买房屋是人们保值的主要手段;政府为抑制通货膨胀,会使用某些宏观经济政策工具,宏观经济政策工具的运用会对经济运行造成影响;

通货膨胀会引起相对价格发生变化,可能产生社会影响,并影响投资者的心理和预期,从而影响股价;通货膨胀增加了商品价格的不确定性,同时增加企业未来经营状况的不确定性,从而增加证券投资的风险;通货膨胀还会对企业产生微观影响。短期内:通货膨胀之初,税收效应、负债效应、存货效应和波纹效应等都有可能刺激股价上涨;长期内:严重的通货膨胀必将导致股价下跌。

②通货紧缩对证券市场的影响

通货紧缩会降低投资者和消费者的积极性,造成经济衰退和经济萧条,不利于币值稳定和经济增长。

(三)产业政策

产业政策是政府为了实现一定的经济和社会目标而对产业的形成和发展进行干预的各种政策的总和,是政府干预经济活动的重要调控手段。产业政策的工具包括财政工具、税收工具、信贷工具、行政工具、法律工具、投融资工具等。

财政政策工具主要有：①财政收入，主要是通过调整税率、税种来调节产业结构；②财政支出，包括购买性支出和转移性支出；③国债；④政府投资。

税收工具主要有：①税种；②税收减免；③税收优惠或处罚。

四、货币政策

(一)货币政策工具

货币政策工具是指中央银行为实现货币政策目标所采用的政策手段。货币政策工具可分为一般性政策工具和选择性政策工具。一般性政策工具包括法定存款准备金率、再贴现政策、公开市场业务；选择性政策工具包括直接信用控制、间接信用指导等。具体如表5-3所示。

表5-3 货币政策工具

分类		描述
一般性政策工具	法定存款准备金率	通货膨胀时，中央银行可提高法定准备金率，商业银行可运用的资金减少，贷款能力下降，货币乘数变小，市场货币流通量便会相应减少；反之，则降低法定准备金率
	再贴现政策	中央银行对再贴现资格条件的规定则着眼于长期的政策效用，以发挥抑制或扶持作用，并改变资金流向。再贴现率主要着眼于短期政策效应
	公开市场业务	从交易品种看，中国人民银行公开市场业务债券交易主要包括回购交易、现券交易和发行中央银行票据
选择性政策工具	间接信用指导	间接信用指导是指中央银行通过道义劝告、窗口指导等办法间接影响商业银行等金融机构行为的做法
	直接信用控制	直接信用控制是指以行政命令或其他方式，直接对金融机构尤其是商业银行的信用活动进行控制。其具体手段包括：规定利率限额与信用配额、信用条件限制、规定金融机构流动性比率和直接干预等

(二)货币供应量的层次

货币供应量的层次划分如表5-4所示。

表 5-4 货币供应量的层次

划分标准	货币层次	描述
国际货币基金组织的口径	M_0（现钞）	M_0是指流通于银行体系以外的现钞，不包括商业银行的库存现金，但包括居民手中的现金和企业单位的备用金。这部分货币具有最强的购买力，可随时作为流通手段和支付手段
	M_1（狭义货币）	$M_1 = M_0 +$ 商业银行的活期存款
	M_2（广义货币）	$M_2 = M_1 +$ 准货币
现阶段我国货币计量划分	M_0	$M_0 =$ 流通中现金
	M_1	$M_1 = M_0 +$ 企业单位活期存款 + 农村存款 + 机关团体部分存款
	M_2	$M_2 = M_1 +$ 企业单位定期存款 + 自筹基本建设存款 + 个人储蓄存款 + 其他存款

（三）社会融资总量

社会融资总量是指一定时期内（每月、每季或每年）实体经济从金融体系获得的全部资金总额。它是全面反映金融与经济关系，以及金融对实体经济资金支持的总量指标。计算公式如下：

社会融资总量 = 人民币各项贷款 + 外币各项贷款 + 委托贷款 + 信托贷款 + 银行承兑汇票 + 企业债券 + 非金融企业股票 + 保险公司赔偿 + 保险公司投资性房地产 + 其他

社会融资总量是增量概念，为期末、期初余额的差额，或当期发行或发生额扣除当期兑付或偿还额的差额，统计上表现为每月、每季或每年新增量。

（四）货币政策的传导机制

货币政策传导机制是指中央银行运用货币政策工具影响中介指标，进而最终实现既定政策目标的传导途径与作用机理。货币政策影响经济变量主要是通过以下四种途径，如表 5-5 所示。

表 5-5 货币政策的传导机制

传导途径	具体描述
利率传递途径	货币供应量 $M\uparrow \to$ 实际利率 $i\downarrow \to$ 投资 $I\uparrow \to$ 总产出 $Y\uparrow$
信用传递途径	货币供应量 $M\uparrow \to$ 贷款供给 $L\uparrow \to$ 投资 $I\uparrow \to$ 总产出 $Y\uparrow$
非货币资产价格传递途径	货币供应量 $M\uparrow \to$ 实际利率 $i\downarrow \to$ 资产（股票）价格 $P\uparrow \to$ 投资 $I\uparrow \to$ 总产出 $Y\uparrow$
汇率传递途径	货币供应量 $M\uparrow \to$ 实际利率 $i\downarrow \to$ 汇率 $E\downarrow \to$ 净出口 $NX\uparrow \to$ 总产出 $Y\uparrow$

(五)货币政策变动对实体经济和证券市场的影响

1. 对实体经济的影响

(1)通过调控货币供应总量保持社会总需求与总供给的平衡;

(2)调节国民收入中消费与储蓄的比例;

(3)通过调控货币总量和利率控制通货膨胀,保持物价总水平的稳定;

(4)引导储蓄向投资的转化并实现资源的合理配置。

2. 对证券市场的影响

(1)利率

中央银行调整基准利率的高低,对证券价格产生影响。一般来说,利率上升,股票价格就下降;利率下降时,股票价格就上升。

(2)中央银行的公开市场业务对证券价格的影响

当政府实施较为宽松的货币政策时,中央银行就会大量购进有价证券,货币供给量增加,利率下调,资金成本降低,企业和个人的投资和消费热情高涨,生产扩张,利润增加,这又会推动股票价格上涨;当政府实施较为紧缩的货币政策时,股票价格将下跌。

(3)调节货币供应量对证券市场的影响

中央银行调节货币供应量的政策工具有法定存款准备金率和再贴现政策。中央银行提高再贴现率,证券市场行情走势趋软。如果中央银行提高法定存款准备金率,等于冻结了一部分商业银行的超额准备。由于法定存款准备金率对应着数额庞大的存款总量,并通过货币乘数的作用使货币供应量更大幅度减少,证券市场价格便趋于下跌。反之,如果中央银行降低法定存款准备金率或降低再贴现率,会导致证券市场行情上扬。

(4)选择性货币政策工具对证券市场的影响

当直接信用控制或间接信用指导降低贷款限额、压缩信贷规模时,证券市场行情呈下跌走势,但如果在从紧的货币政策前提下,实行总量控制,通过间接信用指导或直接信用控制区别对待,紧中有松,那么一些优先发展的产业和国家支柱产业以及农业、交通、能源、通信等基础产业及优先重点发展的地区的证券价格则可能不受影响,甚至逆势而上。

五、外汇

(一)汇率及汇率制度对证券市场的影响

汇率是以一种货币表示另一种货币的价格。汇率是国际贸易中最重要的调节杠杆。汇率制度具体如表5-6所示。

表 5-6　四种汇率制度的内容

汇率制度	具体内容
目标区间管理汇率制度	在该制度下,一个国家的中央银行将调整其货币政策以保持汇率在一个以中心汇率为基准上下浮动的区间内。此制度的可信性是中央银行在面临偏离目标区间的威胁时维护汇率的意愿和能力。该制度降低了由汇率波动造成的不稳定性
固定汇率制度	在该制度下,政府将汇率维持在某一个目标水平。这样的体系意味着各国货币政策必须保持一致。其主要缺点是缺乏灵活性,优点是减少了经济活动的不确定性,一个想稳定其物价的高通货膨胀国家可以选择加入固定汇率体系来恢复央行的信誉
自由浮动汇率制度	在该制度下,汇率由货币的供求关系决定,央行不对外汇市场实施任何干预措施
有管理的浮动汇率制度	我国的汇率制度为有管理的浮动汇率制度。为避免汇率大幅度波动,央行主要有三种干预措施:①央行为平滑汇率日常的波动,偶尔进入市场,但不会尝试干预货币的基本趋势。②逆经济风向而行,但仅仅是推延而非抵抗货币的基本趋势。③"非官方盯住",指的是央行通过对市场的干预使汇率变化不得超出官方非公开的汇价上下限

(二)汇率变动对证券市场的影响

一般情况下,一国的经济开放程度越高,证券市场的国际化程度越高,证券市场受汇率的影响越大。这里汇率用单位外币的本币标值来表示。

以外币为基准,汇率上升,意味着本币贬值,本国产品竞争力增强,出口型企业收益将增加,因此企业的股票和债券价格将上涨;相反,依赖于进口的企业成本增加,利润减少,股票和债券的价格将下跌。汇率上升,本币贬值,还会导致资本流出本国,资本的流失将减少本国证券市场需求,从而市场价格下跌。

同时,汇率上升,本币表示的进口商品价格提高,进而带动国内物价水平上涨,引起通货膨胀。通货膨胀对证券市场的影响需根据当时的经济形势和具体企业以及政策行为进行分析。

(三)外汇储备与外汇占款

1. 外汇储备

外汇储备是一国对外债权的总和,用于偿还外债和支付进口,是国际储备的一种。国际收支差额是外汇储备的变动原因。

2. 外汇占款

外汇占款是指中央银行收购外汇资产而相应投放的本国货币。由于人民币是非自由兑换货币，外资引入后需兑换成人民币才能进入流通使用，国家为了外资换汇要投入大量的资金，增加了货币的需求量，形成了外汇占款。

(四)中央银行和商业银行的资产负债表

1. 开放经济下中央银行的资产负债表

作为发行的银行，发行货币是中央银行的基本职能，也是中央银行的主要资金来源，中央银行发行的货币通过再贴现、再贷款、购买有价证券和收购黄金外汇投入市场，成为流通中货币，成为中央银行对公众的负债。中央银行作为最后贷款者对商业银行提供资金融通，主要的方式包括再贴现和再贷款。还有财政部门的借款和在国外金融机构的资产。如表5-7所示。

表5-7 开放经济下中央银行资产负债表

资产	负债
国外资产	基础货币
国内资产	法定准备金
对政府的债权(净)	备付金
对银行的债权	流通中现金
其他项目净额	非金融部门存款

2. 开放经济下商业银行资产负债表

商业银行的资产负债表是综合反映其资产负债科目及数量的会计报表，是进行资产负债统计分析的基本资料。商业银行资产负债表的负债方代表其资金的来源，资产项目代表其资金的运用。如表5-8所示。

表5-8 开放经济下商业银行资产负债表

资产	负债
贷款	存款
法定准备金	对中央银行负债
备付金	——
其他项目净额	——

（五）利率和汇率市场化改革

表 5-9 利率和汇率市场化改革

	具体内容
利率市场化改革	①在利率制度方面,国家应尽早建立并完善利率决定机制以及利率风险管理制度,保证利率决定机制在最大程度的灵活性和自主性的基础上实现利率风险水平的最小化; ②在金融市场方面,国家应努力朝着建立统一、开放、竞争、有序的金融体系的目标迈进,为市场上的各类竞争主体提供一个尽可能公平、公正的投融资环境,从而为利率市场化改革的最终实现创造条件; ③在规范微观主体行为方面,应首先解决长期以来困扰我国经济发展的问题,加速国有企业改革,逐步建立和完善现代企业管理制度,同时进一步推进国有商业银行的改革进程,在产权制度和银行治理结构等方面加大改革力度
汇率市场化改革	①人民币汇率浮动幅度要提高,汇率变化的频率要增加; ②培育新颖的外汇市场,将外汇储备疏导到外汇市场,推进藏汇于民; ③外汇管理政策从"奖入限出"改为"限入奖出"

（六）资本账户

资本账户是指用来核算和监督投资者投入的资本或留存收益的增减变动及其结存情况的账户。资本账户改革的方向为资本项目可兑换。资本账户开放意味着更少的政府干预,但并不是完全取消所有的管制。

六、财政政策

财政政策是政府依据客观经济规律制定的指导财政工作和处理财政关系的一系列方针、准则和措施的总称。财政政策是当代市场经济条件下国家干预经济、与货币政策并重的一项手段。

（一）财政政策的手段

财政政策手段主要包括国家预算、税收、国债、财政补贴、财政管理体制、转移支付制度等。这些手段可以单独使用,也可以配合协调使用。各种财政政策手段的具体内容如表 5-10 所示。

表 5-10 财政政策手段

财政政策手段	具体内容
国家预算	①国家预算是政府的基本财政收支计划,是财政政策的主要手段 ②在一定时期,当其他社会需求总量不变时,财政采用结余政策和压缩财政支出具有减少社会总需求的功能;财政赤字具有扩张社会总需求的功能 ③财政投资的多少和投资方向直接影响和制约国民经济的部门结构,因而具有造就未来经济结构框架的功能,也有矫正当期结构失衡状态的功能
税收	①税制的设置可以调节和制约企业间的税负水平 ②税收还可以根据消费需求和投资需求的不同对象设置税种或在同一税种中实行差别税率,以控制需求数量和调节供求结构 ③进口关税政策和出口退税政策对于国际收支平衡具有重要的调节功能
国债	①国债用于农业、能源、交通和基础设施等国民经济的薄弱部门和瓶颈产业,可以调节国民收入的使用结构和产业结构,调整固定资产投资结构,促进经济结构的合理化 ②政府可以通过发行国债调节资金供求和货币流通量 ③国债的发行对证券市场资金的流向格局也有较大影响。如果一段时间内,国债发行量较大且具有一定的吸引力,将会分流证券市场的资金
财政补贴	①财政补贴是国家为了某种特定需要,将一部分财政资金无偿补助给企业和居民的一种再分配形式 ②我国财政补贴主要包括价格补贴、企业亏损补贴、房租补贴、财政贴息、职工生活补贴和外贸补贴等
财政管理体制	财政管理体制主要功能是调节各地区、各部门之间的财力分配,它是中央与地方、地方各级政府之间以及国家与企事业单位之间资金管理权限和财力划分的一种根本制度
转移支付制度	转移支付制度主要功能是调整中央政府与地方政府之间的财力纵向不平衡,调整地区间财力横向不平衡,它是中央财政将集中的一部分财政资金,按一定的标准拨付给地方财政的一项制度

(二)财政政策对实体经济及证券市场的影响

财政政策分为扩张性财政政策、紧缩性财政政策和中性财政政策。扩张性财政政策将刺激经济发展,证券市场则将走强。紧缩财政政策将使得过热的经济受到控制,证券市场也将走弱。

1.实施积极财政政策对证券市场的影响
(1)扩大财政支出,加大财政赤字;
(2)减少税收,降低税率,扩大减免税范围;
(3)增加财政补贴。财政补贴往往使财政支出扩大;
(4)减少国债发行(或回购部分短期国债)。

2.分析财政政策对证券市场影响应注意的问题
(1)关注有关的统计资料信息,认清经济形势;
(2)分析过去类似形势下的政府行为及其经济影响,据此预期政策倾向和相应的经济影响;
(3)从各种媒介中了解经济界人士对当前经济形势的看法,关心政府有关部门主要负责人的日常讲话,分析其经济观点、主张,从而预见政府可能采取的经济措施和采取措施的时机;
(4)在预见和分析财政政策的基础上,进一步分析相应政策对经济形势的综合影响(比如通货膨胀、利率等),结合行业分析和公司分析作出投资选择。通常,与政府采购密切相关的行业和公司对财政政策较为敏感;
(5)关注年度财政预算,能够把握财政收支总量的变化趋势,其次是对财政收支结构及其重点作出分析,以便了解政府的倾斜政策和财政投资重点。一般而言,受倾斜的行业业绩较有保障,该行业平均股价因此存在上涨的空间。

(三)财政收支

1.财政收入

财政收入是指国家财政参与社会产品分配所取得的收入。其内容主要包括:
(1)各项税收:增值税、消费税、营业税、城市维护建设税、土地增值税、城市土地使用税、资源税、印花税、关税、个人所得税、企业所得税、农牧业税和耕地占用税等。
(2)专项收入:征收城市水资源费收入、征收排污费收入、教育费附加收入等。
(3)其他收入:基本建设收入、基本建设贷款归还收入、捐赠收入等。
(4)国有企业计划亏损补贴为负收入,冲减财政收入。

2.财政支出

财政支出是指国家财政将筹集起来的资金进行分配使用,以满足经济建设和各项事业的需要。财政支出可分为两部分:一部分是资本性支出,即政府的公共性投资支出,包括政府在基础设施上的投资、环境改善方面的投资以及政府储备物资的购买等。另一部分是经常性支出,包括政府的日常性支出、公共消费产品的购买、经常性转移等。资本性支出和经常性支出的变化对国内总供需的影响是不同的。

3.赤字或结余

财政收入与财政支出的差额即为赤字(差值为负时)或结余(差值为正时)。核算财政收支总额主要是为了进行财政收支状况的对比。财政收不抵支则出现赤字,财政收入大于支出表现为结余。如果财政赤字过大,就会引起社会总需求的膨胀和社会总供求的失衡。财政赤字或结余也是宏观调控中应用最普遍的一个经济变量。财政发生赤字的时候有两种弥补方式:(1)通过向银行借款来弥补;(2)是通过举债即发行国债来弥补。

(四)主权债务

1. 概述

主权债务是指一国以自己的主权为担保向外借来的债务。主权债务危机的实质是国家债务信用危机。一般对主权债务风险的判断都是基于国债负担率、债务依存度、赤字率、偿债率等指标。

(1)国债负担率又称国民经济承受能力,是指国债累计余额占国内生产总值(GDP)的比重。这一指标着眼于国债存量,反映了整个国民经济对国债的承受能力。国际公认的国债负担率的警戒线为发展中国家不超过45%,发达国家不超过60%。

(2)债务依存度是指当年的债务收入与财政支出的比例关系。其计算公式是:

$$债务依存度 = (当年债务收入额 \div 当年财政支出额) \times 100\%$$

在中国,债务依存度反映了一个国家的财政支出有多少是依靠发行国债来实现的。

(3)偿债率是指当年的还本付息额与当年出口创汇收入额之比,它是分析、衡量外债规模和一个国家偿债能力大小的重要指标。国际上一般认为,发展中国家为25%,危险线为30%;一般国家的偿债率的警戒线为20%。当偿债率超过25%时,说明该国外债还本付息负担过重,有可能发生债务危机。

2. 负面影响

主权债务危机一般会产生以下负面影响:①导致新的贸易保护;②危机国货币贬值,资金外流;③危机国财政紧缩、税收增加和失业率增加,社会矛盾激化;④危机国国债收益率上升,增加筹资成本,甚至无法发行国债。

(五)税收制度

税收制度即税法体系,一个国家的税收制度是指在既定的管理体制下设置的税种以及与这些税种的征收、管理有关的,具有法律效力的各级成文法律、行政法规、部门规章等的总和。按照构成方法和形式,税收制度可以分为简单型税制及复合型税制。简单型税制主要是指税种单一、结构简单的税收制度;复合型税制主要是指由多个税种构成的税收制度。世界各国一般都采用复税制税收制度。

税收制度的内容主要有三个层次:①不同的要素构成税种。构成税种的要素主要包括:征税对象、纳税人、税目、税率、纳税环节、纳税期限、减税免税等;②不同的税种构成税收制度。国与国之间构成税收制度的具体税种差异较大,但一般都包括所得税(直接税)、流转税(间接税),及其他一些税种,如财产税、关税等;③规范税款征收程序的法律法规,如税收征收管理法等。

政治经济条件和政治经济目标不同,税收制度也就不同。我国目前税制是以间接税为主体的税制结构,其中增值税占全部税收收入的比例达 40% 以上。

(六)财税体制改革

(1)深化税收制度改革,优化税制结构、完善税收功能、稳定宏观税负、推进依法治税,建立有利于科学发展、社会公平、市场统一的税收制度体系,充分发挥税收筹集财政收入、调节分配、促进结构优化的职能作用;

(2)改进预算管理制度,强化预算约束、规范政府行为、实现有效监督,加快建立全面规范、公开透明的现代预算制度;

(3)调整中央和地方政府间财政关系,在保持中央和地方收入格局大体稳定的前提下,进一步理顺中央和地方收入划分,合理划分政府间事权和支出责任,促进权力和责任、办事和花钱相统一,建立事权和支出责任相适应的制度。

七、证券市场

(一)证券市场供给和需求的主要因素

表 5-11　证券市场供给和需求的主要因素

	主要因素
证券市场供给	①上市公司质量,影响到投资者的收益及投资热情、证券市场的前景、个股价格及大盘指数变动,这些因素将直接或间接影响证券市场的供给 ②上市公司数量,直接决定证券市场供给,而影响上市公司数量的主要因素包括:制度因素、宏观经济环境和市场因素
证券市场需求	①宏观经济环境; ②政策因素; ③居民金融资产结构的调整; ④机构投资者的培育和壮大; ⑤资本市场的逐步对外开放

(二)股市制度改革

推进股市的市场化是我国股市的改革方向,主要指新股发行由核准制转向注册制。注册制对股市运行的影响:

(1)带来透明信息的完备披露;
(2)带来市场定价的规则;
(3)带来真正的退市制度。

（三）国际金融市场环境对我国证券市场的影响

1. 国际金融市场动荡通过人民币汇率预期影响证券市场

(1) 将全面提升人民币资产升值；

(2) 拥有人民币资本类的行业或企业将特别受到投资者的青睐。

2. 国际金融市场动荡通过宏观面间接影响我国证券市场

国际金融市场的动荡对外向型上市公司和外贸行业上市公司的业绩影响最大，对其股价的冲击也最大。宏观经济环境的恶化导致上市公司业绩下降和投资者信心下降，最终使证券市场行情下跌。

3. 国际金融市场动荡通过微观面直接影响我国证券市场

随着中国经济实力的不断壮大，国内企业的国际竞争能力也在不断增强。一些大型企业通过跨国兼并参与国际竞争。国内主要上市公司通过购买境外企业的股份，以达到参股或控股的目的。另外一些大型上市公司通过购买境外企业债券进行组合投资套期保值。国际金融市场的动荡造成境外企业的债券和股票价格大幅度缩水，严重影响了上述公司的业绩。

第二节 行业分析

一、行业分析概述

（一）行业分析内容及信息来源

行业分析是指根据经济学原理，综合应用统计学、计量经济学等分析工具对行业经济的运行状况、产品生产、销售、消费、技术、行业竞争力、市场竞争格局、行业政策等行业要素进行深入的分析，从而发现行业运行的内在经济规律，进而进一步预测未来行业发展的趋势。行业分析的内容主要包括：基本状况分析、一般特征分析和行业结构分析。

（二）信息的收集与处理方法

表5-12 信息的收集与处理方法

项目	内容
信息收集概述	信息收集是指通过各种方式获取所需要的信息。信息收集是信息得以利用的第一步，也是关键的一步
信息收集原则	①准确性；②全面性；③时效性
信息收集方法	①调查法；②观察法；③实验方法；④文献检索；⑤网络信息收集

续表

项目	内容
信息处理概述	信息处理就是对信息的接收、存储、转化、传送和发布等
信息处理目的	①提高有效性;②提高抗干扰性;③改善主观感觉的效果;④对信息进行识别和分类;⑤分离和选择信息

二、行业分析方法

行业分析方法的内容如表5-13所示。

表5-13 行业分析方法

行业分析方法	具体内容
历史资料研究法	是通过对已有资料的深入研究,寻找事实和一般规律,然后根据这些信息去描述、分析和解释过去的过程;同时,通过对当前状况的揭示,按照一般规律对未来进行预测;缺点:只能被动地囿于现有资料,不能主动地去提出问题并解决问题;优点:省时、省力并节省费用
调查研究法	一般通过抽样调查、深度访谈、实地调研等形式,通过对调查对象的问卷调查、访谈、访查获得资讯,并对此进行研究;也可利用他人收集的调查数据进行分析;缺点:此方法的成功与否取决于研究者和访问者的技巧和经验;优点:可以获得最新的资料和信息,并且研究者可以主动提出问题并获得解释,适合对相对复杂的问题进行研究时采用
归纳与演绎法	归纳法是从个别出发以达到一般性,从一系列特定的观察中发现一种模式,在一定程度上代表所有给定事件的秩序;此模式的发现并不能解释为什么这个模式会存在;演绎法是从一般到个别,从逻辑或理论上预期的模式到观察检验预期的模式是否确实存在,演绎法是先推论后观察
比较研究法	分为纵向比较和横向比较两种方法;横向比较是取某一时点的状态或者某一固定时段(比如1年)的指标,在这个横截面上对研究对象及其比较对象进行比较研究;纵向比较是利用行业的历史数据预测行业的未来发展趋势;优点:可以直观和方便地观察行业的发展状态和比较优势
数理统计法	数理统计和计量经济学的理论和方法将被越来越多地应用到行业分析中来,其中相关分析、一元线性回归和时间数列是最常用的分析方法

三、行业的特征

(一)行业分类方法

行业分类方法的内容如表5-14所示。

表 5-14　行业分类方法

方法	内容
道·琼斯分类法	道·琼斯分类法将大多数股票分为三类：工业、运输业和公用事业，然后选取有代表性的股票。在道·琼斯指数中，工业类股票取自工业部门的 30 家公司；运输业类股票取自 20 家交通运输公司；公用事业类股票取自 6 家公用事业公司
标准行业分类法	联合国经济和社会事务统计局曾制定了一个《全部经济活动国际标准行业分类》（简称《国际标准行业分类》），为便于汇总各国统计资料并进行互相对比，建议各国采用。它把国民经济划分为 10 个门类：①农业、畜牧狩猎业、林业和渔业；②采矿业及土、石采掘业；③制造业；④电、煤气和水；⑤建筑业；⑥批发和零售业、饮食和旅馆业；⑦运输、仓储和邮电通信业；⑧金融、保险、房地产和工商服务业；⑨政府、社会和个人服务业；⑩其他
我国国民经济的行业分类	①第一产业为农业（包括林业、牧业、渔业等）；②第二产业为工业（包括采掘业、制造业、自来水、电力、煤气）和建筑业；③第一、第二产业以外的各行业为第三产业，主要是指向全社会提供各种各样劳务的服务性行业，具体包括交通运输业、仓储业、邮电通信业、餐饮业、金融保险业、社会服务业、房地产业等
我国上市公司的行业分类	深圳证券交易所将上市公司分为工业、商业、地产业、公用事业、金融业和综合六类；上海证券交易所将上市公司分为工业、商业、地产业、公用事业和综合五类
上海证券交易所上市公司行业分类调整	根据 2007 年最新行业分类，沪市上市公司分为金融地产、工业、原材料、主要消费、可选消费、能源、公用事业、医药卫生、电信业务、信息技术十大行业

（二）描述行业基本状况的指标

处于周期波动不同节点的行业将有明显的表现差异。处于周期下降期的行业出现需求萎靡、生产能力过剩、产品滞销、应收款增加、价格下跌和多数企业亏损的景象。处于周期上升期的行业出现需求旺盛、生产满负荷和买卖活跃的景象。

1. 行业景气指数

当行业处于不同的周期节点时呈现不同的市场景象，称之为行业景气。景气指数又称为景气度，它是采用定量的方法综合反映某一特定调查群体或某一社会经济现象所处的状态或发展趋势的一种指标。

景气指数以 100 为临界值，范围在 0～200 点之间。处于景气状态时，景气指数高于 100；处于不景气状态时，景气指数低于 100。

2. 中经产业景气指数

中经产业景气指数是目前我国比较成熟和权威的行业类景气指数。中经产业景气指数是一个指数体系。各产业指数都包括景气指数、预警指数以及用红、黄、绿、浅蓝和蓝色灯号直观描述行业经济冷热状况的行业预警灯号。

(三) 行业的市场结构

市场结构就是市场竞争或垄断的程度。根据该行业中进入限制程度、企业数量的多少和产品差别,行业基本上可分为四种市场结构:完全竞争、垄断竞争、寡头垄断、完全垄断。具体如表5-15所示。

表5-15　行业的市场结构

市场结构	定义	特点	描述
完全竞争	指竞争不受任何阻碍和干扰的市场结构	①生产者众多,各种生产资料可以完全流动;②没有一个企业能够影响产品的价格,企业永远是价格的接受者而不是价格的制定者;③产品不论是有形或无形的,都是同质的、无差别的;④生产者可自由进入或退出这个市场;⑤市场信息对买卖双方都是畅通的,生产者和消费者对市场情况非常了解;⑥企业的盈利基本上由市场对产品的需求来决定	完全竞争是一个理论上的假设,在现实经济中,完全竞争的市场类型是少见的,初级产品(如农产品)的市场类型较类似于完全竞争。该市场结构得以形成的根本因素在于企业产品的无差异,所有的企业都无法控制产品的市场价格
垄断竞争	指既有垄断又有竞争的市场结构	①生产者众多,各种生产资料可以流动;②生产的产品之间存在着差异,同种但不同质。产品的差异性既包括产品之间存在实际上的差异,也包括想象上的差异。这是垄断竞争与完全竞争的主要区别。③生产者可以树立自己产品的信誉,从而对其产品的价格有一定的控制能力。该市场结构中,造成垄断现象的原因是产品差别;造成竞争现象的是产品同种,即产品的可替代性	在垄断竞争型市场上,每家企业都在市场上具有一定的垄断力,但它们之间的竞争又非常激烈。在国民经济各行业中,制成品(如纺织、服装等轻工业产品)的市场类型一般都属于垄断竞争
寡头垄断	指相对少量的生产者在某种产品的生产中占据很大市场份额,从而控制了这个行业的供给的市场结构	①这类产品只有在大规模生产时才能获得好的效益,这就会在竞争中自然淘汰大量的中小企业;②这类行业初始投入资本较大,阻止了大量中小企业的进入	——

续表

市场结构	定义	特点	描述
完全垄断	指整个行业的市场完全处于一家企业所控制的市场结构,即独家企业生产某种特质产品的情形	①产品没有或缺少相近的替代品;②市场被独家企业所控制,其他企业不可以或不可能进入该行业;③垄断者在制定产品的价格与生产数量方面的自由性是有限的,要受到有关反垄断法和政府管制的约束;④垄断者能够根据市场的供需情况制定理想的价格和产量,在高价少销和低价多销之间进行选择,以获取最大的利润	两种类型:①私人完全垄断,如根据政府授予的特许专营,或根据专利生产的独家经营以及由于资本雄厚、技术先进而建立的排他性的私人垄断经营;②政府完全垄断,通常在公用事业中居多,如国有铁路、邮电等部门

(四)盈利模式

盈利模式指按照利益相关者划分的企业的收入结构、成本结构以及相应的目标利润。

盈利模式分为自觉的盈利模式和自发的盈利模式两种:前者是企业通过对赢利实践的总结,对赢利模式加以自觉调整和设计而成的,具有清晰性、针对性、相对稳定性、环境适应性和灵活性的特征;后者是自发形成的,企业对如何赢利,未来能否赢利缺乏清醒的认识,企业虽然盈利,但赢利模式不明确不清晰,其赢利模式具有隐蔽性、模糊性、缺乏灵活性的特点。

(五)行业集中度

行业集中度是指某行业相关市场内前 N 家最大的企业所占市场份额(产值、产量、销售额、销售量、职工人数、资产总额等)的总和。行业集中度(CR)一般以某一行业排名前 4 位的企业的销售额(或生产量等数值)占行业总的销售额的比例来度量,表示为 CR_4。CR_4 越小集中度越低,市场越趋向于竞争。CR_4 越大,说明这一行业的集中度越高,市场越趋向于垄断。集中度是衡量行业市场结构的一个重要指标。

已知该行业的企业的产值、销售额、产量、职工人数、销售量、资产总额等的情况下,其计算公式为:

$$CR_n = \frac{\sum(X_i)_n}{\sum(X_i)_N}(N>n)$$

式中:CR_n 为规模最大的前几家企业的行业集中度;X_i 为第 i 家企业的产值、产量、销售额、销售量、职工人数、资产总额等;n 为产业内规模最大的前几家企业数;N 为产业内的企业总数。

通常 $n=4$ 或者 $n=8$,此时,行业集中度就分别表示产业内规模最大的前 4 家或者前 8 家企业的集中度。

行业集中率的缺点是没有指出这个行业相关市场中正在运营和竞争的企业总数。

(六)产业价值链

1. 概念

价值链理论是由美国哈佛商学院教授迈克尔·波特于 1985 年在《竞争优势》一书中提出。他认为,一般企业都可以视为一个由管理、设计、采购、生产、销售、交货等一系列创造价值的活动所组成的链条式集合体,企业内部各业务单元的联系构成了企业的价值链。价值链在经济活动中无处不在,将企业价值链根据企业与相应供应方和需求方的关系,分别向其前、后延伸就形成了产业价值链。

2. 价值链上不同环节的各种特征及竞争策略

价值链的各环节之间相互关联,相互影响。一个环节经营管理的好坏可以影响到其他环节的成本和效益。企业的竞争优势也主要来源于它自身与竞争对手在价值链上的差异。

根据产品实体在价值链各环节的流转程序,企业的价值活动可以分为"上游环节"和"下游环节"。在企业的基本价值活动中,材料供应、产品开发、生产运行可以被称为"上游环节";成品储运、市场营销和售后服务可以被称为"下游环节"。上游环节经济活动的中心是产品,与产品的技术特性紧密相关;下游环节的中心是顾客,成败优劣主要取决于顾客特点。

不同的行业价值的具体构成并不完全相同,同一环节在各行业中的重要性也不同。

对产业链进行分析,实质上就是将某一产业价值链进行分解考察,通过区分和界定处于产业价值链上的不同企业在某一特定产业内的各种活动,比较各个环节的价值和变化,以分析产业链上企业的竞争力和产业的发展方向。

(七)行业的运行状态与经济周期

表 5-16 行业的运行状态与经济周期

行业分类	运行状态与经济周期
增长型行业	增长型行业主要依靠技术的进步、新产品推出及更优质的服务,从而使其经常呈现出增长形态。增长型行业的运行状态与经济活动总水平的周期及其振幅并不紧密相关。高增长的行业为投资者提供了一种财富套期保值的手段。在经济高涨时,高增长行业的发展速度通常高于平均水平;在经济衰退时期,其所受影响较小甚至仍能保持一定的增长。因为这些行业的股票价格不会明显地随着经济周期的变化而变化,所以使得投资者难以把握精确的购买时机

续表

行业分类	运行状态与经济周期
周期型行业	周期型行业的运行状态与经济周期紧密相关。当经济衰退时,这些行业也相应衰落;当经济处于上升时期,这些行业会紧随其扩张,且该类型行业收益的变化幅度往往会在一定程度上夸大经济的周期性。产生这种现象的原因是,当经济衰退时,这些行业相关产品的购买被延迟到经济改善之后;当经济上升时,对这些行业相关产品的购买相应增加。典型的周期性行业有消费品业、耐用品制造业及其他需求收入弹性较高的行业
防守型行业	经济周期的上升和下降对防守型行业的经营状况的影响很小。其原因是该类型行业的产品需求相对稳定,需求弹性小,经济周期处于衰退阶段对这种行业的影响也比较小。有些防守型行业甚至在经济衰退时期还会有一定的实际增长。该类型行业的产品往往是必要的公共服务或是生活必需品,公众对其产品有相对稳定的需求,因而行业中有代表性的公司盈利水平相对较稳定。典型代表行业有食品业和公用事业。也正是因为这个原因,投资于防守型行业一般属于收入型投资,而非资本利得型投资

(八)行业生命周期

表 5-17　行业生命周期

周期	阶段特征
幼稚期	在幼稚期,新行业刚刚诞生或初建不久,投资于这个新兴的行业的投资公司较少且创业公司的研究和开发费用较高,而大众对其产品尚缺乏全面了解,产品市场需求狭小,销售收入较低,因此这些创业公司财务上可能没有盈利,甚至出现较大亏损
成长期	这一时期企业的利润增长很快,面临的竞争风险也非常大,破产率与被兼并率相当高。在市场竞争优胜劣汰规律的作用下,市场上生产厂商的数量会在一个阶段后出现大幅度减少,之后开始逐渐稳定下来。由于市场需求趋向饱和,产品的销售增长率减慢,迅速赚取利润的机会减少,整个行业便开始进入成熟期
成熟期	行业成熟表现在技术上的成熟、产品的成熟、产业组织上的成熟以及生产工艺的成熟
衰退期	行业衰退可以分为偶然衰退和自然衰退。偶然衰退是指在偶然的外部因素作用下,提前或者延后发生的衰退;自然衰退是一种自然状态下到来的衰退。行业衰退还可以分为相对衰退和绝对衰退。相对衰退是指因结构性原因或者无形原因引起行业地位和功能发生衰减的状况,而并不一定是行业实体发生了绝对的萎缩;绝对衰退是指行业本身内在的衰退规律起作用而发生的规模萎缩、功能衰退、产品老化

在一个行业生命周期的不同阶段会表现出不同特点(如图 5-1 所示)。

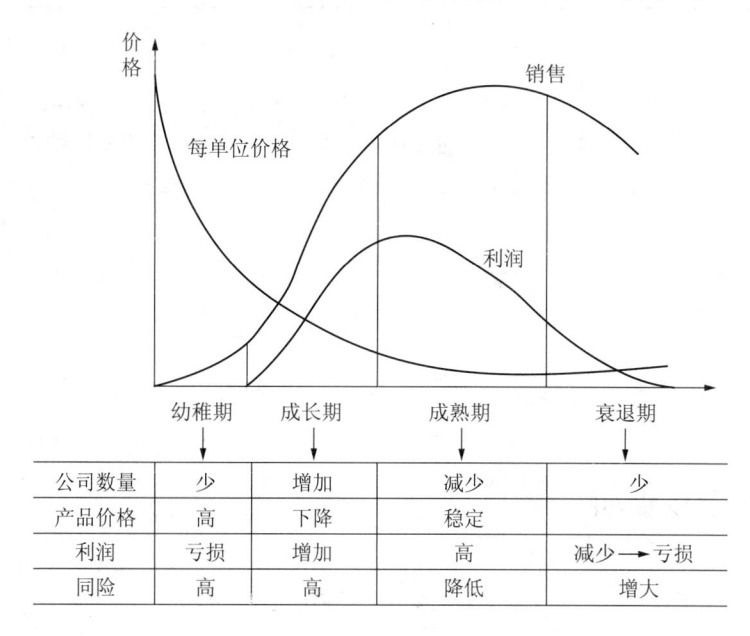

	幼稚期	成长期	成熟期	衰退期
公司数量	少	增加	减少	少
产品价格	高	下降	稳定	
利润	亏损	增加	高	减少→亏损
风险	高	高	降低	增大

图 5-1 行业生命周期不同阶段的特点

分析师在具体判断某个行业所处的实际生命周期阶段的时候,往往会从以下几个方面进行综合考察,如表 5-18 所示。

表 5-18 行业生命周期判断标准

标准	内容
产出增长率	产出增长率在成长期较高,在成熟期以后降低,经验数据一般以 15% 为界;到了衰退阶段,行业处于低速运行状态,有时甚至处于负增长状态
行业规模	随着行业兴衰,行业的市场容量有一个"小—大—小"的过程,行业的资产总规模也经历"小—大—萎缩"的过程
技术进步和技术成熟程度	随着行业兴衰,行业的创新能力有一个强增长到逐步衰减的过程,技术成熟程度有一个"低—高—老化"的过程
利润率水平	利润率水平是行业兴衰程度的一个综合反映,一般都有"低—高—稳定—低—严重亏损"的过程
从业人员的职业化水平和工资福利收入水平	随行业兴衰,从业人员的职业化和工资福利收入水平有一个"低—高—低"的过程
开工率	长时期的开工充足反映了行业处在成长或成熟期间的景气状态。衰退期往往伴随着开工不足

续表

标准	内容
资本进退	行业生命周期中的每个阶段都会有企业的进退发生。在成熟期以前,进入的企业数量及资本量大于退出量;进入成熟期,则进入的企业数量及资本量与退出量有一个均衡的过程;在衰退期,则退出超过进入,行业规模逐渐萎缩,转产、倒闭多有发生

第三节　公司分析

一、公司市场调研

表 5-19　公司市场调研内容

项目	内容
调研目的	①对公司公开信息中披露的对其利润有重大影响的会计科目或对主营业务发生重大改变的事项进行实地考察和咨询; ②核实公司公开信息中披露的信息,如融资所投项目、重要项目的进展等是否与信息披露一致; ③通过对车间或工地的实地考察,对公司的开工率和员工精神面貌有比较清醒的认识; ④通过与公司管理层的对话与交谈,深入了解公司管理层对公司未来战略的设想(包括新的融资计划等),并对其基本素质有一个基本的判断; ⑤提高公司盈利预测模型中相关参数确定的准确性; ⑥深入了解公司可能面临的风险
调研对象	公司调研的对象围绕上市公司的内部条件和外部环境进行,包括:公司本部及子公司、公司管理层及员工、公司所处行业协会、公司车间及工地、公司客户、公司供应商和公司产品零售网点
调研分类内容和重点	上市公司调研的内容具体有:公司基本情况,业务与技术,同业竞争与关联交易,组织结构与内部控制,高级管理人员信息,业务发展目标,财务与会计信息,以及公司风险因素及其他重要事项。在结合特定或非特定的公司调研目标下,不同内容将不同程度地成为公司调研的重点内容

续表

项目	内容
调研流程	①调研前的室内案头工作,包括资料收集和分析。 ②编写调研计划,计划内容包括:调研对象、调研目的、调研参与人员、调研内容、调研费用、调研时间等。研究主管批准该计划后,才能开展室外调研。 ③实地调研,包括考察、访谈、笔录。 ④编写调研报告,调研成果和投资建议是调研报告的主要内容。 ⑤报告发表,报告发表应当遵循相关的法律法规
公司分析所需信息和数据的内容	(1)基本分析,包括①公司行业地位分析;②公司经济区位分析;③公司产品竞争能力分析;④公司经营能力分析;⑤公司盈利能力和公司成长性分析;⑥公司偿债能力分析。 (2)财务分析,包括公司主要的财务报表分析、公司财务比率分析、会计报表附注分析和财务状况综合分析。 (3)重大事项分析,包括《上市公司信息披露管理办法》规定的重大事件、公司的资产重组、公司的关联交易、会计政策和税收政策的变化

二、公司法人治理

公司法人治理结构有广义和狭义两种。广义上的法人治理结构是指有关企业控制权和剩余索取权分配的一整套法律、文化和制度安排,包括人力资源管理、收益分配和激励机制、财务制度、内部制度和管理等等;狭义上的公司法人治理结构是指有关公司董事会的功能、结构和股东的权利等方面的制度安排。健全的公司法人治理机制至少体现在以下七个方面:

(1)有效的股东大会制度;

(2)规范的股权结构;

(3)完善的独立董事制度;

(4)董事会权力的合理界定与约束;

(5)优秀的职业经理层;

(6)监事会的独立性和监督责任;

(7)相关利益者的共同治理。

三、公司盈利能力和成长性分析

公司盈利能力和成长性分析的主要内容包括:公司盈利预测、公司经营战略分析和公司规模变动特征及扩张潜力分析。

(一)公司盈利预测

(1)销售收入预测。销售收入预测的准确性也是公司盈利预测中最为关键的因素。包括销售收入的历史数据和发展趋势、市场占有率和销售网络、公司产品的需求变化、主要产品的存货情况、销售收入的明细等方面。

(2)生产成本预测。包括成本变动和销售情况变动、生产成本的结构、主要原材料的价格走势和每年所需原材料的总量、能否将上涨的成本转嫁给下游、毛利率的变化情况等。

(3)管理和销售费用预测。包括销售费用和销售费用占销售收入的比例、新市场的拓展、管理费用的变化、每年的研究和开发费用占销售收入的比例等。

(4)财务费用预测。包括短期贷款和新增长期贷款等。

(5)其他。包括主营业务利润占税前利润的百分比、到目前为止利润的完成情况、非经常项目及其他利润占税前利润的比例等。

(二)经营战略分析

经营战略是在符合和保证实现企业使命的条件下,在充分利用环境中存在的各种机会和创造新机会的基础上,确定企业同环境的关系,规定企业成长方向和竞争对策、从事的经营范围,合理地调整企业结构和分配企业的资源。经营战略具有长远性、全局性和纲领性的特征,它从宏观上规定了公司的成长方向、成长速度及其实现方式。

(三)公司规模变动特征和扩张潜力分析

(1)纵向比较公司历年的销售、利润、资产规模等数据,把握公司的发展趋势是加速发展、稳步扩张,还是停滞不前。

(2)公司规模的扩张是由供给推动还是由市场需求拉动引致,是通过公司的产品创造市场需求还是生产产品去满足市场需求,是依靠技术进步还是依靠其他生产要素等等,以此找出企业发展的内在规律。

(3)分析预测公司主要产品的市场前景及公司未来的市场份额,分析公司的投资项目,预计其销售和利润水平。

(4)将公司销售、利润、资产规模等数据及其增长率与行业平均水平及主要竞争对手的数据进行比较,了解其行业地位的变化。

(5)分析公司的财务状况以及公司的投资和筹资潜力。

四、财务报表及财务分析

(一)四大报表

1.资产负债表

资产负债表是反映企业在某一特定日期财务状况的会计报表,它表明权益在某一特定

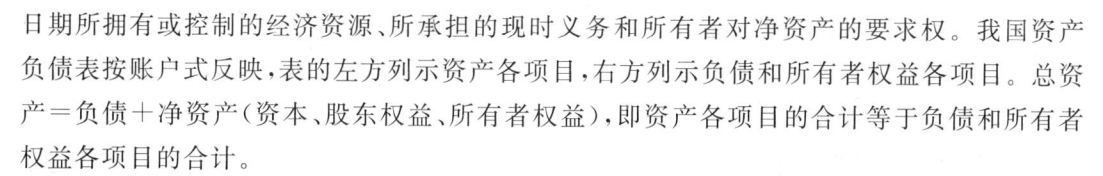

日期所拥有或控制的经济资源、所承担的现时义务和所有者对净资产的要求权。我国资产负债表按账户式反映,表的左方列示资产各项目,右方列示负债和所有者权益各项目。总资产＝负债＋净资产(资本、股东权益、所有者权益),即资产各项目的合计等于负债和所有者权益各项目的合计。

2. 利润表

利润表是反映企业一定期间生产经营成果的会计报表,表明企业运用所拥有的资产进行获利的能力。我国一般采用多步式利润表格式,利润表把一定期间的营业收入与其同一会计期间相关的营业费用进行配比,以计算企业一定时期的净利润(或净亏损)。

利润表主要反映以下七个方面的内容:

(1)构成营业利润的各项要素。营业收入减去营业成本(主营业务成本、其他业务成本)、营业税金及附加、销售费用、管理费用、财务费用、资产减值损失,加上公允价值变动收益、投资收益,即为营业利润。

(2)构成营业收入的各项要素。营业收入由主营业务收入和其他业务收入组成。

(3)构成利润总额(或亏损总额)的各项要素。利润总额(或亏损总额)＝营业利润＋营业外收入－营业外支出。

(4)构成净利润(或净亏损)的各项要素。净利润＝利润总额－本期计入损益的所得税费用。

(5)其他综合收益。该项目反映企业根据企业会计准则规定未在损益中确认的各项利得和损失扣除所得税影响后的净额。

(6)每股收益。普通股或潜在普通股已公开交易的企业以及处于公开发行普通股或潜在普通股过程中的企业,还应在利润表中列示每股收益的信息,包括基本每股收益和稀释每股收益两项指标。

(7)综合收益总额。该项目反映企业净利润与其他综合收益的合计金额。

3. 现金流量表

现金流量表反映企业一定期间现金的流入和流出,弥补了因使用权责发生制原则编制资产负债表和利润表而产生的不足。通过对现金流量表的分析,分析者可以更深入地了解企业当前和未来获得现金和现金等价物的能力及现金组成项目的变化趋势,有助于对诸如融资、股利分配和投资方面做出重要的决策。

现金流量表主要分经营活动、投资活动和筹资活动产生的现金流量三个部分。

在我国,现金流量表要求按直接法编制,但在现金流量表的补充资料中还要单独按照间接法反映经营活动现金流量的情况。通过单独反映投资活动产生的现金流量,可以了解以前资源转出带来的现金流入的信息,以及为获得未来收益和现金流量而导致现金流出的程度。现金流量表中的投资活动比通常所指的短期投资和长期投资范围要广。

4. 所有者权益变动表

所有者权益变动表又称股东权益变动表,是反映公司本期(年度或中期)内截至期末所有者权益各组成部分变动情况的报表。所有者权益变动表应当全面反映一定时期所有者权

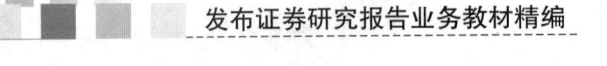

益变动的情况,包括所有者权益增减变动的重要结构性信息、所有者权益总量的增减变动、直接计入所有者权益的利得和损失。

所有者权益变动表的各项内容包括:

(1)净利润;

(2)会计政策变更和差错更正的累积影响金额;

(3)直接计入所有者权益的利得和损失项目及其总额;

(4)按照规定提取的盈余公积;

(5)所有者投入资本和向所有者分配利润等;

(6)实收资本(或股本)、资本公积、盈余公积、未分配利润的期初和期末余额及其调节情况。

(二)财务报表的使用

表 5-20 财务报表的使用

	内容
使用目的	评价过去的经营业绩,衡量现在的财务状况,预测未来的发展趋势
报表分析的功能	①通过账户式资产负债表,可以反映资产、负债和所有者权益之间的内在关系,并达到资产负债表左方和右方平衡。同时,资产负债表还提供年初数和期末数的比较资料;②通过单独反映经营活动产生的现金流量,可以了解企业在不动用企业外部筹得资金的情况下,凭借经营活动产生的现金流量是否足以偿还负债、支付股利和对外投资;③所有者权益变动表全面反映了企业的股东权益在年度内的变化情况,便于会计信息使用者深入分析企业股东权益的增减变化情况,并进而对企业的资本保值增值情况作出正确判断,提供对决策有用的信息
报表分析的方法	财务报表分析的方法有比较分析法和因素分析法两大类
报表分析的原则	①坚持全面原则,分析财务报表要坚持全面原则,将多个指标、比率综合在一起得出对公司全面客观的评价;②坚持考虑个性原则,对公司进行财务分析时,要考虑公司的特殊性,不能简单地与同行业公司直接比较

(三)比较分析法和因素分析法

比较分析法是指对两个或几个有关的可比数据进行对比,揭示财务指标的差异和变动关系。比较分析法是财务报表分析中最基本的方法。

因素分析法是依据分析指标和影响因素的关系,从数量上确定各因素对财务指标的影响程度。

比较分析法与因素分析法这两类分析方法又各自包含了不同种类的具体方法,如结构

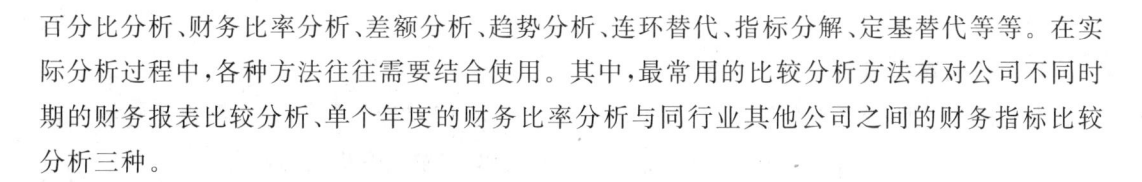

百分比分析、财务比率分析、差额分析、趋势分析、连环替代、指标分解、定基替代等等。在实际分析过程中,各种方法往往需要结合使用。其中,最常用的比较分析方法有对公司不同时期的财务报表比较分析、单个年度的财务比率分析与同行业其他公司之间的财务指标比较分析三种。

(四)财务比率

财务比率是指同一张财务报表的不同项目之间、不同类别之间、在同一年度不同财务报表的有关项目之间,各会计要素的相互关系。

分析财务报表所使用的比率以及对同一比率的解释和评价,因使用者的着眼点、用途和目标不同而异。一般情况下,不同资料使用者对同一比率的解释和评价一致,但有时候可能发生矛盾。

比率分析可以从当年实际比率与以下几种标准比较后得出结论:公司当年的计划预测水平、公司过去的最好水平、同行业的先进水平或平均水平。

比率分析涉及公司管理的各个方面,比率指标也特别多,大致可归为以下几大类:营运能力分析、变现能力分析、盈利能力分析、长期偿债能力分析、投资收益分析、盈利能力分析、投资收益分析、现金流量分析等。

(五)变现能力

变现能力是公司产生现金的能力,是考察公司短期偿债能力的关键,它取决于可以在近期转变为现金的流动资产的多少。反映变现能力的财务比率主要有流动比率和速动比率。

1. 流动比率

其计算公式为:

$$流动比率 = \frac{流动资产}{流动负债}$$

流动比率是流动资产与流动负债的比值,反映短期偿债能力。公司能否偿还短期债务,要看债务以及可变现偿债资产的多少。流动资产越多,短期债务越少,则短期偿债能力越强。

2. 速动比率,也称酸性测试比率

其计算公式为:

$$速动比率 = \frac{流动资产 - 存货}{流动负债}$$

通常认为正常的速动比率为1,低于1的速动比率被认为是短期偿债能力偏低。

(六)营运能力

营运能力是指公司经营管理中利用资金运营的能力,一般通过公司资产管理比率来衡量,主要表现为资产管理和资产利用的效率。资产管理比率通常又称为运营效率比率,主要包括应收账款周转天数(应收账款周转率)、存货周转率(存货周转天数)、总资产周转率和流动资产周转率等。

1. 存货周转率和存货周转天数

存货的流动性一般用存货的周转速度指标来反映,即存货周转天数或存货周转率。提高存货周转率可以提高公司的变现能力,存货周转速度越慢则变现能力越差。

2. 应收账款周转天数和应收账款周转率

应收账款周转率反映年度内应收账款转为现金的平均次数,说明应收账款流动的速度。增强公司的短期偿债能力以及提高公司管理应收账款方面的效率都需要及时收回应收账款。应收账款周转率和应收账款周转天数的计算公式分别为:

$$应收账款周转率 = \frac{营业收入}{平均应收账款}(次)$$

$$应收账款周转天数 = \frac{360}{应收账款周转率}(天)$$

$$= \frac{平均应收账款 \times 360}{营业收入}(天)$$

公式中的营业收入数据来自利润表。平均应收账款是指未扣除坏账准备的应收账款金额,是资产负债表中的应收账款期初数与期末数及对应坏账准备的平均数。一般来说,应收账款周转率越高,平均收账期越短,说明应收账款的收回越快。

3. 流动资产周转率

流动资产周转率是营业收入与全部流动资产的平均余额的比值。其计算公式为:

$$流动资产周转率 = \frac{营业收入}{平均流动资产}(次)$$

公式中的平均流动资产 $= \frac{资产负债表中的流动资产合计期初数 + 期末数}{2}$。

流动资产周转率反映流动资产的周转速度。延缓周转速度,需要补充流动资产参加周转,形成资金浪费,降低公司盈利能力;周转速度快,会相对节约流动资产,等于相对扩大资产投入,增强公司盈利能力。

4. 总资产周转率

总资产周转率是营业收入与平均资产总额的比值。其计算公式为:

$$总资产周转率 = \frac{营业收入}{平均资产总额}(次)$$

公式中的平均资产总额 $= \frac{资产负债表中的资产总计的期初数 + 期末数}{2}$。

该项指标反映资产总额的周转速度。周转越快,反映销售能力越强。公司可以通过薄利多销的方法,加速资产的周转,带来利润绝对额的增加。

(七)长期偿债能力

1. 资产负债率

资产负债率是负债总额除以资产总额的百分比,它反映在总资产中有多大比例是通过

借债来筹资的,也可以衡量公司在清算时保护债权人利益的程度。其计算公式如下:

$$资产负债率 = \frac{负债总额}{资产总额} \times 100\%$$

公式中的负债总额包括长期负债和短期负债。公式中的资产总额则是扣除累计折旧后的净额。

这项指标反映债权人所提供的资本占全部资本的比例,也被称为举债经营比率。

2. 产权比率

产权比率也称为债务股权比率,是负债总额与股东权益总额之间的比率。其计算公式如下:

$$产权比率 = \frac{负债总额}{股东权益} \times 100\%$$

该项指标反映由债权人与股东提供的资本的相对关系,反映公司基本财务结构是否稳定。一般情况下,股东资本大于借入资本较好,但也并不绝对。产权比率低,是低风险、低报酬的财务结构;产权比率高,是高风险、高报酬的财务结构。

资产负债率与产权比率具有相同的经济意义,两个指标可以相互补充。

3. 有形资产净值债务率

有形资产净值债务率是公司负债总额与有形资产净值的百分比。有形资产净值是股东权益减去无形资产净值后的净值,即股东具有所有权的有形资产的净值。其计算公式为:

$$有形资产净值债务率 = \frac{负债总额}{股东权益 - 无形资产净值} \times 100\%$$

有形资产净值债务率指标实质上是产权比率指标的延伸,其更为谨慎、保守地反映了公司清算时债权人投入的资本受到股东权益的保障程度。从长期偿债能力来讲,有形资产净值债务率越低越好。所谓谨慎和保守,是指该指标不考虑无形资产——商标、商誉、非专利技术以及专利权等的价值。鉴于它们不一定能用来还债,为谨慎起见,一律视为不能偿债,将其从分母中扣除。

4. 已获利息倍数

已获利息倍数也称利息保障倍数,是指公司经营业务收益与利息费用的比率,用以衡量偿付借款利息的能力。其计算公式如下:

$$已获利息倍数 = \frac{税息前利润}{利息费用}(倍)$$

已获利息倍数指标反映公司经营收益为所需支付的债务利息的多少倍。只要已获利息倍数足够大,公司就有充足的能力偿付利息;否则相反。

公司在经营好的年度要偿债,而在经营不好的年度也要偿还大约等量的债务,因此选择最低指标年度的数据作为标准。采用指标最低年度的数据,可保证最低的偿债能力。结合这一指标,公司还可以测算长期负债与营运资金的比率。它是用公司的长期债务与营运资金相除计算的,其计算公式如下:

$$长期债务与营运资金比率 = \frac{长期负债}{流动资产 - 流动负债}$$

一般情况下,长期债务不应超过营运资金。长期债务会随时间延续不断转化为流动负债,并需运用流动资产来偿还。保持长期债务不超过营运资金,就不会因这种转化而造成流动资产小于流动负债,从而使长期债权人和短期债权人感到贷款有安全保障。

5. 影响长期偿债能力的其他因素

影响长期偿债能力的其他因素包括:①长期租赁;②担保责任;③或有项目。

(八)盈利能力

1. 营业净利率

营业净利率是指净利润与营业收入的百分比,其计算公式为:

$$营业净利率 = \frac{净利润}{营业收入} \times 100\%$$

净利润,或称净利,该指标反映每1元营业收入带来的净利润是多少,表示营业收入的收益水平,在我国会计制度中是指税后利润。

净利额与营业净利率成正比关系,营业收入额与营业净利率成反比关系。公司在增加营业收入额的同时,必须相应获得更多的净利润,才能使营业净利率保持不变或有所提高。通过分析营业净利率的升降变动,可以促使公司在扩大营业业务收入的同时,注意改进经营管理,提高盈利水平。

2. 营业毛利率

毛利是营业收入与营业成本的差,营业毛利率是毛利占营业收入的百分比。其计算公式为:

$$营业毛利率 = \frac{营业收入 - 营业成本}{营业收入} \times 100\%$$

营业毛利率是公司营业净利率的基础,没有足够高的毛利率便不能盈利。营业毛利率表示每1元营业收入扣除营业成本后,有多少钱可以用于各项期间费用和形成盈利。

3. 资产净利率

资产净利率是公司净利润与平均资产总额的百分比。其计算公式如下:

$$资产净利率 = \frac{净利润}{平均资产总额} \times 100\%$$

该指标越高,表明资产的利用效率越高,说明公司在增加收入和节约资金使用等方面取得了良好的效果,否则相反。资产净利率是一个综合指标,公司的资产是由投资人投资或举债形成的。为了正确评价公司经济效益的高低、挖掘提高利润水平的潜力,证券分析师可以用该项指标与计划、与本公司前期、与本行业内先进公司和本行业平均水平进行对比,分析形成差异的原因。影响资产净利率高低的因素主要有资金占用量的大小、产品的价格、产品的产量和销售的数量、单位成本的高低等。

4. 净资产收益率

也称净值报酬率或权益报酬率,是净利润与净资产的百分比。其计算公式为:

$$加权平均净资产收益率 = \frac{P_0}{E_0 + N_P/2 + E_i \cdot M_i/M_0 - E_j \cdot M_j/M_0 \pm E_k \cdot M_k/M_0} \times 100\%$$

式中:P_0 为归属于公司普通股股东的净利润或扣除非经常性损益后归属于公司普通股股东的净利润;N_P 为归属于公司普通股股东的净利润;E_0 为归属于公司普通股股东的期初净资产;E_i 为报告期发行新股或债转股等新增的、归属于公司普通股股东的净资产;E_j 为报告期回购或现金分红等减少的、归属于公司普通股股东的净资产;M_0 为报告期月份数;M_i 为新增净资产次月起至报告期期末的累计月数;M_j 为减少净资产次月起至报告期期末的累计月数;E_k 为因其他交易或事项引起的、归属于公司普通股股东的净资产增减变动;M_k 为发生其他净资产增减变动次月起至报告期期末的累计月数。

(九) 投资收益

1. 每股收益

每股收益是净利润与公司发行在外普通股总数的比值。其计算公式为:

$$基本每股收益 = \frac{P_0}{S_0 + S_1 + S_i \times M_i \div M_0 - S_j \times M_j \div M_0 - S_k}$$

稀释每股收益 $= P_1 / (S_0 + S_1 + S_i \times M_i \div M_0 - S_j \times M_j \div M_0 - S_k +$ 认购权证、股份期权、可转换债券等增加的普通股加权平均数)

式中:P_0 为归属于公司普通股股东的净利润或扣除非经常性损益后归属于公司普通股股东的净利润;P_1 为归属于公司普通股股东的净利润或扣除非经常性损益后归属于公司普通股股东的净利润(考虑稀释性潜在普通股对其影响,按《企业会计准则》及有关规定进行调整);S_0 为期初股份总数;S_1 为报告期因公积金转增股本或股票股利分配等增加股份数;S_i 为报告期因发行新股或债转股等增加股份数;S_j 为报告期因回购等减少股份数;S_k 为报告期缩股数;M_i 为报告期月份数;M_j 为增加股份次月起至报告期期末的累计月数;M_k 为减少股份次月起至报告期期末的累计月数。

公司在计算稀释每股收益时,应考虑所有稀释性潜在普通股对归属于公司普通股股东的净利润,或扣除非经常性损益后归属于公司普通股股东的净利润及加权平均股数的影响,按照其稀释程度从大到小的顺序计入稀释每股收益,直至稀释每股收益达到最小值。

使用每股收益指标分析投资收益时要注意以下问题:

① 每股收益不反映股票所含有的风险。

② 每股收益多,不一定意味着多分红,还要看公司的股利分配政策。

③ 不同股票的每一股在经济上不等量,它们所含有的净资产和市价不同,即换取每股收益的投入量不同,限制了公司间每股收益的比较。

2. 市盈率

市盈率亦称本益比,是(普通股)每股市价与每股收益的比率。其计算公式为:

$$市盈率 = \frac{每股市价}{每股收益}(倍)$$

该指标是衡量上市公司盈利能力的重要指标,反映投资者对每1元净利润所愿支付的价格,可以用来估计公司股票的投资报酬和风险,是市场对公司的共同期望指标。一般说来,市盈率越高,表明市场对公司的未来越看好。在市价确定的情况下,每股收益越高,市盈率越低,投资风险越小;反之亦然。

使用市盈率指标时应注意以下问题:

①在每股收益很小或亏损时,由于市价不至于降为零,公司的市盈率会很高,如此情形下的高市盈率不能说明任何问题。

②该指标不能用于不同行业公司的比较。

③市盈率的高低受市价的影响,而影响市价变动的因素很多,包括投机炒作等,因此观察市盈率的长期趋势很重要。通常认为正常的市盈率为5~20倍。但市盈率的理想取值范围没有一个统一标准。

3. 股利支付率

股利支付率是普通股每股股利与每股收益的百分比。其计算公式为:

$$股利支付率 = \frac{每股股利}{每股收益} \times 100\%$$

该指标反映公司股利分配政策和支付股利的能力。

与股利支付率指标关系比较紧密的一个指标是股票获利率,是指每股股利与股票市价的比率。其计算公式如下:

$$股票获利率 = \frac{普通股每股股利}{普通股每股市价} \times 100\%$$

股票获利率主要应用于非上市公司的少数股权。在这种情况下,股东难以出售股票,也没有能力影响股利分配政策,他们持有公司股票的主要动机在于获得稳定的股利收益。

4. 每股净资产

每股净资产也称为每股账面价值或每股权益,是年末净资产(即年末股东权益)与发行在外的年末普通股总数的比值。用公式表示为:

$$每股净资产 = \frac{年末净资产}{发行在外的年末普通股股数}$$

这里的年末股东权益指扣除优先股权益后的余额。

该指标反映发行在外的每股普通股所代表的净资产成本即账面权益。每股净资产在理论上提供了股票的最低价值。因每股净资产是用历史成本计量的,既不反映净资产的变现价值,也不反映净资产的产出能力。

5. 市净率

市净率是每股市价与每股净资产的比值。其计算公式为:

$$市净率 = \frac{每股市价}{每股净资产}(倍)$$

市净率是将每股股价与每股净资产相比,表明股价以每股净资产的若干倍在流通转让,评价股价相对于每股净资产而言是否被高估。是证券分析师判断某股票投资价值的重要指标。市净率越大,投资价值越低;市净率越小,说明股票的投资价值越高,股价的支撑越有保证。

(十)现金流量

现金流量分析不仅要依靠现金流量表,还要结合资产负债表和利润表。

1. 流动性分析

流动性是指将资产迅速转变为现金的能力。根据资产负债表确定的流动比率也能反映流动性,但有很大的局限性。一般来讲,真正能用于偿还债务的是现金流量,所以,现金流量和债务的比较可以更好地反映公司偿还债务的能力。

(1)现金到期债务比。现金到期债务比是经营现金净流量与本期到期债务的比值,其计算公式如下:

$$现金到期债务比 = \frac{经营现金净流量}{本期到期的债务}$$

公式中,经营现金净流量是现金流量表中的经营活动产生的现金流量净额;本期到期的债务是指本期到期的长期债务和本期应付的应付票据。

(2)现金债务总额比。现金债务总额比是经营现金净流量与负债总额的比值,其计算公式如下:

$$现金债务总额比 = \frac{经营现金净流量}{债务总额}$$

此项比值越高,表明公司承担债务的能力越强。同时,该比值也体现了企业最大付息能力。

(3)现金流动负债比。现金流动负债比是经营现金净流量与流动负债的比值,其计算公式如下:

$$现金流动负债比 = \frac{经营现金净流量}{流动负债}$$

此项比值越高,表明公司承担债务的能力越强。同时,该比值也体现了企业最大付息能力。

2. 获取现金能力分析

获取现金能力是指经营现金净流入和投入资源的比值。投入资源可以是营业收入、营运资金、总资产、普通股股数或净资产等。

(1)营业现金比率

$$营业现金比率 = \frac{经营现金净流量}{营业收入}$$

公式中的营业收入是指营业收入和应向购买者收取的增值税进项税额。该比率反映每1元营业收入得到的净现金,其数值越大越好。

(2) 全部资产现金回收率

$$全部资产现金回收率 = \frac{经营现金净流量}{资产总额} \times 100\%$$

该指标说明公司资产产生现金的能力。

(3) 每股营业现金净流量

$$每股营业现金净流量 = \frac{经营现金净流量}{普通股股数}$$

该指标反映公司最大的分派股利能力,超过此限度,就要借款分红。

3. 财务弹性分析

财务弹性是指公司适应经济环境变化和利用投资机会的能力。这种能力来源于支付现金需要和现金流量的比较,现金流量超过需要,有剩余的现金,适应性就强。财务弹性是用经营现金流量与支付要求进行比较,其中,支付要求可以是投资需求或承诺支付等。

(1) 现金股利保障倍数

$$现金股利保障倍数 = \frac{每股营业现金净流量}{每股现金股利}$$

该比率越大,说明支付现金股利的能力越强。

(2) 现金满足投资比率

$$现金满足投资比率 = \frac{近5年经营活动现金净流量}{近5年资本支出、存货增加、现金股利之和}$$

该比率越大,说明资金自给率越高。达到1时,说明公司可以用经营活动获取的现金满足扩充所需资金;若小于1,则说明公司是靠外部融资来补充。

4. 收益质量分析

收益质量是指报告收益与公司业绩之间的关系。如果收益不能很好地反映公司业绩,则认为收益的质量不好;如果收益能如实反映公司业绩,则认为收益的质量好。

从现金流量表的角度来看,收益质量分析主要是分析会计收益与现金净流量的比率关系,其主要的财务比率是营运指数。

经营所得现金 = 经营净收益 + 非付现费用 = 净利润 - 非经营收益 + 非付现费用

$$营运指数 = \frac{经营现金净流量}{经营所得现金}$$

营运指数小于1,说明收益质量不够好。

(十二) 或有负债

或有负债是指公司有可能发生的债务,包括售出产品可能发生的质量事故赔偿、诉讼案件和经济纠纷案可能败诉并需赔偿、尚未解决的税额争议可能出现的不利后果等等。按我国《企业会计制度》和《企业会计准则》规定,只有预计很可能发生损失并且金额能够可靠计量的或有负债,才可在报表中予以反映,否则只需作为报表附注予以披露。这些没有记录的或有负债一旦成为事实上的负债,将会加大公司的偿债负担。

（十二）影响企业存货结构及周转速度的指标

公司管理者和有条件的外部报表使用者，除了分析批量因素、季节性生产的变化等情况外，还应对存货的结构以及影响存货周转速度的重要项目进行分析，如分别计算原材料周转率、某种存货的周转率或在产品周转率等。其计算公式如下：

$$原材料周转率=\frac{耗用原材料成本}{平均原材料存货}$$

$$在产品周转率=\frac{制造成本}{平均在产品存货}$$

存货周转率是营业成本与平均存货之比，即存货的周转次数。它是衡量和评价公司购入存货、投入生产、销售收回等各环节管理状况的综合性指标。用时间表示的存货周转率就是存货周转天数。其计算公式为：

$$存货周转率=\frac{营业成本}{平均存货}（次）$$

$$存货周转天数=\frac{360}{存货周转率}（天）$$

$$=\frac{360}{\frac{营业成本}{平均存货}}（天）$$

$$=\frac{平均存货\times360}{营业成本}（天）$$

公式中的"营业成本"数据来自利润表，"平均存货"数据来自资产负债表中的"存货"期初数与期末数的平均数。

（十三）融资租赁与经营租赁在会计处理方式上的区别

（1）在经营租赁形式下，租入的固定资产并不作为固定资产入账，相应的租赁费作为当期的费用处理。如果公司经常发生经营租赁业务，应考虑租赁费用对偿债能力的影响。

（2）在融资租赁形式下，租入的固定资产作为公司的固定资产入账进行管理，相应的租赁费用作为长期负债处理。这种资本化的租赁，在分析长期负债能力时已经包括在债务比率指标计算之中。

（十四）公司会计报表附注

1.公司会计报表附注的主要项目

企业的年度会计报表附注一般披露如下内容：①重要会计政策和会计估计的说明；②不符合会计核算前提的说明；③重要会计政策和会计估计变更的说明以及重大会计差错更正的说明；④资产负债表日后事项的说明；⑤或有事项的说明；⑥对关联方关系及其交易的说明；⑦重要资产转让及其出售的说明；⑧企业合并、分立的说明；⑨会计报表重要项目的说明；⑩企业所有者权益中，所有者权益各项目的变化数额及其变化原因；⑪收入说明；⑫所得税的会计处理方法。即企业的所得税会计处理是采用应付税款法,还是采用纳税影响会计法;⑬企业执行国家统一规定的各项改革措施、政策,对财务状况发生重大事项的说明;⑭合并会计报表的说明;⑮企业主辅分离辅业改制情况的说明;⑯有助于理解和分析会计报表需要说明的其他事项。

2. 会计报表附注对基本财务比率的影响

会计报表附注提供与会计报表所反映的信息相关的其他财务信息。证券分析师通过分析会计报表附注对基本财务比率的影响,为其决策提供更充分的信息。

(1)对变现能力比率的影响

变现能力比率主要有流动比率和速动比率,其分母均为流动负债,不包括或有负债。或有负债在会计报表附注中披露,但不在会计报表中反映。只有同时满足如下三个条件才能将或有事项确认为负债,列示于资产负债表上:

①该义务的履行很可能导致经济利益流出企业;

②该义务是企业承担的现时义务;

③该义务的金额能够可靠地计量。

或有事项准则规定必须在会计报表附注中披露的或有负债包括:

①未决诉讼、仲裁形成的或有负债;

②已贴现商业承兑汇票形成的或有负债;

③为其他单位提供债务担保形成的或有负债;

④其他或有负债(不包括极小可能导致经济利益流出企业的或有负债),包括尚未解决的税额争议可能出现的不利后果、售出产品可能发生的质量事故赔偿、污染环境可能支付的罚款和治污费用等,对于企业来说其可能性是经常存在的。

(2)对营运能力比率的影响

营运能力比率是用来衡量公司在资产管理方面的效率的财务比率。营运能力比率包括应收账款周转率、存货周转率等。

①对存货周转率的影响

$$存货周转率 = \frac{营业成本}{平均存货}$$

由于除了个别计价法外,存货的实物流转与价值流转并不一致,只有应用个别计价法计算出来的存货周转率才是"标准的"存货周转率。因而,其他存货流转假设都是采用一定技术方法在销售成本和期末存货之间进行分配。营业成本和平均存货存在着此消彼长的关系,这种关系在应用先进先出法和后进先出法时表现得特别明显。在现实经济生活中,由于通货膨胀是个不容忽视的全球性客观经济现象,物价普遍呈现持续增长的趋势,在先进先出法下销售成本偏低,而期末存货则高,这样计算出来的存货周转率毫无疑问偏低;而应用后进先出法则恰恰相反,存货周转率会偏高。

同时,按照企业会计准则,上市公司期末存货应按成本与可变现净值孰低法计价。在计提存货跌价准备的情况下,期末存货价值小于其历史成本。分母变小,存货周转率必然变大。

②对应收账款周转率的影响

$$应收账款周转率 = \frac{营业收入}{平均应收账款}$$

平均应收账款是指未扣除坏账准备的应收账款余额,即资产负债表中期初应收账款余额与期末应收账款余额的平均数。营业收入数据来自利润表。

由于收入确认是一项重要的会计政策,因而本指标的分析不可避免地要参考会计报表附注。有关收入确认方法的规定包括收入准则(目前仅适用上市公司)和行业会计制度。对于同一笔业务是否确认收入,收入准则较行业会计制度要严格得多,因而对于同样的业务,按收入准则确认的收入一般较遵照行业会计制度确认的收入要少,因此其应收账款周转率也偏低。

(3)对负债比率的影响

负债比率包括产权比率、资产负债率、有形净值债务率、产权比率等。产权比率和有形净值债务率其实是资产负债率的自然延伸,这两个指标的分析与资产负债率相同。

由于或有负债的存在,资产负债表确认的负债并不一定完整反映了企业的负债总额。因而分析资产负债率时,不得不关注会计报表附注中的或有事项。不考虑或有负债的资产负债率夸大了企业的偿债能力。

此外,还有一项重要因素影响企业的长期偿债能力,即长期租赁。

(4)对盈利能力比率的影响

盈利能力比率包括营业毛利率、营业净利率、资产净利率和净值报酬率。其分子都是净利润,影响利润的因素就是影响盈利能力的因素。这主要包括:

①已经或将要停止的营业项目;

②证券买卖等非经常项目;

③会计准则和财务制度变更带来的累积影响等因素;

④重大事故或法律更改等特别项目。

以上因素要从会计报表附注中获得资料。影响企业利润的因素主要有:

①存货流转假设。在物价持续上涨的情况下,采用后进先出法计算出的营业成本则较高,其利润则偏低;采用先进先出法结转的营业成本较低,因而计算出的利润偏高。

②计提的损失准备。上市公司要计提8项准备。一般企业要计提坏账准备,这些准备的计提方法和比例会影响利润总额。

③长期投资核算方法,即采用权益法还是成本法。权益法是一般情况下每个会计年度都要根据本企业占被投资单位的投资比例和被投资单位所有者权益变动情况确认投资损益。而在采用成本法的情况下,只有实际收到分得的利润或股利时才确认收益。

④固定资产折旧是采用加速折旧法还是直线法。加速折旧法下末期的利润一般要大于直线法。在加速折旧法下的前几期,其利润要小于直线法。

⑤收入确认方法。按收入准则确认的收入较按行业会计制度确认的收入要保守,一般

情况下其利润也相对保守。

⑥关联方交易。关联方交易的大比例变动往往存在着粉饰财务报告的可能。这些影响利润的因素,凡可能增加企业利润的,会增加企业的盈利能力;反之,则削弱企业的盈利能力。

⑦或有事项的存在。或有负债有可能导致经济利益流出企业,未作记录的或有负债将可能减少企业的预期利润。

(十五)预测公司潜在收益的方法

预测公司潜在收益的方法有:

1. 综合调整法

该方法是以企业收益现状为基础,考虑现有资产所决定的未来变化因素的预期影响,对收益进行调整以确定收益的方法。其公式为:

$$预期年收益 = 当前正常年收益额 + \sum Y_i - \sum Z_j$$

其中,Y_i表示预期各有利因素增加收益额;Z_j表示预期各不利因素减少收益额。

2. 产品周期法

产品周期法是根据企业主导产品寿命周期的特点,评估企业收益增减变化趋势的方法。应用该方法预测企业收益,一般是为了预期获得产品高额盈利的持续时间,这主要适用三种情况:①企业产品单一且为高利产品;②企业拥有专利或专有技术,在未来将为企业带来超额利润;③企业处于垄断地位,可获高额利润。

3. 时间趋势法

时间趋势法是根据过去几年企业收益的增长变化总趋势,预计未来一定期限内各年度收益的方法,即将影响收益变动的各种因素均看为时间因素。

(十六)公司经营的安全边际

安全边际是根据实际或预计的销售业务量与保本业务量的差量确定的定量指标。财务管理中,安全边际是指正常销售额超过盈亏临界点销售额的差额,它表明销售量下降多少企业仍不致亏损。投资领域中的安全边际是指证券的市场价格低于其内在价值的部分。对普通股而言,它代表了计算出的内在价值高于市场价格的部分,或者特定年限内预期收益或红利超过正常利息率的部分;就债券或优先股而言,它通常代表盈利能力超过利率或者必要红利率,或者代表企业价值超过其优先索偿权的部分。

(十七)可能影响公司收益或增长预测的因素

(1)产品的需求因素;

(2)产品的经营、销售能力;

(3)新产品的开发能力;

(4)如果产品需求量大,生产所需要的资金、设备、运输、电力等能否满足;

(5)职工队伍的素质;

(6)行业、政府及社会的各项政策保证状况等。

五、资产重组和关联交易

(一)公司资产重组和关联交易的主要方式、具体行为、特点、性质以及与其相关的法律规定

1.公司资产重组

中国证监会颁布的自 2008 年 5 月 18 日起施行的《上市公司重大资产重组管理办法》,将重大资产重组定义为:上市公司及其控股或者控制的公司在日常经营活动之外购买、出售资产或者通过其他方式进行资产交易达到规定的比例,导致上市公司的主营业务、资产、收入发生重大变化的资产交易行为。

这一定义包括以下几个方面的含义:

(1)企业内部的资产重新配置不属于资产重组范畴;

(2)重组行为应当是与他人发生法律和权利义务关系;

(3)重组行为必须达到一定量的要求。

我国资产重组的概念显然有两个层面的含义:一个是股东层面的产权重组,另一个是企业层面的资产重组。因此,资产重组可以分为企业资产的重新整合以及企业层面上的股权调整。

资产重组根据重组对象的不同可以分为不同的类型,具体如表 5-21 所示。

表 5-21 资产重组的分类

负债的重组	与银行之间的重组
	与债权人之间的重组
资产的重组	收购资产
	资产出售
	资产置换
	受赠资产租赁
	托管资产
股权的重组	战略性资产重组
	战术性资产重组

战术性资产重组是指在企业层面发生的、根据授权情况经董事会或股东大会批准即可实现的重组。

战略性资产重组根据股权的变动情况又可分为股权增加、股权存量变更、股权减少(回购)三类。股权存量变更在实务中又存在股权有偿协议转让、股权无偿划拨、国有股权配售、股权抵押拍卖二级市场举牌、间接股权收购等多种形式。股权增加包括吸收合并和定向增发等方式。而股权回购根据回购支付方式不同,则可分为以资产回购和以现金回购两种形式。

2. 重组手段和方法

资产重组有很多种手段和方法,如表 5-22 所示。

表 5-22 资产重组的方法

重组手段和方法	含义	特点
购买资产	指购买债权、房地产、生产线、业务部门、商标等有形或无形的资产	①收购方不必承担与该部分资产有关联的债务和义务;②通常以多元化发展为目标的扩张不采取收购资产而大多采取收购公司的方式
收购公司	指获取目标公司全部股权,使其成为全资子公司或者获取大部分股权处于绝对控股或相对控股地位的重组行为	①可获得目标公司拥有的某些专有权利,能快速获得由公司特有组织资本产生的核心能力;②获得公司的产权与相应的法人财产
收购股份	指以获取参股地位而非目标公司控制权为目的的股权收购行为	①通常是试探性的多元化经营的开始和策略性的投资;②为了强化与上游、下游企业之间的协作关联
合资或联营组建子公司	属于调整型重组	可以将公司与其他具有互补技能和资源的合作伙伴联系起来,获得共同的竞争优势
公司合并	指两家以上的公司结合成一家公司,原有公司的资产、负债、权利和义务由新设或存续的公司承担	①有吸收合并和新设合并两种形式;②目的是实现战略伙伴之间的一体化,进行资源、技能的互补,从而形成更强、范围更广的公司核心能力,提高市场竞争力;
股权置换	指把两家以上的公司通过互换股权来达到降低有关公司的国有股比例、改善公司的股本结构、促使投资主体的多元化的目的	①不涉及控股权的变更,目的通常在于引入战略投资者或合作伙伴;②结果是实现公司控股股东与战略伙伴之间的交叉持股,以建立利益关联
股权—资产置换	是由公司原有股东以出让部分股权为代价,使公司获得其他公司或股东的优质资产的方式	公司不用支付现金便可获得优质资产,扩大公司规模

续表

重组手段和方法	含义	特点
资产出售或剥离	指公司将其拥有的某些子公司、部门、产品生产线、固定资产等出售给其他的经济主体的方式	资产剥离并未减少资产的规模,而只是公司资产形式的转化,即从实物资产转化为货币资产
资产置换	指公司重组中为了使资产处于最佳配置状态获取最大收益,或出于其他目的而对其资产进行交换的方式	双方通过资产置换,能够获得与自己核心能力相协调的、相匹配的资产
公司分立	指公司将其资产与负债转移给新建立的公司,把新公司的股票按比例分配给母公司的股东,从而在法律上和组织上将部分业务从母公司中分离出去,形成一个与母公司有着相同股东的新公司	①包括并股和裂股两种方式; ②母公司以子公司股权向母公司股东回购母公司股份,而子公司则成为由母公司原有股东控股的、与母公司没有关联的独立公司
资产配负债剥离	指将公司资产配上等额的负债一并剥离出公司母体,而接受主体一般为其控股母公司的方式	①对资产接受方来说,实质是以承担债务为支付手段的收购行为; ②甩掉劣质资产的同时能迅速减小公司总资产规模,降低负债率,而公司的净资产不会发生改变
股权的无偿划拨	国有股的无偿划拨通常发生在属同一级财政范围或同一级国有资本运营主体的国有企业和政府机构之间	①目的是为调整和理顺国有资本运营体系或为了利用优势企业的管理经验来重振处于困境中的上市公司; ②国有股受让方一定为国有独资企业; ③实际是公司控制权的转移和管理层的重组
股权的协议转让	指股权的出让与受让双方是通过面对面的谈判方式,在交易所外进行交易,故通常称之为场外交易	引入战略合作者或被有较强实力的对手善意收购等是这些交易的特定的目的
公司股权托管和公司托管	指公司股东将其持有的股权以契约的形式,在一定条件和期限内委托给其他法人或自然人,由其代为行使对公司的表决权	当委托人为公司的控股股东时,公司股权托管就演化为公司的控制权托管,使受托人介入公司的管理和运作,成为整个公司的托管

续表

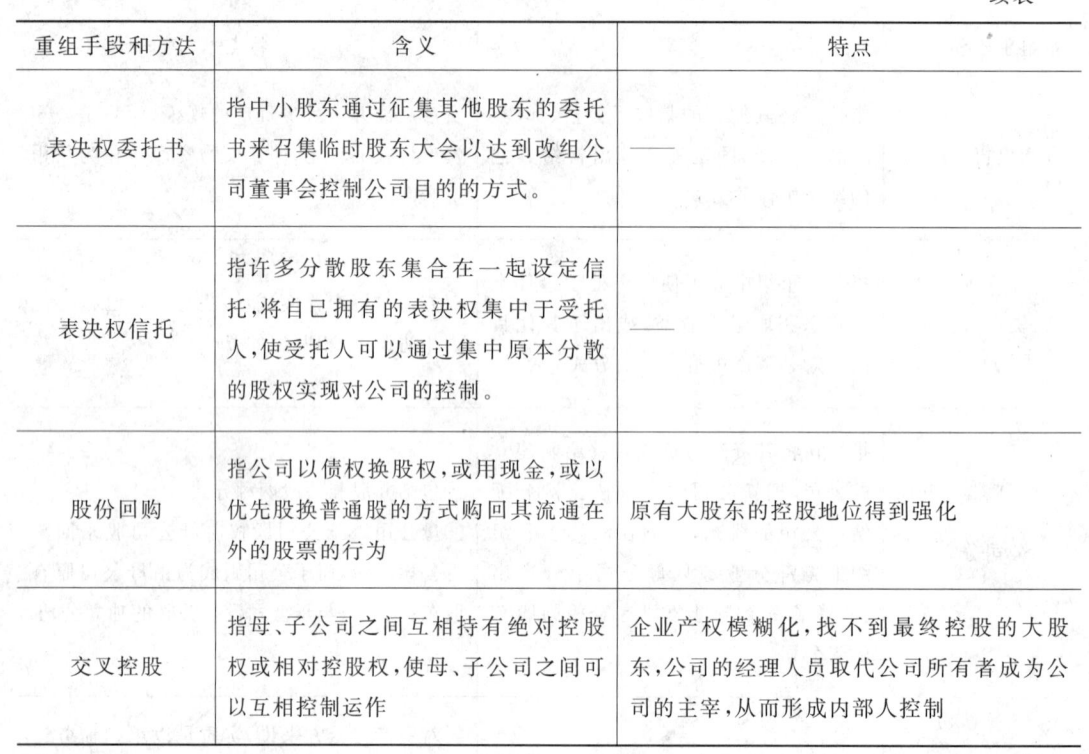

重组手段和方法	含义	特点
表决权委托书	指中小股东通过征集其他股东的委托书来召集临时股东大会以达到改组公司董事会控制公司目的的方式。	——
表决权信托	指许多分散股东集合在一起设定信托,将自己拥有的表决权集中于受托人,使受托人可以通过集中原本分散的股权实现对公司的控制。	——
股份回购	指公司以债权换股权,或用现金,或以优先股换普通股的方式购回其流通在外的股票的行为	原有大股东的控股地位得到强化
交叉控股	指母、子公司之间互相持有绝对控股权或相对控股权,使母、子公司之间可以互相控制运作	企业产权模糊化,找不到最终控股的大股东,公司的经理人员取代公司所有者成为公司的主宰,从而形成内部人控制

3. 公司的关联交易

关联方交易是指关联方之间转移资源、劳务或义务的行为,而不论是否收取价款。《企业会计准则第 36 号——关联方披露》第三条对关联方进行了界定,即"一方控制、共同控制另一方或对另一方施加重大影响,以及两方或两方以上同受一方控制、共同控制或重大影响的,构成关联方"。

按照交易的性质划分,关联交易主要可划分为资产重组中的关联交易和经营往来中的关联交易。常见的关联交易如表 5-23 所示。

表 5-23　常见的关联交易

关联交易	描述
关联购销	关联购销类关联交易,主要集中在以下几个行业:一种是市场集中度较高的行业,如家电、汽车和摩托车行业等;另一种是资本密集型行业,如冶金、有色、石化和电力行业等
资产租赁	包括商标等无形资产的租赁和厂房、土地使用权、设备等固定资产的租赁
托管经营、承包经营等管理方面的合同	——

续表

关联交易	描述
担保	上市公司与其主要股东,特别是控股股东之间的关联担保可以是双向的,既可能是上市公司担保主要股东的债务,也可能反过来是主要股东为上市公司提供担保
关联方共同投资	通常是指上市公司与关联公司就某一具体项目联合出资,并按事前确定的比例分配收益。这种投资方式达成交易的概率较高,但操作透明度较低,特别是分利比例的确定

(二)资产重组和关联交易对公司业绩和经营的影响

1. 资产重组对公司的影响

(1)有利影响:可以促进资源的优化配置,有利于产业结构的调整,增强公司的市场竞争力,从而使一批上市公司由小变大、由弱变强。

(2)不利影响:在实践中,许多上市公司进行资产重组后,其经营和业绩并没有得到持续、显著的改善。究其原因,最关键的是重组后的整合不成功。

2. 关联交易对公司的影响

关联交易的主要作用是促进生产经营渠道的畅通,提供扩张所需的优质资产,降低交易成本,有利于实现利润的最大化等。与市场竞争、公开竞价的方式不同,关联交易有其非经济特性,容易成为企业避税和调节利润一些部门及个人获利的途径,但结果损害中小投资者利益。交易价格如果不能按照市场价格来确定,就有可能成为利润调节的工具。

(三)会计政策的含义以及会计政策与税收政策变化对公司的影响

1. 会计政策的变化及其对公司的影响

会计政策是指企业在会计核算时所遵循的具体原则以及企业所采纳的具体会计处理方法。一般情况下企业会选择最恰当的会计政策反映其经营成果和财务状况。

企业基本上是在法规所允许的范围内选择适合本企业实际情况的会计政策。企业的会计政策发生变更将影响公司年末的资产负债表和利润表。如果采用追溯调整法进行会计处理,则会计政策的变更将影响公司年初及以前年度的利润、净资产、未分配利润等数据。

2. 税收政策的变化对公司的影响

税收政策的变更也将对上市公司的业绩产生一定的影响。

(四)市场法、重置成本法、收益现值法评估公司资产价值的步骤和优缺点

1. 市场法

(1)定义

市场法即按照市场上近期发生的类似资产的交易价来确定被评估资产的价值。上市公司股票的市场价格代表了投资者对该公司未来经营业绩和风险的预期。上市公司股票的市场总值,就是用现金流量折现法得出的公司价值。因此,市场法假设公司股票的价值是某一估价指标乘以比率系数。估价可以是现金流量、税后利润、股票的账面价值或主营业务收入。不同的指标采用不同的系数。

(2)优缺点。

①缺点:市场法缺乏明显的理论依据。

②优点:首先,市场法简单易懂,容易使用;其次,市场法是从统计的角度总结出相同类型公司的财务特征,得出结论有一定的可靠性。

2. 重置成本法

(1)重置成本法及其理论依据

重置成本法也称成本法,是指在评估资产时按被评估资产的现时重置成本扣减其各项损耗价值来确定被评估资产价值的方法。采用重置成本法对资产进行评估的理论依据是:

①资产的价值是一个变量,除了市场价格以外影响资产价值量变化的因素还包括:a.资产的物理损耗或有形损耗,也称实体性贬值。b.资产的功能性损耗,也称功能性贬值。c.资产的"经济性损耗",也称经济性贬值。

②资产的价值取决于资产的成本。资产的原始成本越高,资产的原始价值越大,反之则小,两者在质和量的内涵上是一致的。重置成本是按在现行市场条件下重新购建一项全新资产所支付的全部货币总额,原始成本与重置成本的内容构成是相同的,但两者反映的物价水平是不相同的。前者反映的是当初购建资产时的物价水平。后者反映的资产评估日期的市场物价水平。资产的重置成本越高,其重置价值越大。

(2)重置成本法中各类指标的估算。

重置成本法的基本计算公式为:

$$被评估资产评估值=重置成本-实体性贬值-功能性贬值-经济性贬值$$

$$被评估资产评估值=重置成本\times 成新率$$

重置成本法的计算公式为正确运用重置成本法评估资产提供了思路,评估操作中要依此思路确定各项具体指标。

①重置成本及其估算。重置成本一般可以分为更新重置成本和复原重置成本。

选择重置成本时,在无更新重置成本时可采用复原重置成本;在同时可获得复原重置成本和更新重置成本的情况下,应选择更新重置成本。一般来说,复原重置成本大于更新重置成本,但由此引致的功能性损耗也大。应该注意的是,无论更新重置成本还是复原重置成

本,资产本身的功能不变。

②重置成本的估算一般可以采用的方法有直接法、物价指数法和功能价值法。

a. 直接法。也称重置核算法,是指按资产成本的构成,把以现行市价计算的全部购建支出按期计入成本的形式,将总成本区分为直接成本和间接成本来估算重置成本的一种方法。

按人工成本比例法计算,计算公式为:

$$间接成本 = 人工成本总额 \times 成本分配率$$

$$成本分配率 = \frac{间接成本额}{人工成本额} \times 100\%$$

按单位价格法计算,计算公式为:

$$间接成本 = \frac{工作量(按工日或工时) \times 单位价格}{工日或工时}$$

按直接成本百分率法计算,计算公式为:

$$间接成本 = 直接成本 \times 间接成本占直接成本的百分率$$

b. 物价指数法。这种方法是在资产原始成本基础上,通过现时物价指数确定其重置成本,计算公式为:

$$资产重置成本 = 资产原始成本 \times \frac{资产评估时物价指数}{资产购建时物价指数}$$

c. 功能价值法。也称生产能力比例法,这种方法是寻找一个与被评估资产相同或相似的资产为参照物,计算每一单位生产能力价格或参照物与评估资产生产能力的比例,以估算被评估资产的重置成本。计算公式为:

$$被评估资产重置成本 = \frac{被评估资产产量}{参照物年产量} \times 参照物重置成本$$

应用这种方法估算重置成本时,首先应分析资产成本与生产能力之间是否存在这种线性关系。如果不存在的话,这种方法就不可采用。

③实体性贬值及其估算。资产的实体性贬值是由于使用和自然力损耗形成的贬值。实体性贬值的估算,一般可以采用的方法有公式计算法和观察法。

a. 观察法。也称成新率法,是指由具有专业知识和丰富经验的工程技术人员对被评估资产实体各主要部位进行技术鉴定,并综合分析资产的设计、制造、使用、磨损、维护、修理、大修理、改造情况和物理寿命等因素,将评估对象与其全新状态相比较,考察由于使用磨损和自然损耗对资产的功能、使用效率带来的影响,判断被评估资产的成新率,从而估计实体性贬值。计算公式为:资产实体性贬值 = 重置成本 × (1 − 成新率)。

b. 公式计算法。其计算公式为:

$$资产实体性贬值 = \frac{重置成本 - 残值}{总使用年限} \times 实际已使用年限$$

在资产评估中,通常只考虑数额较大的残值,如残值数额较小可以忽略不计。总使用年限是实际已使用年限与尚可使用年限之和。计算公式为:

$$总使用年限 = 实际已使用年限 + 尚可使用年限$$

$$实际已使用年限 = 名义已使用年限 \times 资产利用率$$

资产在使用中受负荷程度的影响，必须将资产的名义已使用年限调整为实际已使用年限。实际已使用年限是指资产在使用中实际损耗的年限。实际已使用年限与名义已使用年限的差异，可以通过资产利用率来调整。名义已使用年限是指资产从购进使用到评估时的年限。资产利用率计算公式为：

$$资产利用率 = \frac{截至评估日资产累计实际利用时间}{截至评估日资产累计法定利用时间}$$

当资产利用率<1时，表示开工不足，资产实际已使用年限小于名义已使用年限；

当资产利用率=1时，表示资产满负荷运转，资产实际已使用年限等于名义已使用年限；

当资产利用率>1时，表示资产超负荷运转，资产实际已使用年限比名义已使用年限要长。

④功能性贬值及其估算。功能性贬值是由于技术相对落后造成的贬值。通常，功能性贬值的估算可以按下列步骤进行：

首先，将被评估资产的年运营成本与功能相同但性能更好的新资产的年运营成本进行比较，计算二者的差异，确定净超额运营成本。其次，评估被评估资产的剩余寿命。最后，以适当的折现率将被评估资产在剩余寿命内每年的净超额运营成本折现，这些折现值之和就是被评估资产功能性损耗（贬值）。计算公式如下：

$$\begin{matrix}被评估资产的\\功能性损耗(贬值)\end{matrix} = \sum \left[\begin{matrix}被评估资产年\\净超额运营成本\end{matrix} \times \begin{matrix}折现\\系数\end{matrix}\right]$$

⑤经济性贬值及其估算。经济性贬值是由于外部环境变化造成资产的贬值。计算经济性贬值时，主要是根据因产品销售困难而开工不足或停止生产等情况，确定其贬值额。当资产使用基本正常时，不计算经济性贬值。

⑥成新率及其估算。该成新率指的是重置成本法公式"被评估资产评估值=重置成本×成新率"中的成新率。通常，成新率的估算方法有以下几种：

a.使用年限法，即根据资产预计尚可使用年限与其总使用年限的比率确定成新率，计算公式为：

$$成新率 = \frac{预计尚可使用年限}{实际已使用年限 + 预计尚可使用年限} \times 100\%$$

b.观察法。即由具有行业知识和丰富经验的工程技术人员对资产的实体各主要部位进行技术鉴定，以判断确定被评估资产的成新率。这一成新率与上文所述确定实体性贬值中的成新率不同，是在综合考虑资产实体性损耗、功能性损耗和经济性损耗基础上确定的，而不只是考虑使用磨损和自然损耗的影响。

c.修复费用法。成新率是通过估算资产恢复原有全新功能所需要的修复费用占该资产的重置成本（再生产价值）的百分比确定的，计算公式为：

$$成新率 = \left(1 - \frac{修复费用}{再生产价值}\right) \times 100\%$$

(3)运用重置成本法评估资产的优缺点分析。

①优点:评估结果更加公平合理,比较充分地考虑了资产的损耗,在不易计算资产未来收益或难以取得市场参照物条件下可广泛应用,有利于单项资产和特定用途资产的评估,有利于企业资产保值。

②缺点:工作量巨大。它是以历史资料为依据确定目前价值,必须充分分析这种假设的可行性。另外,经济性损耗(贬值)也不易全面准确计算。

3. 收益现值法

(1)收益现值法及其适用前提条件。收益现值法是通过估算被评估资产未来预期收益并折算成现值,借以确定被评估资产价值的一种资产评估方法。

应用收益现值法进行评估资产必须具备的前提条件包括:首先,资产所有者所承担的风险必须是能用货币计量的。其次,被评估资产必须是能用货币衡量其未来期望收益的单项或整体资产。应该注意的是,应用收益现值法对资产进行评估时,是以资产投入使用后连续获利为基础的。如果在资产上进行投资的目的不是为了获利,进行投资后没有预期收益或预期收益很少而且很不稳定,则不能采用收益现值法。

(2)收益现值法应用的形式。收益现值法的应用,实际上是对评估资产未来预期收益进行折现或本金化的过程。一般来说有以下几种情况:

资产未来收益不等额的情形。首先预测若干年内(一般为5年)各年预期收益额,再假设若干年的最后一年开始,以后各年预期收益额均相同,最后,将企业未来预期收益进行折现和本金化处理。基本公式为:

$$\text{资产评估值（预期收益现值）} = \sum \text{前若干年各年收益额} \times \text{各年折现系数} + \frac{\text{以后各年的年金化收益}}{\text{本金化率}} \times \text{前若干年最后一年的折现系数}$$

上述计算公式的原理如图5-2所示。

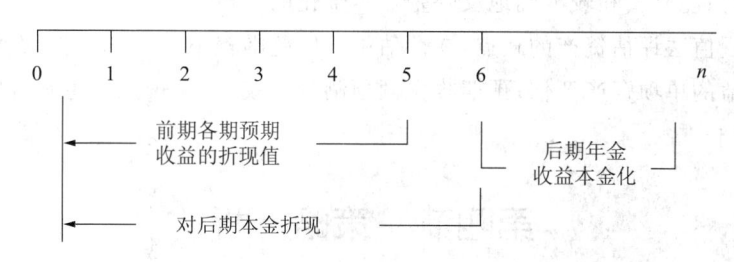

图 5-2 收益现值法的原理

资产未来收益期有限的情形。资产的未来预期收益在具体的特定时期,通过预测有限期限内各期的收益额,以适当的折现率进行折现后求和获得,各年预期收益折现之和即为评估值。基本公式是:

$$\text{资产评估值} = \sum_{i=1}^{n} \frac{R_i}{(1+r)^i}$$

式中：R_i 为未来第 i 个收益期的预期收益额，收益期有限时 R_i 还包括期末资产剩余净额；n 为收益年限；r 为折现率。

资产未来收益期无限期的情形。无限收益期包括两种情形，即未来收益年金化情形和未来收益不等额情形。

在未来收益年金化情形下，首先预测其年收益额，然后对其年收益额进行本金化处理，即可确定其评估值。基本公式为：

$$资产评估值（收益现值）=\frac{年收益}{本金化率}$$

这是预期收益折现值求和的特殊形式，推导过程如下：

假如未来预期收益分别为 R_1、R_2、$\cdots$、R_n 折现率为 r，折现值之和为 PV，则有：

$$PV=\frac{R_1}{(1+r)^1}+\frac{R_2}{(1+r)^2}+\cdots+\frac{R_n}{(1+r)^n}$$

当 $R_1=R_2=\cdots=R_n=A$ 且 $n\to\infty$ 时，$PV=\dfrac{A}{r}$。

(3) 收益现值法中各项指标的确定

收益额的确定是关键。收益额是指被评估资产在使用过程中产生的未来收益期望值。对于收益额的确定应把握两点：一是收益额必须是评估资产直接形成的，而不是由评估资产直接形成的收益分离出来的；二是收益额指的是资产使用带来的未来收益期望值，是通过预测分析获得的。

(4) 收益现值法评估资产的程序及优缺点

收益现值法评估资产的程序为：首先，收集验证有关经营、财务状况的信息资料；其次，计算和对比分析有关指标及其变化趋势；再次，预测资产未来预期收益，确定折现率或本金化率；最后，将预期收益折现或本金化处理，确定被评估资产价值。

采用收益现值法评估资产的优点：与投资决策相结合，用此评估法评估资产的价格，易为买卖双方接受；能真实和较准确地反映企业本金化的价格。

采用收益现值法评估资产的缺点：在评估中适用范围较小，一般适用于企业整体资产和可预测未来收益的单项资产评估；预期收益额预测难度较大，受较强的主观判断和未来不可预见因素的影响。

第四节 策略分析

一、投资策略

证券投资策略是指导投资者进行证券投资时所采用的投资规则、行为模式、投资流程的总称，根据不同的分类标准，可以将投资策略大致分为以下类别。具体如表 5-24 所示。

第五章 基本分析

表 5-24 投资策略的类型

分类标准	类型	具体内容
投资策略的灵活性不同	被动型投资策略	指根据事先确定的投资组合构成及调整规则进行投资,不根据对市场环境的变化主动地实施调整;理论依据主要是市场有效性假说;代表策略为:指数化投资策略
	主动型投资策略	要求投资者根据市场情况变动对投资组合进行积极调整,并通过灵活的投资操作获取超额收益;假设前提是市场有效性存在瑕疵;常见策略为:根据板块轮动、市场风格转换调整投资组合
策略适用期限的不同	战略性投资策略(着眼较长投资期限,追求收益与风险的最佳匹配)	①固定比例策略:保持投资组合中各类资产占总市值的比例不变。在各类资产的市场表现出现变化时进行相应调整,买入下跌的资产,卖出上涨的资产
		②买入持有策略:确定恰当的资产组合,并在适当持有时间内保持这种组合;具有最小的交易成本和管理费用,但不能反映环境的变化
		③投资组合保险策略:基本做法是将资产分为风险较高和较低两种,首先确定投资者所能承受的整个资产组合的市值底线,然后用总市值减去市值底线得到安全边际,将这个安全边际乘以事先确定的乘数就得到风险性资产的投资额;最具代表性的是固定比例投资组合保险策略
	战术性投资策略(基于对市场前景预测的短期主动型投资策略)	①多—空组合策略:通常需要买入某个看好的资产或资产组合,同时卖空另一个看淡的资产或资产组合,试图抵消市场风险而获取单个证券的阿尔法收益差额
		②交易型策略:根据市场交易中经常出现的规律性现象,制定某种获利策略;代表性策略有动量策略、均值—回归策略
		③事件驱动型策略:根据不同的特殊事件制定相应的灵活投资策略
投资品种的不同	股票投资策略	——
	债券投资策略	①消极投资策略,如指数化投资策略、现金流匹配策略、阶梯形组合策略、久期免疫策略、哑铃型组合策略等
		②积极投资策略,如子弹型策略、或有免疫策略、收益曲线骑乘策略、债券互换策略等
	另类产品投资策略	通常将除股票、债券之外的其他投资品称为另类投资,如大宗商品、贵金属、房地产、艺术品、古玩、金融衍生品等

二、大势研判

股市大势研判方法包括:(1)用K线判断短期走势;(2)量能决定趋势方向;(3)空间决定趋势大小;(4)权重股对指数的撬动作用(市场的二八现象);(5)市场强弱度(采用A股指数与个股涨跌进行比较,以周为单位);(6)利用市场重心判断大势;(7)指标判断。

三、投资时钟与资产配置

美林证券提出了一种根据成熟市场的经济周期进行资产配置的投资方法,市场上称之为美林投资时钟理论。

美林投资时钟理论用时钟形象地描绘了经济周期周而复始的四个阶段:衰退、复苏、过热、滞涨,并在各个阶段中找到表现相对优良的资产类(如图5-3所示)。

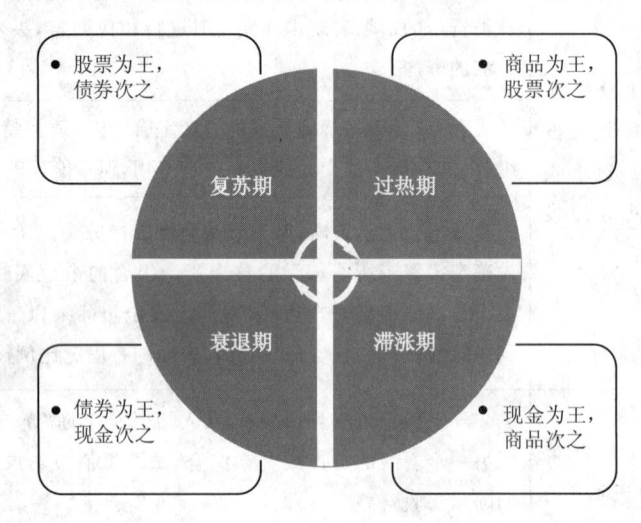

图 5-3 美林时钟与大类资产配置

(1)衰退阶段:对应美林时钟的6~9点。在此阶段,公司产能过剩,盈利能力下降,在去库存压力下商品的价格下行,表现为低通货膨胀甚至通货紧缩。在此阶段,政府会实施较为宽松的货币政策并引导利率走低以提振经济。在衰退阶段,债券是表现最好的资产类,但股票的吸引力逐步增强。

(2)复苏阶段:对应美林时钟的9~12点。经济开始增长,但是由于过剩产能还没有完全消化,因此通货膨胀程度依然较低。随着需求回暖,企业经营状况得到改善,股票类资产迎来黄金期。

(3)过热阶段:对应美林时钟的12~3点。产能不断增加,通货膨胀高企,大宗商品类资产是最好的选择。

(4)滞涨阶段:对应美林时钟的3~6点。此时经济增长已经降低到合理水平以下,而通货膨胀仍然继续,工资成本和资金成本的上升不断挤压企业利润空间,股票和债券的表现都比较差,现金是投资的首选。

美林投资时钟为宏观、中观和市场研究找到了好的契合点,有较强的逻辑性和操作性,易于逐月追踪和实时进行组合调整。其缺点在于,经济周期的运行并不是一成不变的,相反,可能出现经济阶段的跳跃和反复。

四、股票投资策略与主题投资

(一)股票投资策略的分类

(1)按照投资风格划分,可分为价值型投资策略、成长型投资策略和平衡型投资策略。

(2)按收益与市场比较基准的关系划分,可分为市场中性策略、指数化策略、指数增强型策略以及绝对收益策略。

(3)按照投资决策的层次划分,可以分为配置策略、选股策略和择时策略。

(二)趋势型策略、事件驱动型策略、相对价值型策略、套利型策略

(1)趋势型策略,主要分析宏观经济走向、行业趋势和企业的经营形势,通过选择和把握基本趋势来获得预期的收益。

(2)事件驱动型策略,也称为主题投资,往往依赖于某些事件或某种预期,引发投资热点。

(3)相对价值型策略、套利型策略可理解为上述策略类型下的延伸。当某类股票上涨或下跌以后,会出现脱离其所属群体的情况,从而使得相关股票出现相对低估或高估的情形,从而提供新的盈利机会。

(4)跨期套利策略的基本原理是在同一交易所进行同一指数、但不同交割月份的股指期货合约间的套利活动。同时交易的不同交割月合约均基于同一标的指数,一般来说,不同交割日的期货合约间应该存在一个较为稳定的价差关系。

(三)主题投资

1.含义和特征

主题投资是国际新兴投资策略,是指通过对实体经济中结构性、周期性及制度性变动趋势的分析,挖掘出对经济变迁有大范围影响的潜在因素,对受益的行业和公司进行投资。

主题投资并不按照一般的行业划分方法来选择股票,而是将驱动经济体长期发展趋势的某个因素作为"主题",来选择地域、行业、板块或个股。

主题投资的特点:①通过对事件发展趋势预期的判断为主要基础;②投资过程体现预期趋势持续发展或偏差纠正;③主题投资更加强调把握主题核心驱动因素;④主题投资策略"核心假设变量"相对较少。

2.主要类型

从投资机会的触发因素来看,主题投资可分为四类,如表5-25所示。

表 5-25 主题投资类别

主题	投资机会来源	例子
宏观性主题（趋势型）	可以促进经济长期发展趋势或短期变化及结构性变化的宏观驱动因素	中国城镇化、区域经济振兴
事件性主题（事件型）	某些确定性事件会提升相关企业的资产价值或盈利水平所衍生的主题性机会	奥运会、央企重组
制度性主题（制度型）	因制度性变革所促发的红利性投资机会。如医疗制度改革	医疗制度改革
产业性主题（政策型）	来自政策扶持或者产业升级的驱动作用所引发的行业性投资机会	低碳经济、互联网

3. 主题投资的步骤

表 5-26 主题投资的步骤

步骤	内容
投资主题分析	从宏观经济、确定性事件、政策制度、技术进步等多个角度挖掘投资主题
预期趋势判断	把握经济发展、事件确定性、企业盈利等趋势因素，锁定具有长期发展前景的主题
投资目标选择	通过主题行业配置、主题行业内个股精选构建组合，并对主题配置进行动态调整
投资组合卖出	密切跟踪投资主题驱动因素的强弱变化，选择合适的时点卖出组合

4. 主题投资介入时机的基本考量因素

表 5-27 主题投资介入时机的基本考量因素

因素	内容
催化剂	具有持续、升温驱动力的因素显现，且获得市场认同的概率较大。一般具有影响范围广、程度深的特点
爆炸性	符合可行性的客观现实，同时，至少理论或逻辑上存在巨大成长空间
新颖性	首次出现在资本市场上的新兴命题，具有率先爆发和较高集中度的可能性

五、行业比较

（一）行业景气分析

行业景气指行业处于不同的周期节点时所呈现的不同市场景象。周期上升期的行业呈现需求旺盛、买卖活跃、生产满负荷的景象;周期下降期的行业呈现需求萎靡、产品滞销、价格下跌、生产能力过剩、应收款增加和多数企业亏损的景象。

1. 行业景气指数

通常用景气指数进行景气分析。景气指数又称为景气度,是采用定量的方法综合反映某某一社会经济现象或特定调查群体所处的状态或发展趋势的一种指标。景气指数取值范围在 0~200 点之间,通常景气指数高于 100,表明调查对象的状态趋于上升或改善,处于景气状态;景气指数低于 100,表明其处于下降或恶化,处于不景气状态。

中经产业景气指数是目前我国比较成熟和权威的行业类景气指数。

2. 行业景气的影响因素

影响行业景气的外因是经济周期、宏观经济指标波动、上下游产业链的供需变动;内因是行业的产品需求变动、技术水平变化、生产能力变动、产业政策的变化等。分析行业景气变化时,通常会关注的因素如表 5-28 所示。

表 5-28 行业景气的影响因素

因素	内容
供应	若行业内部因竞争或产业政策限制,使总供应下降,而总需求不变,这时企业效益好转,景气转好。只要总需求不变,这种景气转变往往能维持较长的时间
需求	当行业产品需求增加时,会导致销售的增加和总产量的提高,行业景气好转,但这取决于需求量的多少以及维持时间的长短。短时间的需求量提高不能作为景气转好的特征,仅作为波动而已
价格	价格因素是波动较多的因素,也是比较敏感的因素。价格上涨,一般实际需求增加,行业景气向好。但是由于原料价格上涨而造成的价格上涨反而使行业景气向淡。价格因素导致的景气转变往往持续时间不长,这时由于价格因素改变会导致供应能力变化,供求关系改变进一步影响价格
产业政策	由于环保因素或产业升级,使行业的企业数减少,导致竞争下降,效益转好,这种景气能长时间维持

(二)绝对估值与相对估值

1. 绝对估值法

绝对估值法,又叫作贴现法,是通过对上市公司历史、当前的基本面分析和对未来反映公司经营状况的财务数据的预测获得上市公司股票的内在价值。在具体估值模型上,主要有股利贴现模型(DDM)和折现现金流模型(DCF)。其中,折现现金流模型(DCF)又可以分为股权自由现金流模型(FCFE)和公司自由现金流模型(FCFF)。

(1)股利贴现模型

股利贴现模型是通过贴现未来股利从而计算出股票的现值。其数学公式为：

$$D = \sum_{t=1}^{\infty} \frac{D_t}{(1+r)^t}$$

其中，D 为股票的内在价值，D_t 为第 t 期的股利，r 为贴现率。

DDM 的关键是贴现率 r 的确定。贴现率 r 实际上就是必要报酬率。

(2)折现现金流模型

折现现金流模型通过贴现公司未来自由现金流来确定公司现在价值。其数学公式为：

$$D = \sum_{t=1}^{\infty} \frac{CF_t}{(1+r)^t}$$

其中，D 为公司的内在价值，CF_t 为未来第 t 期的自由现金流，r 为贴现率。上述自由现金流指公司税后经营现金流扣除当年追加的资本投资和支付的现金股利后所剩余的资金。

2.相对估值法

相对估值法又称可比公司法，是指对公司估值时将目标公司与可比公司对比，用可比公司的价值衡量目标公司的价值。相对估值法最为常用的方法是市盈率法和市净率法，此外还有净利润成长率法、价格营收比例法、企业价值法等。

(1)市盈率法

市盈率计算公式为：

$$市盈率法(P/E) = \frac{普通股每股市价(P)}{普通股每股收益(E)}$$

市盈率法适用于周期性弱的公司，如公共服务业等。

市盈率法的优点是：它是一个将股票价格与当前公司盈利状况联系在一起的一种直观的统计比率；市盈率比较容易得到和计算，也能够反映公司的风险和成长性。其缺点是：当每股收益价值为负值时市盈率没有意义；经济周期会引起公司收益的波动从而引起市盈率的变动，因此市盈率不大适合周期性强的企业。

(2)市净率法

市净率计算公式为：

$$市净率(P/B) = \frac{普通股每股市价(P)}{每股净资产(B)}$$

市净率法比较适合周期性强的企业，如银行业、保险业等。

市净率法的优点是：每股净资产相对稳定和直观；每股价值收益为负值的公司，或者非持续经营的公司，此方法仍然适用。市净率法的缺点是：资产的准确计算比较困难，尤其是品牌价值、人力资源价值等无形价值的确定；会计制度大多数规定，资产的账面价值等于最初的购买价格减去折旧，考虑到现实社会的通货膨胀和技术进步，用市净率法估值时账面价值与市场价值可能存在很大的背离。

3.其他相对估值法

除了上述所说两种相对估值法以外，还有适用于成长性较高的净利润成长率法、适用于营业收入稳定行业的价格营收比例法和适用于资本密集型公司的企业价值法等。

第五章 基本分析

过关演练

一、选择题(以下备选项中只有一项符合题目要求)

1. 在物价可自由浮动条件下,货币供应量过多,完全可以通过物价表现出来的通货膨胀称为( )通货膨胀。
   A. 成本推动型　　　　　　　　B. 开放型
   C. 结构型　　　　　　　　　　D. 控制型
   【答案】B
   【解析】开放型通货膨胀,也叫公开的通货膨胀,即在物价可自由浮动条件下,货币供应量过大,完全可以通过物价表现出来的通货膨胀。

2. 中央银行在公开市场上买卖有价证券,将直接影响( ),从而影响货币供应量。
   A. 商业银行法定准备金　　　　B. 商业银行超额准备金
   C. 中央银行再贴现　　　　　　D. 中央银行再贷款
   【答案】B
   【解析】当中央银行从商业银行买进证券时,中央银行直接将证券价款转入商业银行在中央银行的准备金存款账户,直接增加商业银行超额准备金存款,提高商业银行信贷能力和货币供应能力。反之,如果商业银行从中央银行买进证券,则情况相反。

3. 将货币供应量划分为 M_0、M_1 和 M_2 等不同层次的依据是货币的( )。
   A. 相关性　　　　　　　　　　B. 安全性
   C. 流动性　　　　　　　　　　D. 稳定性
   【答案】C
   【解析】不同层次的货币其流动性不同。根据中国人民银行公布的货币供给层次划分口径,我国的货币供应量分为三个层次:①M_0=流通中现金;②M_1=M_0+活期存款;③M_2=M_1+准货币(定期存款+储蓄存款+其他存款)。

4. 属于商业银行资产负债表中负债项目的是( )。
   A. 拆入资金　　　　　　　　　B. 应收利息
   C. 长期股权投资　　　　　　　D. 存放中央银行款项
   【答案】A
   【解析】负债项目包括:向中央银行借款、同业及其他金融机构存放款项、拆入资金、交易性金融负债、应付福利费、吸收存款、应付利息、应交税费、预计负债、应付债券、其他负债等。BCD三项均属于资产项目。

5. 关于基本分析法的主要内容,下列说法不正确的是( )。
   A. 宏观经济分析主要探讨各经济指标和经济政策对证券价格的影响
   B. 公司分析是介于宏观经济分析、行业和区域分析之间的中观层次分析

C. 公司分析通过公司竞争能力等的分析,评估和预测证券的投资价值、价格及其未来变化的趋势

D. 行业分析主要分析行业所属的不同市场类型、所处的不同生命周期以及行业的业绩对证券价格的影响

【答案】B

【解析】B 项行业和区域分析是介于宏观经济分析与公司分析之间的中观层次分析,而公司分析是微观分析。

6. 衡量通货膨胀的最佳指标是( )。

A. CPI   B. 核心 CPI
C. PPI   D. 通货膨胀率

【答案】B

【解析】一般将剔除了食品和能源消费价格之后的居民消费价格指数作为核心消费价格指数(Core CPI),并被认为是衡量通货膨胀的最佳指标。

7. 下列属于行业分析调查研究法的是( )。

A. 历史资料研究   B. 深度访谈
C. 归纳与演绎   D. 比较分析

【答案】B

【解析】调查研究法一般通过抽样调查、实地调研、深度访谈等形式,通过对调查对象的问卷调查、访查、访谈获得资讯,并对此进行研究。

8. 对经济周期性波动来说,提供了一种财富套期保值手段的行业属于( )。

A. 增长型   B. 周期型
C. 防守型   D. 幼稚型

【答案】A

【解析】增长型行业提供了一种财富套期保值的手段。在经济高涨时,高增长行业的发展速度通常高于平均水平;在经济衰退时期,其所受影响较小甚至仍能保持一定的增长。

9. 以下能够反映变现能力的财务指标是( )。

A. 资本化比率   B. 固定资产净值率
C. 股东收益比率   D. 保守速动比率

【答案】D

【解析】变现能力是公司产生现金的能力,它取决于可以在近期转变为现金的流动资产的多少,是考察公司短期偿债能力的关键。反映变现能力的财务比率主要有流动比率和速动比率。由于行业之间的差别,在计算速动比率时,除扣除存货以外,还可以从流动资产中去掉其他一些可能与当期现金流量无关的项目(如待摊费用等),以计算更进一步的变现能力,如采用保守速动比率。

10. 根据板块轮动、市场风格转换而调整投资组合是一种( )投资策略。

A. 被动型   B. 主动型

C. 指数化　　　　　　　　　　　D. 战略性

【答案】B

【解析】主动型策略的假设前提是市场有效性存在瑕疵,有可供选择的套利机会。它要求投资者根据市场情况变动对投资组合进行积极调整,并通过灵活的投资操作获取超额收益,通常将战胜市场作为基本目标。根据板块轮动、市场风格转换调整投资组合就是一种常见的主动型投资策略。

二、组合型选择题(以下备选项中只有一项最符合题目要求)

1. 宏观经济分析的基本方法有(　　)。
　　Ⅰ. 区域分析法　　　　　　　　Ⅱ. 行业分析法
　　Ⅲ. 结构分析法　　　　　　　　Ⅳ. 总量分析法
　　A. Ⅰ、Ⅱ　　　　　　　　　　　B. Ⅰ、Ⅳ
　　C. Ⅱ、Ⅲ　　　　　　　　　　　D. Ⅲ、Ⅳ

【答案】D

【解析】宏观经济分析的基本方法包括两种:①总量分析法,是指对影响宏观经济运行总量指标的因素及其变动规律进行分析,进而说明整个经济的状态和全貌;②结构分析法,是指对经济系统中各组成部分及其对比关系变动规律的分析。

2. 外国企业在中国投资所取得的收入,应计入(　　)。
　　Ⅰ. 中国的 GNP　　　　　　　　Ⅱ. 中国的 GDP
　　Ⅲ. 投资国的 GNP　　　　　　　Ⅳ. 投资国的 GDP
　　A. Ⅰ、Ⅱ　　　　　　　　　　　B. Ⅱ、Ⅲ
　　C. Ⅰ、Ⅳ　　　　　　　　　　　D. Ⅲ、Ⅳ

【答案】B

【解析】GDP 是指一定时期内(一个季度或一年),一个国家或地区的经济中所生产出的全部最终产品和提供劳务的市场价值的总值;GNP 是指一个国家(或地区)所有国民在一定时期内新生产的产品和服务价值的总和。所以本题中的收入应记入中国的 GDP、投资国的 GNP。

3. PPI 向 CPI 的传导途径有(　　)。
　　Ⅰ. 原材料→生产资料→生活资料
　　Ⅱ. 原材料→生活资料→生产资料
　　Ⅲ. 农业生产资料→食品→农产品
　　Ⅳ. 农业生产资料→农产品→食品
　　A. Ⅰ、Ⅲ　　　　　　　　　　　B. Ⅰ、Ⅳ
　　C. Ⅱ、Ⅲ　　　　　　　　　　　D. Ⅲ、Ⅳ

【答案】B

【解析】PPI 向 CPI 的传导通常有两条途径:①以工业品为原材料的生产,存在"原材料→生产资料→生活资料"的传导;②以农产品为原料的生产,存在"农业生产资料→农产品→

食品"的传导。

4. 中国制造业采购经理人指数(PMI)由(　　)合作编制。
　　Ⅰ.中国物流与采购联合会　　　Ⅱ.中国制造业协会
　　Ⅲ.国家统计局　　　　　　　　Ⅳ.国家财政局
　　A.Ⅰ、Ⅲ　　　　　　　　　　　B.Ⅰ、Ⅳ
　　C.Ⅱ、Ⅲ、Ⅳ　　　　　　　　　D.Ⅰ、Ⅱ、Ⅲ、Ⅳ

【答案】A

【解析】中国制造业采购经理人指数(PMI)由国家统计局和中国物流与采购联合会合作编制,在每月的第1个工作日定期发布。

5. 行业分析方法包括(　　)。
　　Ⅰ.历史资料研究法　　　　　　Ⅱ.调查研究法
　　Ⅲ.归纳与演绎法　　　　　　　Ⅳ.比较分析法
　　A.Ⅰ、Ⅱ、Ⅲ　　　　　　　　　B.Ⅰ、Ⅲ、Ⅳ
　　C.Ⅱ、Ⅲ、Ⅳ　　　　　　　　　D.Ⅰ、Ⅱ、Ⅲ、Ⅳ

【答案】D

【解析】除Ⅰ、Ⅱ、Ⅲ、Ⅳ四项外,行业分析的方法还包括数理统计法。

6. 以下属于宏观经济指标中的主要经济指标的是(　　)。
　　Ⅰ.失业率　　　　　　　　　　Ⅱ.货币供应量
　　Ⅲ.国内生产总值　　　　　　　Ⅳ.价格指数
　　A.Ⅰ、Ⅱ　　　　　　　　　　　B.Ⅰ、Ⅲ
　　C.Ⅱ、Ⅲ、Ⅳ　　　　　　　　　D.Ⅰ、Ⅲ、Ⅳ

【答案】D

【解析】宏观经济指标中的主要经济指标包括:①国内生产总值;②失业率、非农就业数据;③消费者价格指数、生产者价格指数;④采购经理人指数。Ⅱ项,货币供应量属于货币金融指标。

7. 宏观分析所需的有效材料一般包括(　　)等。
　　Ⅰ.金融物价统计资料
　　Ⅱ.贸易统计资料
　　Ⅲ.一般生产统计资料
　　Ⅳ.国民收入统计与景气动向
　　A.Ⅰ、Ⅳ　　　　　　　　　　　B.Ⅰ、Ⅲ、Ⅳ
　　C.Ⅰ、Ⅱ、Ⅲ　　　　　　　　　D.Ⅰ、Ⅱ、Ⅲ、Ⅳ

【答案】D

【解析】宏观分析信息包括政府的重点经济政策与措施、一般生产统计资料、金融物价统计资料、贸易统计资料、每年国民收入统计与景气动向、突发性非经济因素等。

8. 在通货膨胀时期,政府应当(　　)。

Ⅰ.增加税收　　　　　　　　　Ⅱ.减少税收
Ⅲ.增加财政支出　　　　　　　Ⅳ.减少财政支出
A.Ⅰ、Ⅳ　　　　　　　　　　B.Ⅱ、Ⅲ
C.Ⅰ、Ⅲ　　　　　　　　　　D.Ⅱ、Ⅳ

【答案】A

【解析】通货膨胀表现为流通中的货币超过社会在不变价格下所能提供的商品和劳务总量,政府应该实行从紧的财政政策,增加税收或者减少财政支出,从而减少流通中的货币量。

9.关于上市公司调研的说法,正确的是(　　)。

Ⅰ.调研之前要先做好该上市公司的案头分析工作
Ⅱ.调研之前要先跟上市公司联系预约,有时还要提交调研提纲
Ⅲ.既然是调研,当然包括打探和套取上市公司的内幕敏感信息
Ⅳ.调研之后撰写正式报告之前,可以先出具调研提纲发送给投资者,保证公平对待对所有投资者客户

A.Ⅰ、Ⅱ、Ⅳ　　　　　　　　B.Ⅱ、Ⅲ
C.Ⅰ、Ⅳ　　　　　　　　　　D.Ⅰ、Ⅱ、Ⅲ

【答案】A

【解析】Ⅲ项,上市公司接受投资者调研的,不得提供内幕信息。

10.关于防守型行业,下列说法错误的是(　　)。

Ⅰ.该类型行业的产品需求相对稳定,需求弹性大
Ⅱ.该类型行业的产品往往是生活必需品或是必要的公共服务
Ⅲ.有些防守型行业甚至在经济衰退时期还是会有一定的实际增长
Ⅳ.投资于防守型行业一般属于资本利得型投资,而非收入型投资

A.Ⅰ、Ⅲ　　　　　　　　　　B.Ⅰ、Ⅳ
C.Ⅱ、Ⅲ、Ⅳ　　　　　　　　D.Ⅰ、Ⅲ、Ⅳ

【答案】B

【解析】Ⅰ项,防守型行业的产品需求相对稳定,需求弹性小;Ⅳ项,投资于防守型行业一般属于收入型投资,而非资本利得型投资。

11."三元悖论"中的"三元"是指(　　)。

Ⅰ.自由的资本流动
Ⅱ.固定的汇率
Ⅲ.独立的汇率政策
Ⅳ.独立的货币政策

A.Ⅰ、Ⅱ、Ⅲ　　　　　　　　B.Ⅰ、Ⅲ、Ⅳ
C.Ⅱ、Ⅲ、Ⅳ　　　　　　　　D.Ⅰ、Ⅱ、Ⅳ

【答案】D

【解析】"三元悖论"是指自由的资本流动、固定的汇率和独立的货币政策是不可能同时达到的,一个国家只能达到其中两个目标。

12. 下列各项中,属于产业政策范畴的有( )。
    Ⅰ.玻璃纤维行业准入条件
    Ⅱ.钢铁产业发展政策
    Ⅲ.会计准则
    Ⅳ.反垄断法
    A. Ⅰ、Ⅱ、Ⅲ   B. Ⅰ、Ⅱ、Ⅳ
    C. Ⅱ、Ⅲ、Ⅳ   D. Ⅰ、Ⅱ、Ⅲ、Ⅳ
    【答案】B
    【解析】一般认为,产业政策可以包括产业结构政策、产业组织政策、产业技术政策和产业布局政策等部分。Ⅰ、Ⅱ两项属于我国目前现行的产业政策;Ⅳ项属于产业组织政策。

13. 中央银行存款准备金政策的调控作用主要表现在( )。
    Ⅰ.增强商业银行的存款支付与资金清偿能力
    Ⅱ.增强商业银行的信誉
    Ⅲ.控制商业银行的业务库存现金
    Ⅳ.调控信贷规模
    A. Ⅰ、Ⅱ   B. Ⅰ、Ⅳ
    C. Ⅲ、Ⅳ   D. Ⅰ、Ⅱ、Ⅳ
    【答案】D
    【解析】中央银行存款准备金政策的调控作用主要表现在:①调节和控制信贷规模,影响货币供应量;②增强商业银行存款支付和资金清偿能力;③增强中央银行信贷资金宏观调控能力。

14. 下列陈述中能体现货币政策作用的有( )。
    Ⅰ.通过调控货币供应总量保持社会总供给与总需求的平衡
    Ⅱ.通过调控税率,调节居民的收入水平和投资需求
    Ⅲ.通过调控利率和货币总量控制通货膨胀,保持物价总水平的稳定
    Ⅳ.引导储蓄向投资的转化,实现资源的合理配置
    A. Ⅰ、Ⅱ、Ⅲ   B. Ⅰ、Ⅲ、Ⅳ
    C. Ⅱ、Ⅲ、Ⅳ   D. Ⅰ、Ⅱ、Ⅲ、Ⅳ
    【答案】B
    【解析】除Ⅰ、Ⅲ、Ⅳ三项外,货币政策的作用还包括调节国民收入中消费与储蓄的比例。题中Ⅱ项属于财政政策调节的作用。

15. 我国利率市场化改革的基本思路是( )。
    Ⅰ.先外币、后本币
    Ⅱ.先存款、后贷款

Ⅲ.先贷款、后存款

Ⅳ.存款先大额长期、后小额短期

A.Ⅰ、Ⅳ　　　　　　　　　　B.Ⅲ、Ⅳ

C.Ⅰ、Ⅱ、Ⅳ　　　　　　　　D.Ⅰ、Ⅲ、Ⅳ

【答案】D

【解析】我国利率市场化改革的总体思路为：先放开货币市场利率和债券市场利率，再逐步推进存、贷款利率的市场化。其中存、贷款利率市场化的总体思路为"先外币、后本币；先贷款、后存款；先长期、大额，后短期、小额"。

16.近年来，我国已经采取的对外汇储备进行积极管理的措施有（　　）。

　Ⅰ.调节国际收支顺差

　Ⅱ.实行藏汇于民

　Ⅲ.增加外汇占款

　Ⅳ.储备货币多元化

A.Ⅰ、Ⅱ、Ⅲ　　　　　　　　B.Ⅰ、Ⅱ、Ⅳ

C.Ⅱ、Ⅲ、Ⅳ　　　　　　　　D.Ⅰ、Ⅱ、Ⅲ、Ⅳ

【答案】B

【解析】在实践中，我国已经采取了对国际储备进行积极管理的措施，主要包括：①针对国际收支顺差的调节措施；②采取了藏汇于民的政策；③采取了尽量使外汇储备货币多元化的策略；④资产组合上采取了更为积极的管理策略；⑤引进和构建了积极的外汇储备管理模式和机制。

第六章 技术分析

考情分析

本章主要包括了证券投资技术分析概述和技术分析中常用理论等两部分内容。其中，概述部分主要介绍了技术分析的基本概念、适用范围、量价关系变化规律和道氏理论；技术分析中常用理论部分主要介绍了 K 线理论、切线理论、形态理论，技术支撑和阻力的含义及作用，趋势线、通道线、黄金分割线、百分比线的画法及应用，反转形态、整理形态和缺口的定义、特征及应用。

备考方法

本章理解性记忆的内容比较多，部分考点比较难记，有的知识点看似简单，实际涉及的小考点多，考生必须牢记考点，才能在短时间内选出正确答案，在最近 3 次考试中，技术分析一章的平均分值约为 20 分。在复习过程中，考生应掌握道氏理论的原理，技术分析的适用范围，掌握 K 线理论、切线理论、趋势线、通道线、黄金分割线、百分比线的画法及作用，各类反转形态、整理形态、缺口的定义、特征及应用。反复记忆教材中重要知识点，对知识点能了然于胸。

第六章 技术分析

思维导图

技术分析
- 证券投资技术分析概述
  - 技术分析的含义、要素、假设和理论基础
  - 量价关系变化规律
  - 道氏理论的原理
  - 技术分析方法的分类及其特点
  - 技术分析的应用前提和适用范围
  - 技术分析方法的局限性
- 证券投资技术分析主要理论
  - K线理论
  - K线的主要形状及其组合的应用
  - 切线理论
  - 趋势的定义和类型
  - 技术支撑和阻力的含义和作用
  - 趋势线、通道线、黄金分割线、百分比线的画法及应用
  - 形态理论
  - 各主要反转形态和整理形态的定义、特性及应用
  - 各种缺口类型的定义、特性和应用

考点精讲

第一节 证券投资技术分析概述

一、技术分析的含义、要素、假设和理论基础

表6-1 技术分析的含义、要素、假设和理论基础

项目	描述
含义	技术分析是应用数学和逻辑方法,分析证券市场过去和现在的市场行为,得到一些典型变化规律,以此来预测证券市场未来变化趋势的方法
要素	在证券市场中,技术分析的要素有价格、成交量、时间和空间,成交价和成交量是市场行为最基本的表现
假设	(1)市场行为涵盖所有信息;(2)证券价格沿着趋势移动;(3)历史会重演

续表

项目	描述
理论基础	许多技术分析方法的基本思想都来自于道氏理论,道氏理论是技术分析的理论基础。道氏理论的创始人是美国人查尔斯·亨利·道,他还与爱德华·琼斯创立了能够反映市场总体趋势的道—琼斯平均指数

二、量价关系变化规律

(一)量价关系变化的含义

供求双方在某一时点上共同的市场行为表现为这一时点上的价和量,它是双方暂时的均势点。均势随着时间不断地变化就是量价关系的变化。

(二)量价关系变化规律

通常,成交量的大小反映了买卖双方对价格的认同程度。认同程度小,分歧大,则成交量小;认同程度大,分歧小,则成交量大。买卖双方的这种市场行为反映在价、量上往往呈现出一种趋势规律,即价升量增,价跌量减。

依据趋势规律,若价格上升,成交量却不再继续增加,说明价格得不到买方确认,价格的上升趋势将会改变;反之,若价格下跌,成交量缩减到一定程度就不再降低,说明卖方不再认同价格继续下降,价格下跌趋势将会改变。

三、道氏理论的原理

作为技术分析的理论基础,道氏理论的主要原理有:

(1)市场的大部分行为可以由市场平均价格指数来解释和反映。道氏理论认为最重要的价格是收盘价,并以此来计算平均价格指数。

(2)市场的波动具有趋势性。依据价格的波动,道氏理论将其分为三种趋势:主要趋势、次要趋势和短暂趋势。

(3)主要趋势有三个阶段。以上升趋势为例,第一个阶段是累积阶段;第二个阶段是上涨阶段;市场价格达到顶峰后出现的又一个累积期则属于第三个阶段。当出现下降趋势,并又回到累积期,第三个阶段结束。

(4)两种平均价格指数必须具有正相关关系。道氏理论认为,只有运输业平均指数和工业平均指数在相同的方向上运行,才可确认某一市场趋势的形成。

(5)趋势必须得到交易量的确认。交易量是确定趋势时重要的附加信息,在主要趋势的方向上交易量应是放大的。

(6)除非趋势出现明显的反转信号,一个已形成的趋势将持续下去。这是趋势分析的基础。然而,确定趋势的反转比较困难。

四、技术分析方法的分类及其特点

技术分析方法多种多样,形式各不相同。其中,常用的技术分析方法有如下五类,如表6-2所示。

表6-2 技术分析方法的分类及其特点

分类	特点
指标类	指标类是基于价、量的历史资料,通过建立数学模型并给出数学计算公式,得出一个能够体现证券市场某方面内在实质的指标值。常见的指标有能量潮(OBV)、相对强弱指标(RSI)、乖离率(BIAS)、趋向指标(DMI)、平滑异同移动平均线(MACD)、随机指标(KDJ)、心理线(PSY)等
切线类	切线类是依据一定的方法和原则,在基于股票价格数据而绘制的图表中画出一些直线,之后再根据这些直线的情况对股票价格的未来趋势进行推测,为投资操作提供参考。切线就是指在图表中画出的这些直线。常见的切线有黄金分割线、趋势线、甘氏线、轨道线、角度线等
形态类	形态类是依据图表中过去一段时间价格的轨迹形态来预测股价未来运行趋势的方法。主要形态有头肩顶、头肩底、M头、W底等
K线类	K线类是依据若干天K线的组合情况,推测证券市场上多空双方力量对比,从而判断出证券市场行情的方法。K线图是技术分析中最重要的图表
波浪类	波浪理论把股价的上下变动和不同时期的持续上涨、下跌比作波浪的上下起伏,认为股票的价格运动规律与波浪起伏的规律是相同的,只要数清楚各个浪就能准确地预见到牛市、熊市的变更

五、技术分析的应用前提、适用范围和局限性

表6-3 技术分析的应用前提、适用范围和局限性

项目		描述
应用前提(三大假设)	市场行为涵盖一切信息	能够影响某种资产价格的因素都反映在其价格之中,价格变化必定反映供求关系
	价格沿趋势移动	价格的变动常常是沿着现存趋势方向继续演变,掉头反向的可能性很小
	历史会重演	历史会重演,但却以不同方式进行重演

续表

项目	描述
适用范围	技术分析适用于预测未来一段较短的时间的行情,要进行周期较长的分析必须依靠其他因素。通过技术分析所得到的结论并由此进行的交易操作以概率的形式为投资者带来收益
局限性	技术分析所得到的结论仅是一种建议,是以概率的形式出现的。其次,技术分析所用信息都是已有的信息,滞后于行情的发展,得出的买卖信号存在超前或滞后的可能,无法指导人们长期投资。此外,技术分析眼光太短,考虑问题较短浅,对市场长远的趋势不能进行有益的判断。因此,技术分析只能给出相对较短期的结论

第二节 证券投资技术分析主要理论

一、K 线理论

K 线起源于 200 多年前的日本,所以又称日本线。K 线最初是用于米市交易,现在已经形成了一整套 K 线分析理论,被投资者广泛应用于各类市场。

二、K 线的主要形状及其组合的应用

(一)K 线的主要形状

K 线是一条由影线和实体组成的柱状线条。影线在实体下方的部分叫下影线,上方的部分叫上影线。实体表示一日的收盘价和开盘价。下影线的下端顶点表示一日的最低价,上影线的上端顶点表示一日的最高价。根据收盘价和开盘价的关系,K 线又分为阴(黑)线和阳(红)线两种,收盘价低于开盘价时为阴线,收盘价高于开盘价时为阳线。如图 6-1 所示。

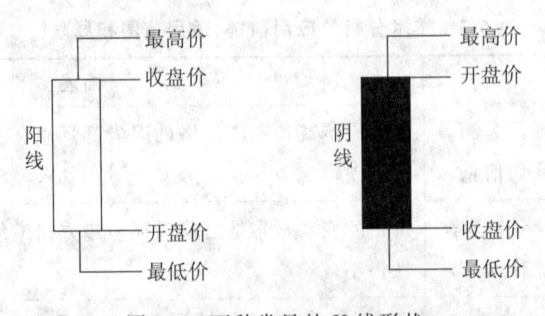

图 6-1 两种常见的 K 线形状

除了图 6-1 所画的 K 线形状外,由于 4 个价格的取值不同,还会形成其他形状的 K 线,K 线具体分类情况如表 6-4 所示。

表 6-4　K 线分类

K 线分类	形状	出现情形
光头阴线或光头阳线		开盘价或收盘价=最高价
光脚阴线或光脚阳线		收盘价或开盘价=最低价
光头光脚的阳线或阴线		收盘价=最高价或最低价,开盘价=最低价或最高价
十字形 K 线		开盘价=收盘价
T 字形 K 线		开盘价=收盘价=最高价
倒 T 字形 K 线		开盘价=收盘价=最低价
一字形 K 线		开盘价=收盘价=最低价=最高价

(二)K 线的组合应用

(1)应用单根 K 线研判行情,主要从实体的阴阳、长短与上下影线长短之间的关系等几个方面进行。

(2)运用多根 K 线的组合推测行情。K 线组合的情况非常多,要综合考虑各根 K 线的高低、阴阳、上下影线的长短等。无论是两根 K 线、三根 K 线还是多根 K 线,都是以各根 K 线的阴阳和相对位置来推测行情的。

三、切线理论

切线理论是依据一定方法和原则,在基于股票价格数据而绘制的图表中画出一些直线,之后再根据这些直线的情况对股票价格的未来趋势进行推测,为投资操作提供参考。常见的切线有黄金分割线、趋势线、甘氏线、轨道线、角度线等。

四、趋势的定义和类型

表 6-5　趋势的定义和类型

定义		股票价格的波动方向称为趋势。股价的波动必然沿着已经确定的一段上升或下降的趋势运动。在上升的行情中，股价虽然也存在下降的情况，但不影响上升的大方向；同样，在下降的行情中也可能上升，但不断出现的新低使下降趋势不变
类型	主要趋势	作为趋势的主要方向，是对股票投资者的投资决策最重要的信息。只有了解了主要趋势，才能顺势而为
	次要趋势	是在主要趋势过程中进行的调整，是其中局部的调整和回撤
	短暂趋势	是在次要趋势中进行的调整。短暂趋势与次要趋势的关系类似于次要趋势与主要趋势的关系

五、技术支撑和阻力的含义和作用

(一) 支撑线和压力线的含义

支撑线，又称为抵抗线，作用是阻止股价继续下跌。支撑线所在的位置就是起着阻止股价继续下跌的价位。

压力线，又称为阻力线，作用是阻止股价继续上升。压力线所在的位置就是起着阻止股价继续上升的价位。

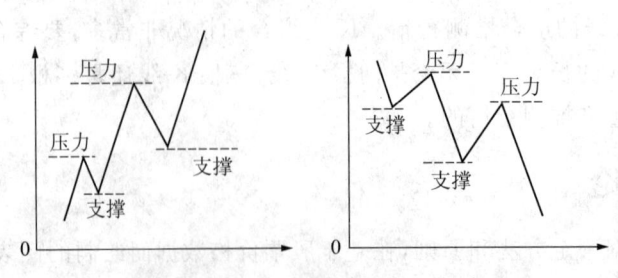

(二) 支撑线和压力线的作用

支撑线和压力线的作用是阻止或暂时阻止股价朝一个方向继续运动。

一方面，支撑线和压力线存在被突破的可能，它们只不过是暂时的停顿而已，不足以长久地阻止股价保持原来的变动方向。如图 6-2 所示。

图 6-2　支撑线和压力线

另一方面，支撑线和压力线又存在彻底阻止股价按原方向变动的可能。在一个趋势已经终结，不可能创出新的高价或新的低价的情况下，支撑线和压力线非常重要。如图6-3所示。

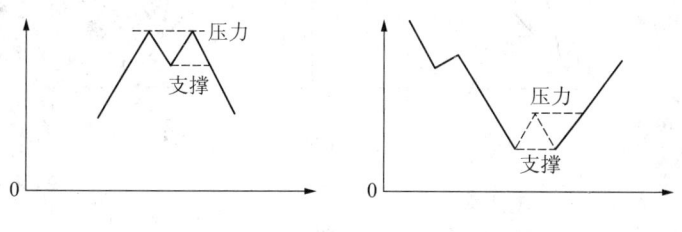

图6-3　支撑线和压力线

六、趋势线、通道线、黄金分割线、百分比线的画法及应用

(一) 趋势线的画法及应用

趋势线是用来表示证券价格变化的趋势方向的直线。

1. 趋势线的画法

连接一段时间内价格波动的高点或低点可画出一条趋势线。上升趋势线是在上升趋势中，将两个低点连成一条直线而得到的；下降趋势线是在下降趋势中，将两个高点连成一条直线而得到的。如图6-4所示。

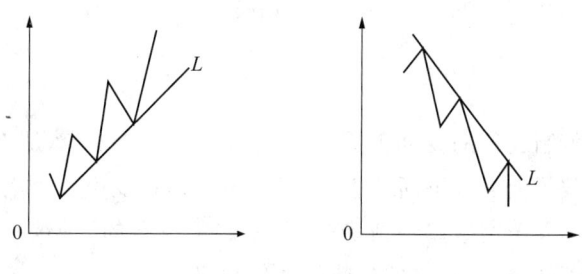

图6-4　趋势线

2. 趋势线的应用

(1) 趋势线起支撑和压力的作用，能够约束今后价格的变动，使价格总保持在这条趋势线的下方（下降趋势线）或上方（上升趋势线）。

(2) 趋势线可以提示价格的反转。当趋势线被突破后，说明股价下一步的走势将发生反转。越重要、越有效的趋势线被突破，其反转的信号越强烈。被突破的趋势线原来所起的压力和支撑作用将相互交换角色。如图6-5所示。

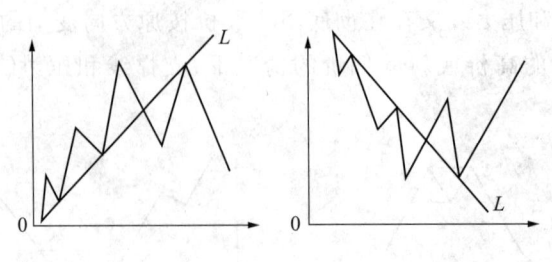

图 6-5　趋势线突破后起反转作用

(二)通道线的画法及应用

1.通道线的画法

通道线就是在已经得到了趋势线后,通过第一个峰和谷画出的趋势线的平行线。如图 6-6 所示。

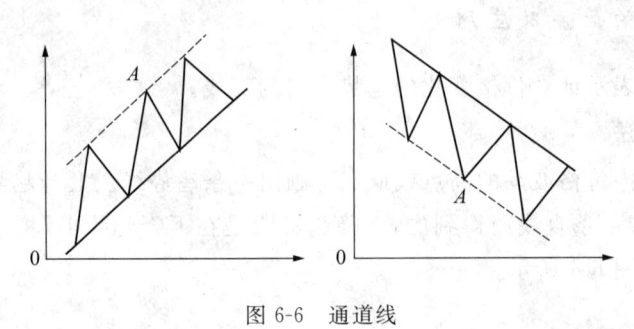

图 6-6　通道线

2.通道线的应用

通道线的作用是限制股价的变动范围。一旦确认了一个轨道,那么价格将在这个通道里变动。如果价格突破了上面或下面的直线,意味着行情将发生一个大的变化。

对通道线的突破不同于突破趋势线,它并不是趋势反转的开始,而是趋势加速的开始,即趋势线的方向将会更加陡峭,原来的趋势线的斜率将会增加。如图 6-7 所示。

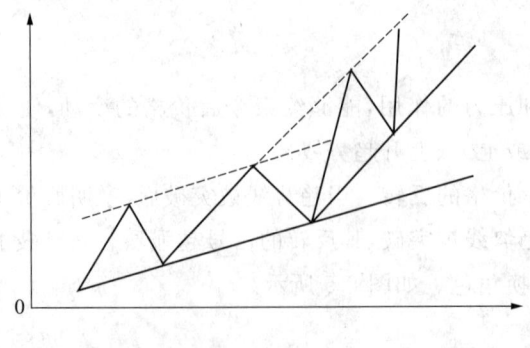

图 6-7　趋势的加速

(三)黄金分割线的画法及应用

1. 黄金分割线的画法

黄金分割线是利用黄金分割比率进行的切线画法,主要用来揭示上涨行情的调整支撑位或下跌行情中的反弹压力位。在行情发生转势后,无论是止跌转升或止升转跌,以近期走势中重要的高点和低点之间的涨跌额作为计量的基数,将原涨跌幅按 0.191、0.382、0.5、0.618、0.809 分割为 5 个黄金点,股价在反转后的走势将可能在这些黄金分割点上遇到暂时的阻力或支撑。

黄金分割线中最重要的两条线为 0.382、0.618,在反弹中 0.382 为弱势反弹位、0.618 为强势反弹位,在回调中 0.382 为强势回调位、0.618 为弱势回调位。

2. 黄金分割线的应用

应用黄金分割数据可以得到下跌行情跌到什么位置会受到支撑,上升行情升到什么位置会遇到阻力。理论上讲,股价在下面几个价位极有可能成为支撑:支撑位=最高点−(最高点−最低点)×0.191;支撑位=最高点−(最高点−最低点)×0.382;支撑位=最高点−(最高点−最低点)×0.500;支撑位=最高点−(最高点−最低点)×0.618。同样,应用黄金分割数据可以得到阻力点。

(四)百分比线的画法及应用

1. 百分比线的画法

百分比线需要定一个明显的高点(天)和一个明显的低点(地)。在天与地之间,区间被8等分以及 3 等分,共画了 9 条线:1/8(12.5％)、2/8(25％)、1/3(33％)、3/8(37.5％)、4/8(50％)、5/8(62.5％)、2/3(67％)、6/8(75％)、7/8(87.5％)。

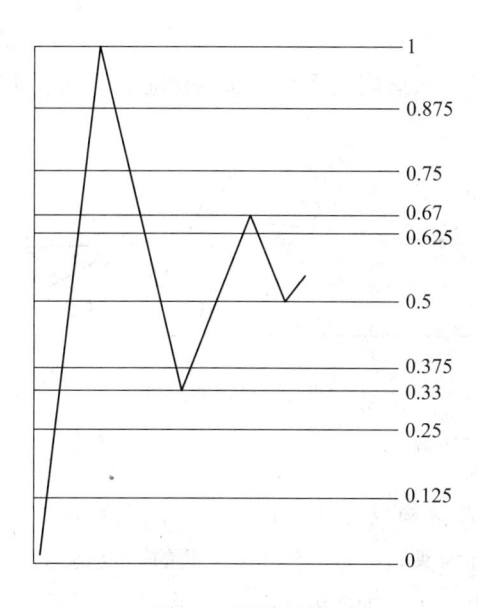

图 6-8 百分比线

对于百分比线而言,最重要的是 1/2、1/3、3/8、5/8 和 2/3,这几条线具有较强的支撑与压力作用。

2. 百分比线的应用

如果目前的盘势处于谷地回升阶段,可将这个谷地当作"地",回溯到波段的起跌点(峰顶)作为"天",据此两点画出的百分比线,可被视为本次上升波即将遭遇的压力。反之,若处于峰顶反转阶段,可将这个头部当作"天",回溯到起涨点作为"地",画出的百分比线可视为本次下跌波即将获得的支撑。

有两组百分比线比较接近:33% 和 37.5%、62.5% 和 67%,当股价触碰这个价位时,将很难突破。

七、形态理论

形态理论是通过研究股价的历史轨迹,从曲线中分析和挖掘出多空双方力量的对比结果,以此来指导我们的行动。趋势方向的变化都有一个发展的过程,一般不是突然来到的。形态理论通过分析股价曲线的各种形态,发现股价当前的行动方向。

八、各主要反转形态和整理形态的定义、特性及应用

(一)反转突破形态

反转突破形态描述的是趋势方向的反转变化,在投资分析中应该重点关注这种变化形态。反转突破形态包括头肩形态、双重顶(底)形态、三重顶(底)形态、圆弧顶(底)形态、喇叭形以及 V 形反转形态等多种形态。

1. 头肩形态

头肩形态在实际股价形态中出现最多,也是最著名和最可靠的反转突破形态。它一般可分为三种类型,即:头肩顶、头肩底以及复合头肩形态。如图 6-9 所示。

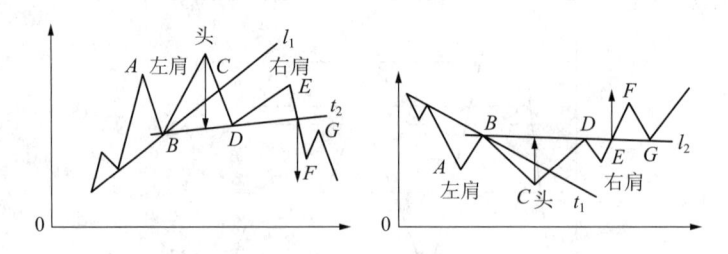

图 6-9 头肩顶和头肩底

(1)头肩顶形态

一般通过连续的 3 次起落构成头肩顶形态的 3 个部分,即要出现 3 个局部的高点:中间的高点比另外两个都高,称为头;左右两个相对较低的高点称为肩。头肩顶形态的名称由此而来,它是一个可靠的沽出时机。如图 6-9 左图所示。

头肩顶形态中极为重要的直线是颈线,即图中的直线 l_2。它是头肩顶形态的支撑线,起支撑作用。当头肩顶形态走到 E 点并掉头向下时,还不能说已经反转向下了,只能说是原有的上升趋势已经转化成了横向延伸。只有当股价向下突破了颈线,即走到了 F 点时,才能说已经形成了头肩顶反转形态。

(2) 头肩底形态

头肩顶的倒转形态就是头肩底形态,是一个可靠的买进时机。头肩底形态的构成和分析方法,除在成交量方面与头肩顶不同之外,其余与头肩顶是类似的,只是方向相反,如图6-9的右图。

(3) 复合头肩形态

复合头肩形态是在股价长期而复杂的波动中所形成的,因为在长期中形成的可能不只是标准的头肩型形态。复合头肩形态一旦完成,即构成一个可靠性较大的买进或沽出时机。这种形态与头肩形态大体相似,只是头部或者左右肩部出现不止一次。其形成过程也与头肩形态类似,分析意义也和普通的头肩形态一样,往往出现在长期趋势的底部或顶部。

2. 双重顶形态和双重底形态

市场上众所周知的 M 头和 W 底就是双重顶形态和双重底形态。与头肩形态相比,就是没有头部,只是由两个高度大致相等的峰或谷组成。如图6-10所示。

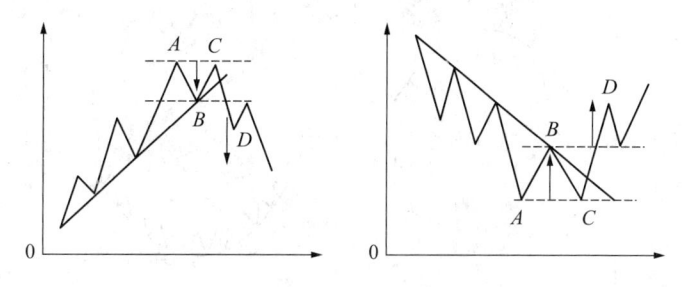

图6-10 双重顶和双重底

(1) 双重顶形态

如图6-10左图所示,双重顶反转突破形态在 M 头形成后,股价突破 B 点的支撑位置继续下行时出现。过 B 点画平行于 A、C 连线的平行线,得到一条非常重要的直线——颈线,它在这里起支撑作用。A、C 连线是趋势线,颈线是与这条趋势线对应的轨道线。

双重顶反转形态的特征通常是:两个高点的位置不一定在同一水平线上;向下突破颈线时不一定伴随有大的成交量,但日后继续下跌时成交量会扩大;双重顶形态完成后至少会下跌从双头最高点到颈线之间的差价距离,最小跌幅的度量方法是由颈线开始。

(2) 双重底形态

双重底与双重顶有完全相似或者说完全相同的结果。它的介绍与双重顶的介绍是反过来的。例如,高点说成低点,支撑说成压力,向下说成向上。

3. 三重顶形态和三重底形态

三重顶(底)形态由三个一样高或一样低的顶和底组成,是双重顶(底)形态的扩展形式,也是头肩顶(底)形态的变形。与头肩形态的不同之处是头的价位回缩到与肩部大致相等的位置,有时会低于或高于肩部一点。如图6-11所示。

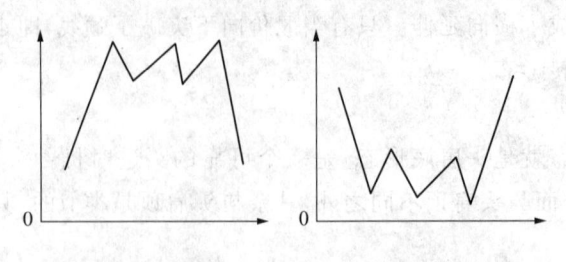

图6-11 三重顶和三重底

三重顶(底)的特征是它的颈线大致是水平的,三个顶(底)也大致是相同的高度。与头肩形态相比,三重顶(底)更容易演变成持续形态,而不是反转形态。

4. 圆弧形态

将股价在一段时间内的每一个局部的高点用折线连接起来,我们有时可能得到一条类似于圆弧的弧线,盖在股价之上;用折线将每个局部的低点连在一起也能得到一条弧线,托在股价之下。如图6-12所示。

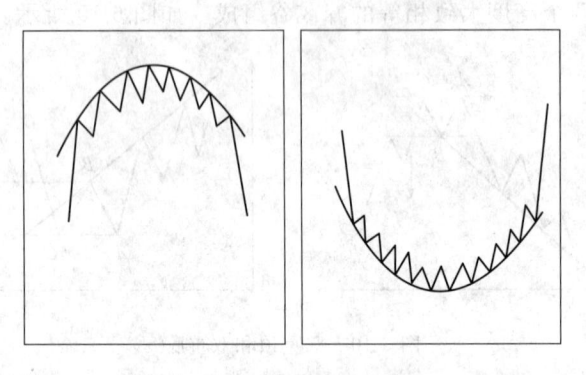

图6-12 圆弧顶和圆弧底

圆弧形态具有如下特征:

(1)在圆弧顶或圆弧底形态的形成过程中,成交量的变化都是中间少,两头多。越靠近顶或底成交量越少,到达顶或底时成交量最少。在突破后,都有非常大的成交量。

(2)形态完成、股价反转后,行情多属暴发性,涨跌急速,持续时间很短,一般是一口气走完,中间极少出现反弹或回档。所以,一旦确信形态,应立即顺势而为,防止踏空或套牢。

(3)形成圆弧形态的时间越长,以后反转的力度就越强,这个圆弧形就越值得人们去相信。通常,应该与一个头肩形态形成的时间相当。

同前面几种形态不同的是,在实际中圆弧形态出现的机会较少,一旦出现就是绝好的机会,它的反转高度和深度是不可测的。

5. 喇叭形

喇叭形大多出现在顶部,也是一种重要的反转形态,并且是一种较可靠的看跌形态。喇叭形在形态完成后,不存在突破是否成立的问题,而几乎总是下跌。在实际中这种形态出现的次数很少,但是一旦出现,则极为有用。如图6-13所示。

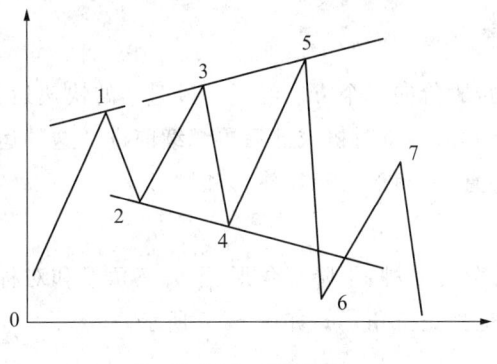

图6-13 喇叭形

喇叭形态具有如下特征:

(1)喇叭形源于投资者的非理性,因而在投资意愿不强、气氛低沉的市场中,不可能形成该形态。

(2)喇叭形一般是一个下跌形态,暗示升势即将结束,只有在少数情况下股价在高成交量配合下向上突破时,才会改变其分析意义。

(3)喇叭形走势的跌幅是不可量度的,通常跌幅都会很大。

(4)在成交量方面,整个喇叭形态形成期间都会保持不规则的大成交量,否则难以构成该形态。

喇叭形态的市场完全由参与交易的公众情绪决定,交易异常活跃,成交量日益放大,市场已失去控制。在这个混乱的时候进入证券市场是很危险的,交易也十分困难。

6. V形反转

V形走势往往出现在市场剧烈的波动之中,是一种很难预测的反转形态。与其他反转形态的不同之处是,无论V形底还是V形顶的出现,都没有明显的形成过程,因此往往让投资者感到突如其来甚至难以置信。如图6-14所示。

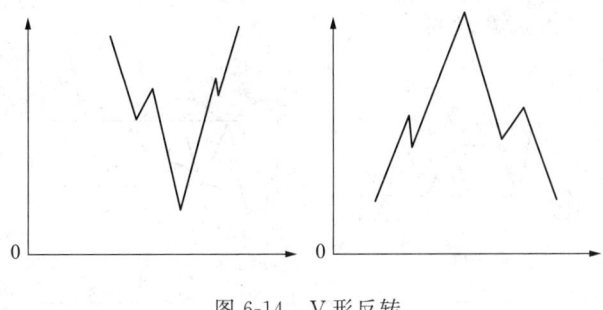

图6-14 V形反转

V形走势有一个重要特征,即在转势点必须有大成交量的配合,并且成交量在图形上要形成倒 V 形。如果没有大成交量,则 V 形走势不可信。

V 形在应用时要特别小心,它是一种失控的形态。

(二)持续整理形态

持续整理形态表现为,股价向一个方向经过一段时间的快速运行后,在一定区域内上下窄幅波动,而不再继续原趋势,等待时机成熟后再继续前进。这种运行所留下的轨迹称为整理形态。著名的整理形态有:三角形、矩形、旗形和楔形。

1.三角形整理形态

三角形整理形态主要分为三种:下降三角形、上升三角形和对称三角形。前两种合称直角三角形,最后一种有时也称正三角形。如图 6-15 所示。

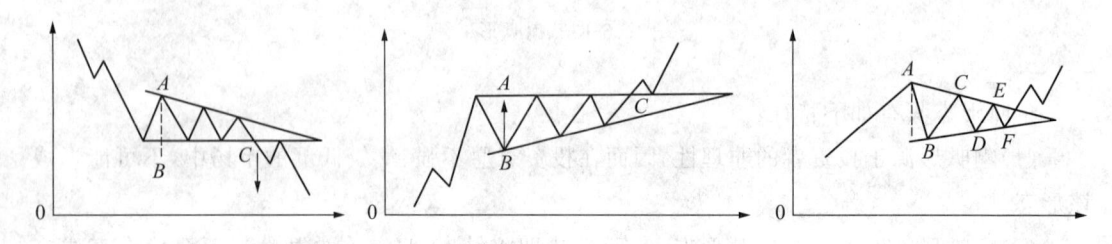

图 6-15 下降三角形、上升三角形和对称三角形

(1)下降三角形是看跌的形态,有强烈的下降意识,空方比多方更为积极。通常以三角形的向下突破作为这个持续过程终止的标志。

(2)上升三角形,同下降三角形正好反向,有强烈的上升意识,多方比空方更为积极,以三角形的向上突破作为这个持续过程终止的标志。

(3)对称三角形情况大多是发生在一个大趋势进行的途中,它表示原有的趋势暂时处于休整阶段,之后还要随着原趋势的方向继续行动。由此可见,见到对称三角形后,股价今后走向最大的可能是沿原有的趋势方向运动。

2.矩形整理形态

矩形整理形态中股票价格呈现横向延伸的运动,在两条水平直线之间上下波动。如图 6-16 所示。

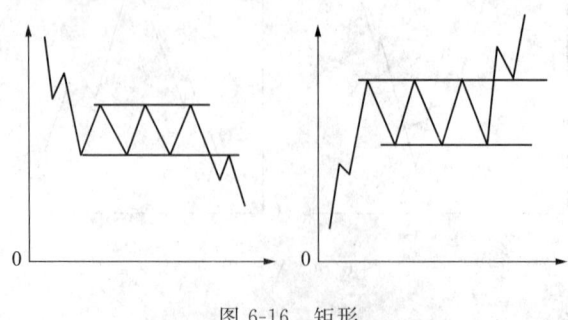

图 6-16 矩形

如果原来的趋势是下降,那么经过一段矩形整理后,会继续原来的趋势,空方会占优势并采取主动,使股价向下突破矩形的下界,如图6-16左图;如果原来是上升趋势,则多方会采取行动,突破矩形的上界,如图6-16右图。

3.旗形

当市场极度活跃、股价运动近乎直线上升或下降的情况下,就容易出现旗形。旗形走势就是在市场大幅而又急速的波动中,股价经过一连串紧密的短期波动后,形成一个略微与原趋势呈相反方向倾斜的长方形。如图6-17所示。

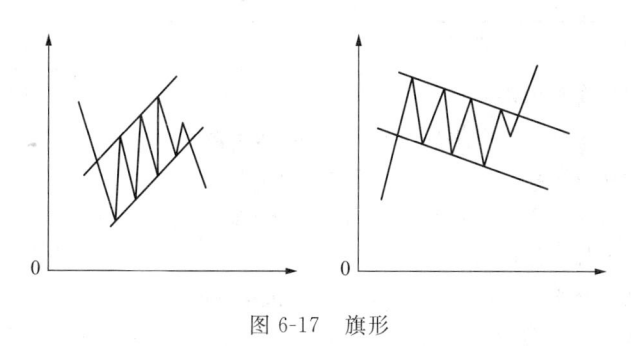

图6-17　旗形

旗形的上下两条平行线具有压力和支撑作用,旗形完成的标志是两条平行线的其中一条被突破。另外,旗形也还具有测算的功能。

应用旗形的注意事项有:

(1)旗形形成之前和被突破之后,成交量都很大;

(2)旗形持续的时间不能太长,时间一长,保持原来趋势的能力将下降;

(3)旗形出现之前,一般应有一个旗杆,这是由于价格的直线运动形成的。

4.楔形

楔形与旗形的不同之处在于旗形中上倾或下倾的平行四边形变成了上倾或下倾的三角形。楔形可分为两种类型:下降楔形和上升楔形。如图6-18所示。

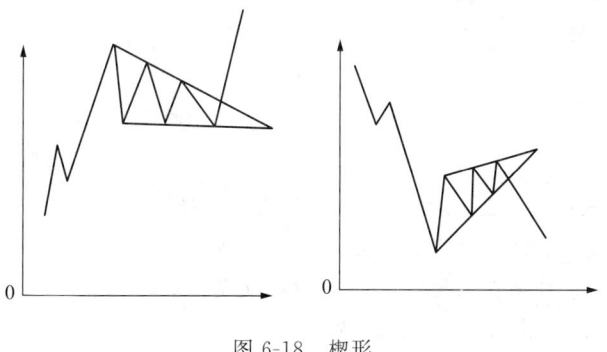

图6-18　楔形

通常,在趋势的途中会遇到楔形形态。它同旗形一样,也有保持原有趋势方向的功能。下降楔形常出现于中长期升市的回落调整阶段;上升楔形表示一个技术性反弹渐次减弱的情况,常在跌市中的回升阶段出现,显示股价尚未见底,只是一次跌后技术性的反弹。

九、各种缺口类型的定义、特性和应用

缺口的出现往往伴随着向某个方向运动的一种较强动力。缺口,即跳空,是指证券价格在快速大幅波动中没有留下任何交易的一段真空区域。缺口通常可以分为四种形态,即普通缺口、持续性缺口、突破缺口和消耗性缺口。具体定义、特性和应用如表6-6所示。

表6-6 各种缺口类型的定义、特性和应用

缺口	定义	特性	应用
普通缺口	出现在整理形态内的缺口称为普通缺口。由于股价仍处于盘整阶段,因此,在形态内的缺口并不影响股价短期内的走势。普通缺口经常出现在股价整理形态中,特别是出现在矩形或对称三角形等整理形态中	普通缺口的支撑或阻力效能一般较弱,一般会在3日内回补,这是它的一个明显特征;同时,很少有主动的参与者,成交量很小	当向下方向的普通缺口出现之后,在缺口下方的相对低点买入证券,待普通缺口封闭之后卖出证券;当向上方向的普通缺口出现之后,在缺口上方的相对高点抛出证券,待普通缺口封闭之后再买回证券
持续性缺口	在证券价格向某一方向有效突破后,由于急速运动而在途中出现的缺口称为持续性缺口	持续性缺口是一个趋势的持续信号。在缺口产生时,成交量可能不会增加,一旦增加,则通常表现为一个强烈的趋势	持续性缺口一般不会在短期内被封闭,因此,投资者不必担心是否会套牢或者踏空,可在向上运动的持续性缺口附近买入证券或者在向下运动的持续性缺口附近卖出证券
突破缺口	突破缺口是由于证券价格向某一方向急速运动,从而跳出原有形态所形成的缺口	突破缺口一般预示行情走势将要发生重大变化。它蕴含较强的动能,常常表现为激烈的价格运动	突破缺口形态确认以后,无论价位(指数)的升跌情况如何,投资者都必须立即作出买入或卖出的指令,即向上突破缺口被确认立即买入,向下突破缺口被确认立即卖出
消耗性缺口	消耗性缺口表明股价变动的结束,一般发生在行情趋势的末端。如果在一轮行情走势中已出现持续性缺口与突破缺口,那么随后出现的缺口就很可能是消耗性缺口	消耗性缺口伴随着大的成交量,通常出现在行情趋势的末端	由于消耗性缺口形态表明行情走势即将结束,因此,在上升行情出现消耗性缺口时投资者应及时卖出证券,而在下跌趋势中出现消耗性缺口时买入证券

第六章 技术分析

过关演练

一、选择题(以下备选项中只有一项符合题目要求)

1. 证券投资技术分析主要解决的问题是( )。
   A. 何时买卖某种证券　　　　B. 购买证券的数量
   C. 构造何种类型证券　　　　D. 购买何种证券
   【答案】A
   【解析】证券投资技术分析是以证券市场过去和现在的市场行为为分析对象,应用数学和逻辑的方法,探索出一些典型变化规律,并据此预测证券市场未来变化趋势的技术方法。可见,证券投资技术分析主要解决的问题是何时买卖证券。

2. 下列技术分析方法中,被认为能提前很长时间对行情的底和顶预测的是( )。
   A. 形态类　　　　　　　　　B. 指标类
   C. 切线类　　　　　　　　　D. 波浪类
   【答案】D
   【解析】波浪理论是把股价的上下变动和不同时期的持续上涨、下跌看成是波浪的上下起伏,认为股票的价格运动遵循波浪起伏的规律,数清楚了各个浪就能准确地预见到跌势已接近尾声、牛市即将来临,或是牛市已到了强弩之末、熊市即将来到。波浪理论较之别的技术分析流派,最大的区别就是能提前很长时间预计到行情的底和顶,而别的流派往往要等到新的趋势已经确立之后才能看到。

3. 道氏理论认为,最重要的价格是( )。
   A. 最高价　　　　　　　　　B. 最低价
   C. 收盘价　　　　　　　　　D. 开盘价
   【答案】C
   【解析】市场平均价格指数可以解释和反映市场的大部分行为。这是道氏理论对证券市场的重大贡献。道氏理论认为收盘价是最重要的价格,并利用收盘价计算平均价格指数。

4. 当收盘价、开盘价、最高价、最低价相同的时候,K线的形状为( )。
   A. 光头光脚阴线　　　　　　B. 光头光脚阳线
   C. 一字形　　　　　　　　　D. 十字形
   【答案】C
   【解析】A项,当开盘价高于收盘价,且开盘价等于最高价,收盘价等于最低价时,就会出现光头光脚阴线;B项,当收盘价高于开盘价,且收盘价等于最高价,开盘价等于最低价时,就会出现光头光脚阳线;D项,当开盘价等于收盘价,最高价大于开盘价,最低价小于收盘价时,就会出现十字形K线。

5. 根据股价移动的规律,可以把股价曲线的形态划分为( )。

A. 三角形和矩形　　　　　　　B. 持续整理形态和反转突破形态
C. 旗形和楔形　　　　　　　　D. 多重顶形和圆弧顶形

【答案】B

【解析】根据股价移动的规律，可以把股价曲线的形态分成两大类型：①持续整理形态，主要有三角形、矩形、旗形和楔形；②反转突破形态，主要有头肩形态、双重顶（底）形态、圆弧顶（底）形态、喇叭形以及V形反转形态等多种形态。

6. 关于圆弧形态，下列各项中表述正确的是(　　)。

A. 圆弧形态又被称为圆形形态
B. 圆弧形态形成的时间越短，今后反转的力度可能就越强
C. 圆弧形态形成过程中，成交量的变化没有规律
D. 圆弧形态是一种持续整理形态

【答案】A

【解析】A项，圆弧形又称为碟形、圆形或碗形等；B项，圆弧形态形成所花的时间越长，今后反转的力度就越强；C项，在圆弧顶或圆弧底形态的形成过程中，成交量的变化都是两头多，中间少；D项，圆弧形态是反转突破形态的一种。

7. 关于喇叭形态的特征，下列说法不正确的是(　　)。

A. 喇叭形源于投资者的非理性，但在投资意愿不强、气氛低沉的市道中，也可能形成该形态
B. 喇叭形一般是一个下跌形态，暗示升势将到尽头
C. 在成交量方面，整个喇叭形态形成期间都会保持不规则的大成交量，否则难以构成该形态
D. 喇叭形走势的跌幅是不可量度的，一般说来，跌幅都会很大

【答案】A

【解析】A项，喇叭形源于投资者的非理性，因而在投资意愿不强、气氛低沉的市道中，不可能形成该形态。

8. 关于技术分析方法中的楔形形态，正确的表述是(　　)。

A. 楔形形态是看跌的形态
B. 楔形形态形成的过程中，成交量的变化是无规则的
C. 楔形形态一般被视为特殊的反转形态
D. 楔形形态偶尔会出现在顶部或底部而作为反转形态

【答案】D

【解析】与旗形和三角形稍微不同的是，楔形偶尔也出现在顶部或底部而作为反转形态。这种情况一定是发生在一个趋势经过了很长时间、接近了尾声的时候。

9. 关于上升三角形和下降三角形，下列说法正确的是(　　)。

A. 上升三角形是以看跌为主
B. 上升三角形在突破顶部的阻力线时，不必有大成交量的配合

C.下降三角形的成交量一直十分低沉,突破时不必有大成交量配合
D.下降三角形同上升三角形正好反向,是看涨的形态

【答案】C

【解析】A项,下降三角形是以看跌为主;B项,上升三角形在突破顶部的阻力线时,必须有大成交量的配合,否则为假突破;D项,下降三角形同上升三角形正好反向,是看跌的形态。

10.(　　)往往出现在行情趋势的末端,而且伴随着大的成交量。
　　A.普通缺口　　　　　　　　B.突破缺口
　　C.持续性缺口　　　　　　　D.消耗性缺口

【答案】D

【解析】A项,普通缺口经常出现在股价整理形态中,特别是出现在矩形或对称三角形等整理形态中;B项,突破缺口是证券价格向某一方向急速运动,跳出原有形态所形成的缺口;C项,持续性缺口是在证券价格向某一方向有效突破之后,由于急速运动而在途中出现的缺口。

二、组合型选择题(以下备选项中只有一项最符合题目要求)

1.切线类技术分析方法中,常见的切线有(　　)。
　　Ⅰ.压力线　　　　　　　　　Ⅱ.支撑线
　　Ⅲ.趋势线　　　　　　　　　Ⅳ.移动平均线
　　A.Ⅰ、Ⅱ、Ⅲ　　　　　　　　B.Ⅰ、Ⅱ、Ⅳ
　　C.Ⅰ、Ⅲ、Ⅳ　　　　　　　　D.Ⅰ、Ⅱ、Ⅲ、Ⅳ

【答案】A

【解析】常见的切线有趋势线、轨道线、支撑线、压力线、黄金分割线、甘氏线、角度线等。Ⅳ项,移动平均线MA是指用统计分析的方法,将一定时期内的证券价格指数加以平均,并把不同时间的平均值连接起来,形成一根MA,用以观察证券价格变动趋势的一种技术指标。

2.道氏理论认为股价的波动趋势包括(　　)。
　　Ⅰ.主要趋势　　　　　　　　Ⅱ.微小趋势
　　Ⅲ.次要趋势　　　　　　　　Ⅳ.短暂趋势
　　A.Ⅰ、Ⅱ、Ⅲ　　　　　　　　B.Ⅰ、Ⅱ、Ⅳ
　　C.Ⅰ、Ⅲ、Ⅳ　　　　　　　　D.Ⅱ、Ⅲ、Ⅳ

【答案】C

【解析】道氏理论认为,价格的波动尽管表现形式不同,但最终可以将它们分为三种趋势:①主要趋势,指那些持续1年或1年以上的趋势,看起来像大潮;②次要趋势,指那些持续3周～3个月的趋势,看起来像波浪,是对主要趋势的调整;③短暂趋势,指持续时间不超过3周,看起来像波纹,其波动幅度更小。

3.证券投资技术分析方法的要素包括(　　)。

Ⅰ.证券市场价格的波动幅度
Ⅱ.证券的交易量
Ⅲ.证券市场的交易制度
Ⅳ.证券的市场价格

A.Ⅰ、Ⅱ、Ⅲ   B.Ⅰ、Ⅱ、Ⅳ
C.Ⅰ、Ⅲ、Ⅳ   D.Ⅱ、Ⅲ、Ⅳ

【答案】B

【解析】在证券市场中,价格、成交量、时间和空间是进行技术分析的要素。这几个因素的具体情况和相互关系是进行正确分析的基础。

4.在进行行情判断时,时间有着很重要的作用。下列说法正确的有( )。
Ⅰ.一个已经形成的趋势不会发生根本改变
Ⅱ.中途出现的反方向波动,对原来已形成的趋势不会产生大的影响
Ⅲ.一个形成了的趋势不可能永远不变
Ⅳ.循环周期理论强调了时间的重要性

A.Ⅰ、Ⅱ   B.Ⅱ、Ⅲ
C.Ⅰ、Ⅱ、Ⅳ   D.Ⅱ、Ⅲ、Ⅳ

【答案】D

【解析】Ⅰ项,一个已经形成的趋势在短时间内不会发生根本改变。

5.下列各项中,属于波浪理论不足的有( )。
Ⅰ.对同一个形态,不同的人会产生不同的判断
Ⅱ.波浪理论中子波浪形态复杂多变
Ⅲ.波浪理论忽视了成交量的影响
Ⅳ.浪的层次和起始点不好确认、应用困难

A.Ⅰ、Ⅱ、Ⅲ   B.Ⅰ、Ⅱ、Ⅳ
C.Ⅰ、Ⅲ、Ⅳ   D.Ⅱ、Ⅲ、Ⅳ

【答案】B

【解析】波浪理论最大的不足是应用上的困难,从理论上讲是波浪结构完成一个完整的过程,但主浪的变形和调整浪的变形会产生复杂多变的形态,波浪所处的层次又会产生大浪套小浪、浪中有浪的多层次形态,这些都会使应用者在具体数浪时发生偏差。浪的层次的确定和浪的起始点的确认是应用波浪理论的两大难点。该理论的第二个不足是面对同一个形态,不同的人会产生不同的数法,而且都有道理,谁也说服不了谁。

6.关于K线,下列说法正确的有( )。
Ⅰ.阴线表明收盘价小于开盘价
Ⅱ.当最高价等于收盘价时,K线没有上影线
Ⅲ.阳线表明收盘价大于开盘价
Ⅳ.当最高价等于最低价时,画不出K线

A. Ⅰ、Ⅱ、Ⅲ
B. Ⅰ、Ⅱ、Ⅳ
C. Ⅰ、Ⅲ、Ⅳ
D. Ⅰ、Ⅱ、Ⅲ、Ⅳ

【答案】A

【解析】当最高价、最低价、收盘价、开盘价4个价格相等时,会出现一字型K线。

7. 下列对于缺口的描述,正确的是( )。
　　Ⅰ.缺口也是一种形态
　　Ⅱ.缺口宽度表明股价向某个方向运动的强弱
　　Ⅲ.缺口将成为日后较强的支撑或阻力区域
　　Ⅳ.持续性缺口一般会在短期内被封闭
　　A. Ⅰ、Ⅱ、Ⅳ
　　B. Ⅰ、Ⅲ、Ⅳ
　　C. Ⅱ、Ⅲ、Ⅳ
　　D. Ⅰ、Ⅱ、Ⅲ

【答案】D

【解析】Ⅳ项,持续性缺口是一个趋势的持续信号,一般不会在短期内被封闭。

8. 属于持续整理形态的有( )。
　　Ⅰ.喇叭形形态
　　Ⅱ.楔形形态
　　Ⅲ.V形形态
　　Ⅳ.旗形形态
　　A. Ⅰ、Ⅱ
　　B. Ⅰ、Ⅲ
　　C. Ⅱ、Ⅳ
　　D. Ⅲ、Ⅳ

【答案】C

【解析】持续整理形态包括三角形、矩形、旗型和楔形。Ⅰ、Ⅲ两项均属于反转形态。

9. 根据道氏理论的分类,下列( )是三种趋势的最大区别。
　　Ⅰ.趋势持续时间的长短
　　Ⅱ.趋势波动的幅度大小
　　Ⅲ.趋势的变动方向
　　Ⅳ.趋势的变动斜率
　　A. Ⅰ、Ⅱ
　　B. Ⅰ、Ⅳ
　　C. Ⅰ、Ⅱ、Ⅳ
　　D. Ⅰ、Ⅱ、Ⅲ、Ⅳ

【答案】A

【解析】道氏理论将股票的价格波动分为三种趋势:主要趋势、次要趋势和短暂趋势。趋势持续时间的长短和趋势波动的幅度大小是三种趋势的最大区别。

10. 根据股价移动规律,股价曲线形态可以分为( )。
　　Ⅰ.持续整理形态
　　Ⅱ.波浪运动形态
　　Ⅲ.反转突破形态
　　Ⅳ.周期循环形态
　　A. Ⅱ、Ⅲ
　　B. Ⅰ、Ⅳ
　　C. Ⅰ、Ⅲ
　　D. Ⅱ、Ⅳ

【答案】C

【解析】根据股价移动规律,股价曲线形态可以分为反转突破形态和持续整理形态。反转突破形态描述的是趋势方向的反转变化;持续整理形态表现为,股价向一个方向经过一段时间的快速运行后,在一定区域内上下窄幅波动,而不再继续原趋势,等待时机成熟后再继续前进。

11.股票价格走势的压力线是( )。
　　Ⅰ.阻止股价上升的一条线
　　Ⅱ.一条直线
　　Ⅲ.一条曲线
　　Ⅳ.只出现在上升行情中
　　A.Ⅰ、Ⅱ　　　　　　　　　　　B.Ⅰ、Ⅲ
　　C.Ⅰ、Ⅳ　　　　　　　　　　　D.Ⅲ、Ⅳ

【答案】A

【解析】压力线又称为阻力线,是平行于横轴的一条直线,既可以出现在上升的行情中,也可以出现在下降的行情中,在一定条件下还可以与支撑线相互转化。

12.下列有关趋势线和轨道线的描述,正确的有( )。
　　Ⅰ.两者都可独立存在并起作用
　　Ⅱ.股价对两者的突破都可认为是趋势反转的信号
　　Ⅲ.两者是相互合作的一对,但趋势线比轨道线重要
　　Ⅳ.先有趋势线,后有轨道线
　　A.Ⅰ、Ⅱ　　　　　　　　　　　B.Ⅰ、Ⅳ
　　C.Ⅱ、Ⅲ　　　　　　　　　　　D.Ⅲ、Ⅳ

【答案】D

【解析】Ⅰ项,趋势线可以单独存在,而轨道线则不能单独存在;Ⅱ项,趋势线被突破后,就说明股价下一步的走势将要反转。与突破趋势线不同,对轨道线的突破并不是趋势反转的开始,而是趋势加速的开始。

13.在下列关于双重顶形态的陈述中,正确的有( )。
　　Ⅰ.双重顶的两个高点不一定在同一水平
　　Ⅱ.向下突破颈线时不一定有大成交量伴随
　　Ⅲ.双重顶形态完成后的最小跌幅度量度方法是由颈线开始
　　Ⅳ.双重顶的两个高点相差少于5%不会影响形态的分析意义
　　A.Ⅰ、Ⅱ、Ⅲ　　　　　　　　　B.Ⅰ、Ⅱ、Ⅳ
　　C.Ⅰ、Ⅲ、Ⅳ　　　　　　　　　D.Ⅰ、Ⅱ、Ⅲ、Ⅳ

【答案】A

【解析】Ⅰ、Ⅱ、Ⅲ三项为双重顶反转形态一般具有的特征。Ⅳ项,双重顶的两个高点相差小于3%就不会影响形态的分析意义。

14.以下关于旗形的说法,正确的有( )。
　　Ⅰ.旗形无测算功能
　　Ⅱ.旗形持续时间可长于三周

Ⅲ．旗形形成之前成交量很大
Ⅳ．旗形被突破之后成交量很大
A．Ⅰ、Ⅱ　　　　　　　　　　B．Ⅰ、Ⅲ
C．Ⅱ、Ⅳ　　　　　　　　　　D．Ⅲ、Ⅳ
【答案】D
【解析】旗形也有测算功能。旗形具有以下三个特点：①旗形出现之前，一般应有一个旗杆，这是由价格直线运动形成的；②旗形的持续时间不能太长，经验证明，持续的时间一般短于3周；③旗形形成之前和突破之后成交量都很大。

15．短期内可能被封闭的股价缺口一般是下列各项中的（　　）。
Ⅰ．普通缺口　　　　　　　　　Ⅱ．突破缺口
Ⅲ．持续性缺口　　　　　　　　Ⅳ．消耗性缺口
A．Ⅰ、Ⅱ　　　　　　　　　　B．Ⅰ、Ⅳ
C．Ⅱ、Ⅲ　　　　　　　　　　D．Ⅲ、Ⅳ
【答案】B
【解析】普通缺口具有的一个比较明显的特征是，它一般会在3日内回补；同时，成交量很小，很少有主动的参与者。消耗性缺口一般发生在行情趋势的末端，表明股价变动的结束。判断消耗性缺口最简单的方法就是考察缺口是否会在短期内封闭。若缺口封闭，则消耗性缺口形态可以确立。

第七章　量化分析

考情分析

本章的主要内容包括量化投资分析的主要内容、特点、方法；量化投资分析的理论基础、技术以及运用。知识点较多且分散，考查内容多为量化投资分析的特点、方法和理论基础以及量化分析的运用。

备考方法

本章知识点以记忆为主，难度不大，且考点集中，在最近3次考试中，本章分值约为5分。考生要熟悉量化投资分析的特点；了解量化投资分析的理论基础；了解量化投资分析的主要内容和方法；了解量化选股、量化择时、股指期货套利、商品期货套利、统计套利、算法交易、资产配置及风险控制等量化投资技术以及要了解目前量化分析的主要应用。需要注意的是，考生除了要熟悉上述内容外，还可以通过大量的真题练习来巩固知识点。

思维导图

```
            ┌ 量化投资分析  ┌ 量化投资分析的特点
            │ 的主要内容    │ 量化投资分析的理论基础
量化        │              │ 量化投资分析的方法
分析 ───────┤              └ 量化投资技术
            │
            └ 量化投资分析
                的应用
```

第七章 量化分析

考点精讲

第一节 量化投资分析的主要内容

一、量化投资分析的特点

量化分析法是利用统计、数值模拟和其他定量模型进行证券市场相关研究的一种方法，具有五大特点：纪律性、系统性、及时性、准确性和分散化。

二、量化投资分析的理论基础

量化投资是一种主动型投资策略，主动型投资的理论基础是市场非有效的或弱有效的。因此，基金经理可以通过对个股、行业及市场的分析研究建立投资组合，获取超额收益。

指数化投资等被动投资的理论基础是市场有效，任何企图战胜市场的努力都是徒劳的，投资者只能取得市场收益，不如被动复制指数。

三、量化投资分析的主要内容和方法

量化投资涉及很多数学和计算机方面的方法如表 7-1 所示。

表 7-1 量化投资分析的主要方法

方法	内容
人工智能	是研究、开发使用计算机来模拟人的某些思维过程和学习、推理等智能行为的学科，主要包括对机器人、语言识别、图像识别等领域的研究
数据挖掘	是从大量的、不完全的、模糊的、有噪声的、随机的数据中提取隐含在其中的、潜在有用的信息和知识的过程； 主要技术包括：(1)关联分析；(2)分类；(3)预测；(4)聚类
小波分析	在量化投资中，小波分析主要是进行波形处理
支持向量机(SVM)	是一种将样本空间映射到一个高维甚至无穷维的特征空间中，原来的样本空间中非线性可分的问题因此可以转化为特征空间中的线性可分的问题的方法
分形理论	分形理论用分形分维的数学工具来描述研究客观事物
随机过程	是一连串随机事件动态关系的定量描述。研究随机过程的方法主要可以分为：概率方法、分析的方法。其中，马尔科夫过程很适于金融时序数列的预测，是在量化投资中的典型应用

四、量化投资技术

七种常用量化投资技术如表7-2所示。

表7-2　量化投资技术

技术	描述
量化选股	量化选股的方法主要有：(1)公司估值法；(2)趋势法；(3)资金法
量化择时	量化择时是利用数量化的方法，通过分析各种宏观微观指标，试图找到影响大盘走势的关键信息，从而预测未来走势。量化择时的方法有：(1)趋势择时；(2)市场情绪择时；(3)有效资金模型；(4)牛熊线等
股指期货套利	股指期货套利主要分为：(1)期现套利；(2)跨期套利。其研究主要包括现货构建、套利定价、保证金管理、冲击成本、成分股调整等内容
商品期货套利	历史数据的统计分析对成功实施商品期货套利来说非常重要
统计套利	统计套利在方法上可以分为：(1)β中性策略；(2)协整策略
算法交易	根据各个算法交易中算法的主动程度不同，算法交易可以分为：(1)被动型算法交易；(2)主动型算法交易；(3)综合型算法交易
资产配置及风险控制	加入了量化投资管理的现代资产配置理论突破了传统积极型投资和指数型投资的局限，将投资方法建立在对各种资产类股票公开数据的统计分析上，通过比较不同资产类的统计特征，建立数学模型，进而确定组合资产的配置目标和分配比例

第二节　量化投资分析的应用

一、量化分析的主要应用

(一)估值与选股

1. 估值

对上市公司的估值包括两种方法：

(1)相对估值法，主要采用乘数方法，如PE估值法、PB估值法、EV/EBITDA估值法等；

(2)绝对估值法，主要采用折现的方法，如股利折现模型、公司自由现金流模型和股权自由现金流模型等。

2. 选股

数量化选股策略是在基本面研究的基础上结合量化分析的手段构建出来的，主要的选股方法如下：

(1)基本面选股,通过对上市公司财务指标的分析,找出影响股价的重要因子,通过建立股价与因子之间的关系模型得出对股票收益的预测。股价与因子的关系模型分为:

①结构模型,给出股票的收益和因子之间的直观表达,包括三种选股方法:价值型、成长型和价值成长型。

②统计模型,用统计方法提取出近似线性无关的因子建立模型,包括两种选股方法:主成分法和极大似然法等。

(2)多因素选股,通过寻找引起股价共同变动的因素,建立收益与联动因素间线性相关关系的多因素模型。影响股价的共同因素包括:宏观因子、市场因子和统计因子。

通过逐步回归和分层回归的方法对三类因素进行选取,然后通过主成分分析选出解释度较高的某几个指标来反映原有的大部分信息。

(3)动量、反向选股。

(二)资产配置

资产配置是指资产类别选择、投资组合中各类资产的配置比例以及对这些混合资产进行实时管理。资产配置一般包括:(1)战略资产配置;(2)战术资产配置。

资产配置包括三大层次:(1)全球资产配置;(2)大类资产配置;(3)行业风格配置。

(三)股价预测

主流的股价预测模型有:(1)灰色预测模型;(2)神经网络预测模型;(3)支持向量机预测模型。

(四)基金绩效评估

基金是一种集合投资产品,具有风险分散、专业化管理、变现性强等特点,要对基金有一个全面的评价,绩效评估能够提供较好的视角与方法,对基金的绩效进行评估的指标和方法有:(1)风险调整收益;(2)择时/股能力;(3)业绩归因分析;(4)业绩持续性;(5)Fama的业绩分解等。

(五)基于行为金融学的投资策略

股票市场的一系列与理性人假设不符合的异常现象,如:日历效应、股权溢价之谜、期权微笑、封闭式基金折溢价之谜、小盘股效应等,使得诸多研究学者放松关于投资者是完全理性的严格假设,形成了具有重要影响力的学术流派—行为金融学。

目前国际金融市场中比较常见且相对成熟的行为金融投资策略包括:(1)动量投资策略;(2)反向投资策略;(3)小盘股策略;(4)时间分散化策略等。

(六)程序化交易与算法交易策略

1.程序化交易

程序化交易指任何含有15只股票以上或单值为一百万美元以上的交易。目前程序化交易策略主要包括:(1)数量化程序交易策略;(2)动态对冲策略;(3)指数套利策略;(4)配对交易策略;(5)久期平均策略等。

2.算法交易

也称自动交易、黑盒交易,是使用计算机来确定订单最佳的执行路径、时间、价格及数量的交易方法,主要针对经纪商。主要的算法包括:(1)交易量加权平均价格算法;(2)保证成交量加权平均价格算法;(3)时间加权平均价格算法;(4)游击战算法;(5)模式识别算法等。

过关演练

一、选择题(以下备选项中只有一项符合题目要求)

1.用算法交易的终极目标是( )。
  A.获得 alpha(α)   B.获得 beta(β)
  C.快速实现交易   D.减少交易失误
【答案】A
【解析】算法交易又称自动交易、黑盒交易,是指利用电子平台,通过使用计算机程序来发出交易指令,执行预先设定好的交易策略。算法交易的终极目标就是获得 alpha。

2.量化分析法的特点不包括( )。
  A.纪律性   B.系统性   C.及时性   D.集中化
【答案】D
【解析】量化分析法有五大方面的特点:①纪律性;②系统性;③及时性;④准确性;⑤分散化。

3.下列关于量化投资分析的说法,不正确的是( )。
  A.量化投资是一种主动型投资策略
  B.量化投资的理论基础是市场有效
  C.基金经理在量化投资中可能获取超额收益
  D.量化分析法是利用统计、数值模拟等进行证券市场相关研究的一种方法
【答案】B
【解析】量化投资是一种主动型投资策略,主动型投资的理论基础是市场非有效的或弱有效的。因此,基金经理可以通过对个股、行业及市场的分析研究建立投资组合,获取超额收益。

4.下列上市公司估值方法中,属于相对估值法的是( )。
  A.PE 估值法   B.股利折现模型
  C.公司自由现金流模型   D.股权自由现金流模型
【答案】A
【解析】对上市公司的估值包括两种方法:①相对估值法,主要采用乘数方法,如 PE 估值

法、PB 估值法、EV/EBITDA 估值法等；②绝对估值法，主要采用折现的方法，如股利折现模型、公司自由现金流模型和股权自由现金流模型等。

5. 目前国际金融市场中比较常见且相对成熟的行为金融投资策略不包括(　　)。
   A. 动量投资策略　　　　　　B. 反向投资策略
   C. 大盘股策略　　　　　　　D. 时间分散化策略等

【答案】C

【解析】目前国际金融市场中比较常见且相对成熟的行为金融投资策略包括：①动量投资策略；②反向投资策略；③小盘股策略；④时间分散化策略等。

二、组合型选择题(以下备选项中只有一项最符合题目要求)

1. 量化选股的模型有很多种，总的来说主要有(　　)。
   Ⅰ. 多因子模型　　　　　　　Ⅱ. 资产定价模型
   Ⅲ. 风格轮动模型　　　　　　Ⅳ. 行业轮动模型
   A. Ⅰ、Ⅲ、Ⅳ　　B. Ⅰ、Ⅱ、Ⅲ　　C. Ⅱ、Ⅲ、Ⅳ　　D. Ⅰ、Ⅱ、Ⅲ、Ⅳ

【答案】A

【解析】量化选股的模型有很多种，总的来说主要有多因子模型、风格轮动模型、行业轮动模型、资金流模型、动量反转模型、一致预期模型、趋势追踪模型。

2. 在量化投资分析中，可以借鉴人工智能的技术包括(　　)。
   Ⅰ. 专家系统　　　　　　　　Ⅱ. 机器学习
   Ⅲ. 神经网络　　　　　　　　Ⅳ. 遗传算法
   A. Ⅰ、Ⅲ　　　B. Ⅰ、Ⅱ、Ⅲ　　C. Ⅱ、Ⅳ　　D. Ⅰ、Ⅱ、Ⅲ、Ⅳ

【答案】D

【解析】金融投资是一项复杂的、综合各种知识与技术的学科，对智能的要求很高。所以在量化投资分析中可以借鉴人工智能的很多技术，包括专家系统、机器学习、神经网络、遗传算法等。

3. 下列上市公司的估值方法中，属于相对估值法的有(　　)。
   Ⅰ. PE 估值法　　　　　　　　Ⅱ. 股利折现模型
   Ⅲ. PB 估值法　　　　　　　　Ⅳ. 股权自由现金流模型
   A. Ⅱ、Ⅳ　　　B. Ⅰ、Ⅱ、Ⅳ　　C. Ⅰ、Ⅲ　　D. Ⅰ、Ⅱ、Ⅲ、Ⅳ

【答案】C

【解析】对上市公司的估值包括两种方法：①相对估值法，主要采用乘数方法，如 PE 估值法、PB 估值法、EV/EBITDA 估值法等；②绝对估值法，主要采用折现的方法，如股利折现模型、公司自由现金流模型和股权自由现金流模型等。

4. 下列资产配置模型中，属于战术资产配置的有(　　)。
   Ⅰ. 行业轮动策略　　　　　　Ⅱ. Alpha 策略
   Ⅲ. VaR 约束模型　　　　　　Ⅳ. 均值-LPM 模型
   A. Ⅰ、Ⅱ　　　B. Ⅱ、Ⅲ、Ⅳ　　C. Ⅲ、Ⅳ　　D. Ⅰ、Ⅱ、Ⅲ、Ⅳ

【答案】A

【解析】战术资产配置即短期、动态资产配置,常见模型有:行业轮动策略、风格轮动策略、Alpha策略、投资组合保险策略;战略资产配置即长期资产配置,常见模型有:马克维茨MV模型、均值－LPM模型、VaR约束模型、Black-Litterman模型。

5. 下列属于量化投资涉及的数学和计算机方面的方法的有(　　)。
   Ⅰ. 人工智能　　　　　　　　Ⅱ. 随机过程
   Ⅲ. 小波分析　　　　　　　　Ⅳ. 分形理论
   A. Ⅰ、Ⅱ、Ⅲ　　B. Ⅰ、Ⅱ、Ⅳ　　C. Ⅰ、Ⅲ、Ⅳ　　D. Ⅰ、Ⅱ、Ⅲ、Ⅳ

【答案】D

【解析】除Ⅰ、Ⅱ、Ⅲ、Ⅳ四项外,属于量化投资涉及的数学和计算机方面的方法还包括数据挖掘。

6. 量化投资技术中的量化择时方法不包括(　　)。
   Ⅰ. 趋势择时　　　　　　　　Ⅱ. β中性策略
   Ⅲ. 有效资金模型　　　　　　Ⅳ. 跨期套利
   A. Ⅰ、Ⅱ　　B. Ⅰ、Ⅲ　　C. Ⅱ、Ⅳ　　D. Ⅲ、Ⅳ

【答案】C

【解析】量化投资策略中量化择时的方法有:①趋势择时;②市场情绪择时;③有效资金模型;④牛熊线等。Ⅱ项属于统计套利的方法;Ⅳ项属于股指期货套利的方法。

7. 下列属于资产配置三大层次的是(　　)。
   Ⅰ. 全球资产配置　　　　　　Ⅱ. 大类资产配置
   Ⅲ. 行业风格配置　　　　　　Ⅳ. 公司风格配置
   A. Ⅰ、Ⅱ、Ⅲ　　B. Ⅰ、Ⅱ、Ⅳ　　C. Ⅰ、Ⅲ、Ⅳ　　D. Ⅱ、Ⅲ、Ⅳ

【答案】A

【解析】资产配置是指资产类别选择、投资组合中各类资产的配置比例以及对这些混合资产进行实时管理。资产配置包括三大层次:①全球资产配置;②大类资产配置;③行业风格配置。

8. 量化选股的方法有(　　)。
   Ⅰ. 公司估值法　　　　　　　Ⅱ. 趋势法
   Ⅲ. 资金法　　　　　　　　　Ⅳ. 价量分析法
   A. Ⅰ、Ⅱ、Ⅲ　　B. Ⅰ、Ⅱ、Ⅳ　　C. Ⅰ、Ⅲ、Ⅳ　　D. Ⅱ、Ⅲ、Ⅳ

【答案】A

【解析】量化选股就是采用数量的方法选择公司股票,期望能获得超额收益的行为。量化选股的方法主要有:①公司估值法;②趋势法;③资金法。

第四部分
证券估值

第八章 股票

考情分析

本章的主要内容包括股票估值原理;预期收益率和风险的含义和计算;绝对估值法和相对估值法。知识点较多且分散。考查内容多为预期收益率和风险的含义和计算;各类估值方法的特点;各种口径自由现金流的计算方式等。

备考方法

本章理解性的内容比较多,部分考点比较容易混淆,也涉及部分计算性的考点,考生必须系统理解,比较记忆,熟练掌握,在最近3次的考试中,本章平均分值约为15分。考生要熟悉股票估值原理;熟悉预期收益率和风险的含义和计算;掌握各类估值方法的特点;掌握公司价值和股权价值的概念及计算方法;熟悉现金流贴现法的原理;掌握自由现金流的含义;掌握各种口径自由现金流的计算方式;掌握相对估值法的原理与步骤;了解可比公司的特征;熟悉计算股票市场价格的市盈率方法及其应用缺陷;对绝对估值法和相对估值法的内容和计算方式要深刻理解。需要注意的是,考生除了要熟悉基本的概念和计算方法外,还可以通过大量的练习来巩固知识点。

第八章 股票

思维导图

```
        ┌─ 基本理论 ─┬─ 证券估值基本原理
        │           ├─ 预期收益率和风险
        │           ├─ 股票的估值方法
        │           └─ 公司价值和股东价值
        │
        ├─ 绝对估值法 ─┬─ 现金流贴现模型的基本原理
股票 ───┤             ├─ 红利贴现模型
        │             ├─ 自由现金流贴现模型
        │             └─ 资本资产定价模型
        │
        └─ 相对估值法 ─┬─ 可比公司的特征
                      ├─ 市盈率估价方法
                      ├─ 市净率估值法
                      ├─ 市售率估值法
                      ├─ 市值回报增长比
                      └─ 企业价值倍数
```

考点精讲

第一节 基本理论

一、证券估值基本原理

（一）价值与价格的基本概念

证券估值指对证券价值的评估。

1. 虚拟资本及其价格

虚拟资本是以有价证券形态存在的资本，如股票、债券等。有价证券是虚拟资本的载体。有价证券的交换价值或市场价格来源于其产生未来收益的能力，有价证券本身无价值。它们的价格运动形式表现为：

(1) 预期收益和市场利率决定证券的市场价值，且证券的市场价值不随职能资本价值的变动而变动；

(2) 有价证券的市场价值与预期收益的多少成正比，与市场利率的高低成反比；

(3) 有价证券的供求和货币的供求决定有价证券的价格波动。

2. 市场价格、内在价值、公允价值与安全边际

市场价格、内在价值、公允价值与安全边际的相关含义及内容如表 8-1 所示。

表 8-1　市场价格、内在价值、公允价值与安全边际

	描述
市场价格	即该证券在市场中的交易价格，反映了市场参与者对该证券价值的评估。根据产生该价格的证券交易发生时间，市场价格可以分为：a. 历史价格；b. 当前价格；c. 预期市场价格
内在价值	a. 内在价值是一种相对"客观"的价格，取决于证券自身的内在属性或者基本面因素，外在因素（如短期供求关系变动、投资者情绪波动等）则对其没有影响； b. 市场价格基本上是围绕内在价值形成的
公允价值	根据我国财政部颁布的《企业会计准则第 22 号——金融工具确认和计量》，如果存在活跃交易的市场，则以市场报价为金融工具的公允价值；否则，采用估值技术确定公允价值
安全边际	指证券的市场价格低于其内在价值的部分，任何投资活动均以之为基础

（二）货币的时间价值、复利、现值与贴现

1. 货币的时间价值

货币的时间价值是指货币随时间的推移而发生的增值。

2. 复利

由于货币时间价值的存在，资金的借贷具有利上加利的特性，我们将其称为复利。在复利条件下，可以用以下公式计算一笔资金的期末价值（或称为终值、到期值）：

$$PV = PV_n(1+i)^n$$

其中：FV 为终值；PV 为本金（现值）；i 为每期利率；n 为期数。

若每期付息 m 次，则到期本利和变为：

$$PV = PV_n\left(1+\frac{i}{m}\right)^{mn}$$

3. 现值和贴现

贴现是对给定的终值计算现值的过程。现值（PV）计算公式为：

$$PV = \frac{FV}{(1+i)^n}$$

4. 现金流与净现值

现金流指在不同时点上流入或流出相关投资项目（或企业，或有价证券）的一系列现金。投资项目、企业和有价证券都存在现金流。从财务投资者的角度看，买入某个证券就等于买

进了未来一系列现金流,证券估值也就等价于现金流估值。

将现金流入的现值(正数)和现金流出的现值(负数)相加,就得到了该投资项目的净现值。公平交易要求投资者现金流出的现值与现金流入的现值相等,即该投资行为所产生的现金流的净现值等于0。

二、预期收益率和风险

(一)预期收益率

预期收益率是投资者承受各种风险应得的补偿,其公式如下:

$$预期收益率＝无风险收益率＋风险补偿$$

其中,无风险收益率是一种理想的投资收益,是指将资金投资于某一没有任何风险的投资对象而能获得的收益率。美国一般将短期国库券利率视为无风险利率。

(二)风险

风险指对投资者预期收益的背离,或者说是证券收益的不确定性。

证券投资的风险指证券预期收益变动的可能性及变动幅度。与证券投资相关的所有风险被称为总风险,总风险可分为:(1)系统风险;(2)非系统风险。

三、股票的估值方法

(一)绝对估值

绝对估值是指通过对证券基本财务要素的计算和处理得出该证券的绝对金额。红利贴现模型、企业自由现金流贴现模型等基于现金流贴现的方法均属绝对估值(如表8-2所示)。

表8-2 绝对估值法

模型	现金流	贴现率
红利贴现模型	预期红利	必要回报率
企业自由现金流贴现模型	企业自由现金流	加权平均资本成本
股东现金流贴现模型	股东自由现金流	必要回报率
经济利润估值模型	经济利润	加权平均资本成本

(二)相对估值

相对估值是参考可比证券的价格,相对地确定待估证券的价值。相对估值通常需要运用证券的市场价格与某个财务指标之间存在的比例关系来对证券进行估值。常见的相对估值方法有市盈率、市净率、市售率、市值回报增长比等(如表8-3所示)。

表 8-3 相对估值法

指标	适用	不适用
市盈率（P/E）	周期性较弱企业、一般制造业、服务业	亏损公司、周期性公司
市净率（P/B）	周期性公司、重组型公司	重置成本变动较大的公司、固定资产较少的服务行业
市售率（P/S）	销售收入和利润率较稳定的公司	销售不稳定的公司
经济增加值与利息折旧摊销前收入比（EV/EBIDA）	资本密集、准垄断或具有巨额商誉的收购型公司	固定资产更新变化较快的公司
市值回报增长比（PEG）	IT 等成长性行业	成熟行业

（三）资产价值

根据企业资产负债表的编制原理，权益价值＝资产价值－负债价值。因此，只需评估出两个因素，就可以通过计算得到第三个因素。

常用的评估方法有：(1)重置成本法，适用于可以持续经营的企业；(2)清算价值法，适用于停止经营的企业。

（四）其他估值方法

1. 无套利定价

一价定律是无套利定价的理论基础，即相同的商品在同一时刻只能以相同的价格出售，否则市场参与者就会低买高卖，最终导致价格趋同。根据该原理，合理的金融资产价格可以消除套利机会。

2. 风险中性定价

由于投资者有不同的风险偏好，导致金融资产在估值时必须选择不同的贴现率。风险中性定价假设投资者具有相同的风险偏好，对风险均持中性态度，从而简化了分析过程，可以采用无风险利率作为贴现率。

四、公司价值和股权价值

（一）公司价值

公司价值，或称企业价值，公司的价值是该企业预期自由现金流量以其加权平均资本成本为贴现率折现的现值，它与企业的财务决策密切相关，体现了企业资金的时间价值、风险以及持续发展能力。公司的价值越高，公司给予其利益相关者回报的能力就越高。

（二）股权价值

根据预期企业自由现金流数值，用加权平均资本成本作为贴现率，计算企业的总价值，然后减去企业的负债价值，得到企业股权价值。即：股权价值＝公司价值－负债。

第二节 绝对估值法

一、现金流贴现模型的基本原理

股票的绝对估值方法主要是现金流贴现模型，现金流贴现模型（DCF）运用收入的资本化定价方法来决定普通股票内在价值。常用的现金流贴现模型有红利贴现模型和自由现金流贴现模型。另外，还有一些分析师采用经济利率贴现法。

二、红利贴现模型

（一）一般公式

大多数人投资股票的目的主要是为了获取未来支付的红利以及买卖差价，预期现金流即为预期未来支付的股息以及未来的卖出价格。因此，贴现现金流模型的一般公式如下：

$$V = \frac{D_1}{1+k} + \frac{D_2}{(1+k)^2} + \frac{D_3}{(1+k)^3} + \cdots + \frac{D_\infty}{(1+k)^\infty}$$
$$= \sum_{t=1}^{\infty} \frac{D_t}{(1+k)^t}$$

其中：V 为股票在期初的内在价值；D_t 为时期 t 末以现金形式表示的每股股息；K 为一定风险程度下现金流的适合贴现率，即必要收益率。

该公式假定所有时期内的贴现率都是一样的。

根据一般公式，可以得到净现值（NPV）的计算公式：

$$\text{NPV} = V - P = \sum_{t=1}^{\infty} \frac{D_t}{(1+k)^t} - P$$

式中：P 为在 $t = 0$ 时购买股票的成本。

（二）内部收益率

使得投资净现值等于零的贴现率就是内部收益率。如果用 k^* 代表内部收益率，则有：

$$\text{NPV} = V - P = \sum_{t=1}^{\infty} \frac{D_t}{(1+k^*)} - P = 0$$

因此：

$$P = \sum_{t=1}^{\infty} \frac{D_t}{(1+k^*)^t}$$

由此可知,使未来股息流贴现值恰好等于股票市场价格的贴现率实际上就是内部收益率。

(三)零增长模型

1. 公式

零增长模型假定未来的股息按一个固定数量支付,即股息增长率(g)等于零。根据该假定可知 $D_t = D_0$,由此得到股票的内在价值公式为:

$$V = \sum_{t=1}^{\infty} \frac{D_0}{(1+k)^t} = D_0 \sum_{t=1}^{\infty} \frac{1}{(1+k)^t}$$

由于 $k > 0$,根据数学中无穷级数的性质,零增长模型的公式即:

$$V = \frac{D_0}{k}$$

2. 应用

由于对某一种股票永远支付固定股息的假定是不合理的,因此,零增长模型的应用受到相当的限制。但在特定的情况下,对于决定普通股票的价值仍然是有用的。由于大多数优先股支付的股息是固定的,所以在决定优先股的内在价值时这种模型相当有用。

(四)不变增长模型

1. 公式

不变增长模型有两种形式:①股息按照不变的增长率增长;②股息以固定不变的绝对值增长。因为前者更为常见,所以本书主要介绍股息按照不变增长率增长的情况。

假定股息永远按不变的增长率增长,就可以建立不变增长模型,不变增长模型的公式为:

$$V = \frac{D_1}{k-g}$$

2. 应用

零增长模型是不变增长模型的一个特例。如果增长率 g 等于零,股息将永远按固定数量支付,这时的不变增长模型就是零增长模型。与零增长模型相比,不变增长模型的假设应用限制较小,但是在许多情况下仍然被认为是不现实的。但由于不变增长模型是多元增长模型的基础,因此这种模型极为重要。

(五)可变增长模型

1. 二阶段增长模型

二阶段增长模型假定在时间 L 以前,股息以一个不变的增长速度 g_1 增长;在时间 L 后,股息以另一个不变的增长速度 g_2 增长。由此可以建立二元可变增长模型:

$$V = \sum_{t=1}^{L} D_0 \frac{(1+g_1)^t}{(1+k)^t} + \sum_{t=L+1}^{\infty} D_L \frac{(1+g_2)^{t-L}}{(1+k)^t}$$

$$= \sum_{t=1}^{L} D_0 \frac{(1+g_1)^t}{(1+k)^t} + \frac{1}{(1+k)^L} \times \sum_{t=L+1}^{\infty} D_L \frac{(1+g_2)^{t-L}}{(1+k)^{t-L}}$$

$$= \sum_{t=1}^{L} D_0 \frac{(1+g_1)^t}{(1+k)^t} + \frac{1}{(1+k)^L} \times \frac{D_{L+1}}{k-g_2}$$

其中，$D_{L+1} = D_0(1+g_1)^L(1+g_2)$。

2. 三阶段增长模型

三阶段增长模型是股息贴现模型的第三种特殊形式，它将股息的增长分成了三个不同的阶段：在第一个阶段（期限为 O 到 A），股息的增长率为一个常数（g_a）。第二个阶段（期限为 A 到 B）是股息增长的转折期，股息增长率以线性的方式从 g_a 变化为 g_n，g_n 是第三阶段的股息增长率。如果 $g_a > g_n$，则在转折期内表现为递减的股息增长率；反之，则表现为递增的股息增长率。第三阶段（期限为 B 之后，一直到永远），股息的增长率也是一个常数（g_n），该增长率是公司长期的正常的增长率。股息增长的三个阶段，可以用图 8-1 表示。

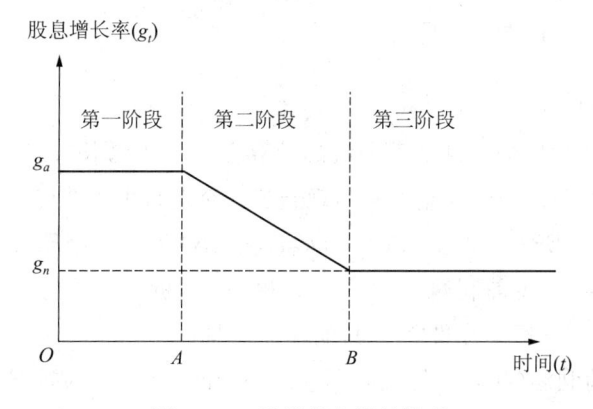

图 8-1 三阶段股息增长模型

在图 8-1 中，在转折期内任何时点上的股息增长率 g 可以用以下公式表示：

$$g_t = g_a - (g_a - g_n)\frac{t-A}{B-A}, g_a > g_n$$

在满足三阶段增长模型的假定条件下，如果已知 g_a, g_n, A, B 和初期的股息水平 D，就可以根据上式计算出所有各期的股息；然后，根据贴现率计算股票的内在价值。三阶段增长模型的计算公式为：

$$D = D_0 \sum_{t=1}^{A}\left(\frac{1+g_a}{1+r}\right)^t + \sum_{t=A+1}^{B}\left[\frac{D_{t-1}(1+g_t)}{(1+r)^t}\right] + \frac{D_B(1+g_n)}{(1+r)^B(r-g_n)}$$

式中的三项分别对应于股息的三个增长阶段。

3. 内部收益率

可变增长模型也可以计算出内部收益率 k^*，只需用股票的市场价格 P 代替 V，k^* 代替 k。但是，由于可变增长模型相对较为复杂，直接得出内部收益率较为困难，因此，主要采取

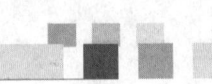

试错法来计算 k^*。

试错法的主要思路：首先估计一个收益率水平 k^*，将其代入可变增长模型中。如果在此收益率水平下计算出的股票理论价值小于股票的市场价格，则认为估计的收益率水平高于实际的内部收益率 k^*；同理，如果在此收益率水平下计算出的股票理论价值低于股票的市场价格，则认为估计的收益率水平大于实际的内部收益率 k^*。通过反复试错，估计的收益率水平将逐步逼近实际的内部收益率水平。

三、自由现金流贴现模型

（一）含义

自由现金流量，指企业产生的、在满足了再投资需要之后剩余的现金流量，这部分现金流量是在不影响公司持续发展的前提下可供分配给企业资本供应者（股东和债权人）的最大现金额。自由现金流可以分为企业自由现金流和股东自由现金流两种。

（二）企业自由现金流（FCFF）

1. 计算公式

与红利贴现模型相似，企业自由现金流的计算也分为零增长、固定增长、多阶段几种情况，区别在于将各期红利改为各期企业自由现金流。企业自由现金流计算公式如下：

$$FCFF = EBIT \times (1-T) + D\&A - \Delta NWC - CapEx + Other$$
$$= 息税前利润 \times (1-所得税率) + 折旧和摊销 - 净营运资本量$$
$$- 资本性投资 + 其他现金来源$$

式中，$EBIT$ 为息税前利润（扣除所得税和利息前的利润）；$D\&A$ 为折旧和摊销；ΔNWC 为净营运资本量。

2. 贴现率

企业自由现金流贴现模型以企业加权平均资本成本（WACC）为贴现率。计算公式如下：

$$WACC = \frac{E}{E+D} \times K_E + \frac{D}{E+D} \times K_D \times (1-T)$$

式中，E 为股票市值；D 为负债市值（通常采用账面值）；T 为公司所得税税率；K_E 为公司股本成本；K_D 为公司负债成本。

3. 计算步骤

(1) 根据预期企业自由现金流数值，用加权平均资本成本作为贴现率，计算企业的总价值；

(2) 减去企业的负债价值，得到企业股权价值；

(3) 用企业股权价值除以发行在外的总股数，即可获得每股价格。

（三）股东自由现金流贴现模型

1. 定义与计算

股东自由现金流（FCFE），是指公司经营活动中产生的现金流量，扣除掉公司业务发展的投资需求和对其他资本提供者的分配后，可以分配给股东的现金流量。计算公式如下：

$$FCFE = FCFF - 用现金支付的利息费用 + 利息税收抵减 - 优先股股利$$

2. 贴现率

股东自由现金流贴现模型以股东要求的必要回报率作为贴现率。

3. 计算步骤

(1) 计算未来各期期望 FCFE；
(2) 确定股东要求的必要回报率，作为贴现率计算企业的权益价值 VE；
(3) 计算出股票的内在价值。

四、资本资产定价模型

在资本资产定价模型的假设下，在市场达到均衡时，市场组合 M 就成为一个有效组合；所有有效组合都可视为无风险证券 F 与市场组合 M 的再组合。

（一）资本市场线的方程与参数

1. 方程

在均值标准差平面上，所有的有效组合恰好构成连接无风险资产 F 与市场组合 M 的射线 FM，这条射线被称为资本市场线（如图 8-2 所示）。

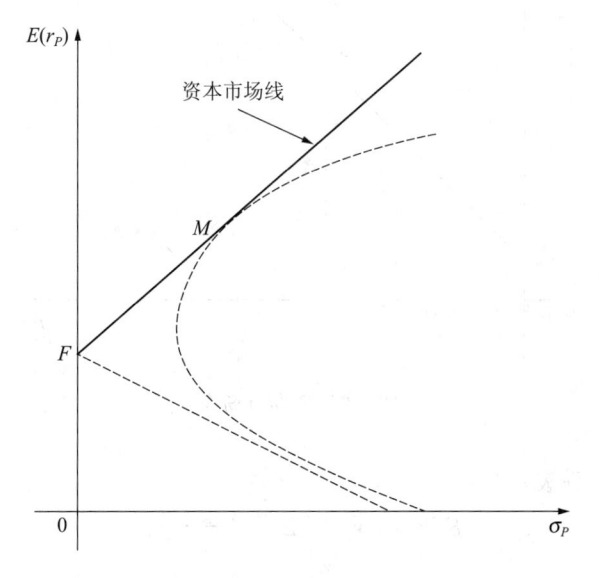

图 8-2 资本市场线

资本市场线揭示了有效组合的收益与风险之间的均衡关系,这种均衡关系可以用资本市场线的方程来描述:

$$E(r_P) = r_F + \left[\frac{E(r_M) - r_F}{\sigma_M}\right]\sigma_P$$

式中:$E(r_P)$、σ_P 为有效组合 P 的期望收益率和标准差;$E(r_M)$、σ_M 为市场组合 M 的期望收益率和标准差;r_F 为无风险证券收益率。

2. 参数

有效组合的期望收益率由两部分构成:

(1)无风险利率 r,它是由时间创造的,是对放弃即期消费的补偿;

(2)风险溢价 $\left[\dfrac{E(r_M) - r_F}{\sigma_M}\right]\sigma_P$,是对承担风险 σ_P 的补偿,与承担的风险的大小成正比。

其中的系数 $\left[\dfrac{E(r_M) - r_F}{\sigma_M}\right]$ 代表了对单位风险的补偿,通常称之为风险的价格。

(二)证券市场线的方程与参数

1. 方程

单个证券和证券组合的 β 系数都可以作为风险的合理测定,它们的期望收益与由 β 系数测定的系统风险之间存在线性关系。这个关系在以 $E(r_P)$ 为纵坐标、β_P 为横坐标的坐标系中代表一条直线,这条直线即证券市场线(如图 8-3 所示)。

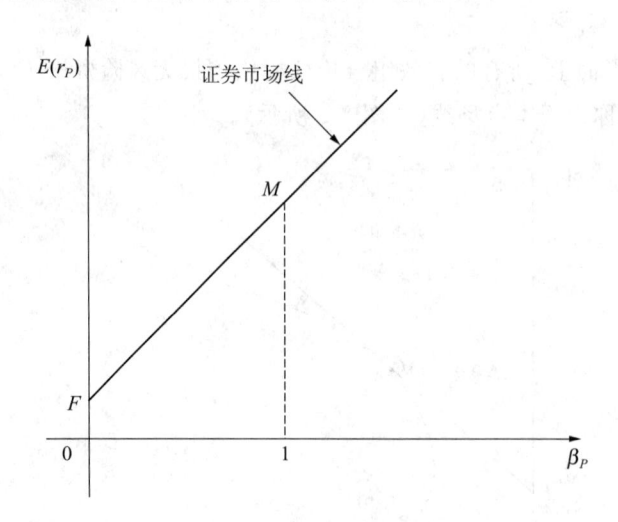

图 8-3 证券市场线

证券市场线用方程表示为:

$$E(r_P) = r_F + [E(r_M) - r_F]\beta_P$$

2. 参数

(1)任意证券或组合或组合的期望收益率由以下两部分构成:

①无风险利率 r,它是由时间创造的,是对放弃即期消费的补偿;

②风险溢价$[E(r_M)-r_F]\beta_P$,是对承担风险的补偿,它与承担的风险 β_P 的大小成正比。其中的系数$[E(r_M)-r_F]$代表了对单位风险的补偿,通常称之为风险的价格。

(2)β 系数的确定:

β 系数反映证券或证券组合对市场组合的贡献率,反映了证券或组合的收益水平对市场平均收益水平变化的敏感性。β 系数的计算公式为:

$$\beta_P = x_1\beta_1 + x_2\beta_2 + \cdots + x_n\beta_n$$

其中,β_i 为单个证券的 β 系数,$\beta_i = \dfrac{\sigma_{iM}}{\sigma_M^2}$,$\sigma_{iM}$ 为第 i 种成员证券与市场组合 M 之间的协方差。

第三节 相对估值法

一、可比公司的特征

可比公司指的是公司所处的行业、市场环境、公司的主营业务或主导产品、企业规模、资本结构、盈利能力以及风险度等方面相同或者相近的公司。

二、市盈率估价方法

市盈率(P/E)又称价格收益比、本益比,是每股价格与每股收益之间的比率,股票市值与净利润的比值也可以表示市盈率倍数。

通过对股票市盈率和每股收益的估计,就能由该公式估计出股票价格。估计股票市盈率的方法主要有简单估计法、市场决定法、回归分析法和市盈率倍数法。具体如表 8-4 所示。

表 8-4 市盈率估价方法

方法	描述
简单估计法	主要是利用历史数据进行估计,主要包括以下三种方法:(1)算术平均数法或中间数法;(2)趋势调整法;(3)回归调整法
市场决定法	(1)市场预期回报率倒数法。我们可以在不变增长模型中做出更多的假定:①公司的利润内部保留率固定不变,记为 b;②再投资利润率固定不变,记为 r,且股票持有者的预期回报率(k)与再投资利润率相当。在上面的假设条件下,经过推导,可以知道股票持有者预期的回报率刚好就是市盈率的倒数。因此,我们可以通过分析各种股票的市场预期回报率来预测市盈率。 (2)市场归类决定法。在有效市场的假设下,风险结构等条件类似的公司,其股票的市盈率也应相同。因此,如果选取风险结构类似的公司来求取市盈率的平均数,就可以此作为市盈率的估计值

续表

方法	描述
回归分析法	回归分析方法是指利用回归分析的统计方法，通过考察股票价格、收益、股息政策、风险、增长、和货币的时间价值等各种因素变动与市盈率之间的关系，得出能够最好解释市盈率与这些变量间线性关系的方程，进而根据这些变量的给定值对市盈率大小进行预测的分析方法。但是用回归分析法得出的有关市盈率估计方程具有很强的时效性，套用过去的方程是不现实的。因此，投资者用该方法来进行投资决策指导时，最好是自己做一些研究，并在实践中不断加以改进
市盈率倍数法	(1)优点 ①将股票价格与公司盈利状况相联系，较为直观； ②对大多数股票而言，市盈率倍数易于计算并很容易得到，便于不同股票之间的比较； ③它能作为公司一些其他特征(包括风险性与成长性)的代表 (2)缺点 ①该方法可能被误用。可比公司的定义在本质上是主观的，而实际中同行业的公司可能在业务组合、增长潜力和风险程度方面存在很大的差异，因此同行业公司未必有可比性； ②当企业的收益或预期收益为负值时，无法使用该方法； ③该方法使用短期收益作为参数，因此不能直接比较有不同长期增长前景的公司； ④市盈率无法区分经营性资产和非经营性资产创造的盈利，降低了企业之间的可比性； ⑤该方法无法反映企业运用财务杠杆的水平，若可比公司与目标公司的资本结构之间存在较大差异时，那么可能导致错误的结论； ⑥每股收益容易受到公司的操纵

三、市净率估值法

市净率(P/B)又称净资产倍率，是每股市场价格与每股净资产之间的比率，它反映的是相对于净资产，股票当前市场价格所处水平的高低。市净率越大，说明股价处于较高水平；反之，市净率越小，说明股价处于较低水平。市净率通常用于对股票内在价值的考察，多为长期投资者所重视；市盈率通常用于对股票供求状况的考察，更为短期投资者所关注。

市净率与市盈率之间的关系：

$$\frac{(P/B)}{(P/E)} = \frac{E}{B} = ROE$$

或者说，$P/B = (P/E) \times ROE$。

因此，市盈率相同时，公司的股权收益率(或称为净资产收益率)越高，则该公司的市净率也就越高。

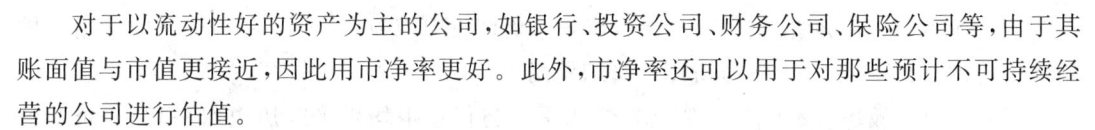

对于以流动性好的资产为主的公司,如银行、投资公司、财务公司、保险公司等,由于其账面值与市值更接近,因此用市净率更好。此外,市净率还可以用于对那些预计不可持续经营的公司进行估值。

市净率倍数法的缺点:
(1)没有考虑一些无法用会计进行度量的因素,如人力资本等;
(2)由于会计准则的影响导致资产估值存在问题,如 $R\&D$ 等;
(3)账面值只是按历史成本对公司的资产进行估值,很难反映公司可能的投资收益和价值;
(4)当公司出现再融资或回购股份时,会改变公司的净资产,使得历史比较失去意义。

四、市售率估值法

市售率(P/S)为股票价格与每股销售收入之比,市售率是评价公司股票价值的一个重要指标,市售率高的股票相对价值较高。由于在竞争日益激烈的环境中,公司的市场份额在决定公司生存能力和盈利水平方面的作用越来越大,因此,市售率可以明显反映出新兴市场公司的潜在价值。

市售率估值法的缺点:
(1)匹配问题,股价反映的是考虑了负债融资对公司盈利能力和风险的影响,而收入则没有考虑负债的成本和费用;
(2)有些公司虽然收入增长迅速,但仍然会出现亏损,如果公司长期无法将收入转换为真正的盈利和现金,那么用 P/S 来估值就会发生错误。

五、市值回报增长比

市值回报增长比(PEG)是指市盈率对公司利润增长率的倍数,如果 $PEG=1$ 表明市场赋予这只股票的估值能够充分反映其未来业绩的成长性;如果 $PEG>1$,那么这只股票的价值就可能被高估,或者市场认为这家公司的业绩成长性会高于市场的预期;如果 $PEG<1$ 时,可能是市场低估了这只股票的价值,也有可能是因为市场认为其业绩成长性可能低于预期。

对于价值型股票而言,通常 $PEG<1$,以反映低业绩增长的预期。对于成长型股票而言,通常 $PEG>1$ 甚至 $PEG>2$,高估值说明该公司在未来很有可能会保持业绩的快速增长,这类股票的市盈率估值就容易偏高。

六、企业价值倍数($EV/EBITDA$)

企业价值倍数被广泛用于公司估值,该指标是从全体投资人的角度出发来反映投资资本的市场价值和未来一年企业收益间的比例关系。计算公式为:

$$企业价值倍数=EV/EBITDA$$

其中,EV 为公司价值;$EBITDA$ 为利息、所得税、折旧、摊销前盈余。

EV＝市值＋(总负债－总现金)＝市值＋净负债；$EBITDA$＝营业利润＋折旧费用＋摊销费用，营业利润＝毛利－销售费用－管理费用。

不同行业或板块有不同的估值(倍数)水平。与行业平均水平或历史水平相比，企业价值倍数较高通常说明股票被高估，较低则说明股票被低估。$EV/EBITDA$ 更适用于单一业务或子公司较少的公司估值，如果业务或合并子公司数量众多，需要做复杂调整，那么估值的准确性有可能会降低。

实际运用中，和 PE 法的使用前提相同，$EV/EBITDA$ 倍数法也要求企业预测的未来收益水平必须能够体现企业未来的收益流量和风险状况的主要特征，两种方法都适用于两个企业具有近似增长前景的条件。

企业价值倍数的优缺点如表 8-5 所示。

表 8-5 企业价值倍数的优缺点

优缺点	内容
优点	(1)不受所得税率不同的影响，使得不同国家和市场的上市公司估值更具有可比性； (2)不受资本结构不同的影响，公司对资本结构的改变都不会影响估值，同样有利于比较不同公司估值水平； (3)排除了折旧摊销这些非现金成本的影响(现金比账面利润重要)，可以更准确的反映公司价值
缺点	(1)方法比 P/E 稍微复杂，至少还要对债权的价值以及长期投资的价值进行单独估计； (2)没有考虑到税收因素，如果两个公司之间的税收政策差异很大，指标的估值结果就会失真

过关演练

一、选择题(以下备选项中只有一项符合题目要求)

1. 证券估值是对证券( )的评估。
   A. 价格　　　　　　　　B. 收益率
   C. 价值　　　　　　　　D. 流动性
   【答案】C
   【解析】证券估值是指对证券价值的评估。有价证券的买卖双方根据各自掌握的信息对证券价值分别进行评估，然后才能以双方均接受的价格成交，证券估值是证券交易的前提和基础。

2. 某企业发行 2 年期债券，每张面值 1000 元，票面利率 10%，每年计息 4 次，到期一次还本付息，则该债券的终值为( )元。
   A. 925.6　　　　　　　　B. 1000

C. 1218.40　　　　　　　　　D. 1260

【答案】C

【解析】该债券的终值为：

$$FV = PV \cdot \left(1+\frac{i}{m}\right)^{mn} = 1000 \times (1+10\%/4)^{2\times 4} = 1218.40(元)$$

式中：PV为本金（现值），i为每期利率，n为期数，m为年付息次数。

3. 对股票投资而言，内部收益率是指（　　）。
   A. 投资本金自然增长带来的收益率
   B. 使得未来股息流贴现值等于股票市场价格的贴现率
   C. 投资终值为零的贴现率
   D. 投资终值增长一倍的贴现率

【答案】B

【解析】内部收益率是指使得投资净现值等于零的贴现率。对于股票而言，内部收益率实际上是使得未来股息流贴现值恰好等于股票市场价格的贴现率。

4. 下列指标中，不属于相对估值的是（　　）。
   A. 市值回报增长比　　　　　B. 市净率
   C. 自由现金流　　　　　　　D. 市盈率

【答案】C

【解析】通常需要运用证券的市场价格与某个财务指标之间存在的比例关系来对证券进行相对估值，如常见的市盈率、市净率、市售率、市值回报增长比等均属相对估值方法。

5. 在股票现金流贴现模型中，可变增长模型中的"可变"是指（　　）。
   A. 股票的投资回报率是可变的
   B. 股票的内部收益率是可变的
   C. 股息的增长率是变化的
   D. 股价的增长率是可变的

【答案】C

【解析】零增长模型和不变增长模型都对股息的增长率进行了一定的假设。事实上，股息的增长率是变化不定的，因此，零增长模型和不变增长模型并不能很好地在现实中对股票的价值进行评估。可变增长模型中放松了股息增长率不变的假设，即认为股息增长率是变化的。

6. 股东自由现金流贴现模型计算的现值是（　　）。
   A. 现金净流量　　　　　　　B. 权益价值
   C. 资产总值　　　　　　　　D. 总资本

【答案】A

【解析】股东自由现金流是指公司经营活动中产生的现金流量，在扣除公司业务发展的投资需求和对其他资本提供者的分配后，可分配给股东的现金流量。

7.某公司上年年末支付每股股息为2元,预期回报率为15%,未来3年中股息的超常态增长率为20%,随后的增长率为8%,则股票的价值为(   )元。

A. 30 B. 34.29

C. 41.60 D. 48

【答案】C

【解析】由二元可变增长模型得股票的价值为:

$$V = \sum_{t=1}^{3} 2 \times \frac{(1+20\%)^t}{(1+15\%)^t} + \frac{1}{(1+15\%)^3} \times \frac{2 \times (1+20\%)^3 \times (1+8\%)}{15\% - 8\%} = 41.6(元)$$

8.有关零增长模型,下列说法正确的是(   )。

A. 零增长模型中假定对某一种股票永远支付固定的股利是合理的

B. 零增长模型不能用于决定普通股票的价值

C. 零增长模型适用于决定优先股的内在价值

D. 零增长模型在任何股票的定价中都适用

【答案】C

【解析】零增长模型的应用似乎受到相当的限制,毕竟假定对某一种股票永远支付固定的股息是不合理的,但在特定的情况下,对于决定普通股票的价值仍然是有用的。在决定优先股的内在价值时,这种模型相当有用,因为大多数优先股支付的股息是固定的。

9.下列关于β系数的描述,正确的是(   )。

A. β系数的绝对值越大,表明证券承担的系统风险越小

B. β系数是衡量证券承担系统风险水平的指数

C. β系数的值在0~1之间

D. β系数是证券总风险大小的度量

【答案】B

【解析】β系数衡量的是证券承担的系统风险,β系数的绝对值越大,表明证券承担的系统风险越大;当证券承担的风险与市场风险负相关时,β系数为负数。

10.资本市场线在以预期收益和标准差为坐标轴的平面上,表示风险资产的最优组合与一种无风险资产再组合的组合线。下列各项中不属于资本市场线方程中的参数的是(   )。

A. 市场组合的期望收益率

B. 无风险利率

C. 市场组合的标准差

D. 风险资产之间的协方差

【答案】D

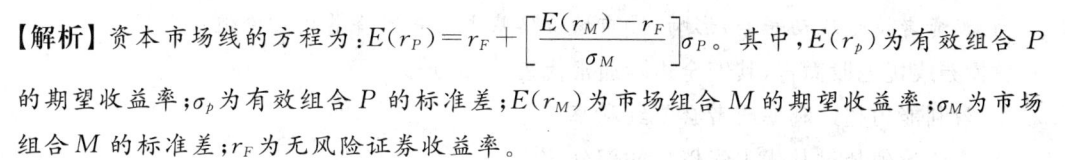

【解析】资本市场线的方程为：$E(r_P) = r_F + \left[\dfrac{E(r_M) - r_F}{\sigma_M}\right]\sigma_P$。其中，$E(r_P)$ 为有效组合 P 的期望收益率；σ_P 为有效组合 P 的标准差；$E(r_M)$ 为市场组合 M 的期望收益率；σ_M 为市场组合 M 的标准差；r_F 为无风险证券收益率。

二、组合型选择题（以下备选项中只有一项最符合题目要求）

1. 某公司承诺给优先股东按 0.2 元/股派息，优先股股东要求的收益率为 2%，该优先股的理论定价为（　　）。

    Ⅰ．4 元/股

    Ⅱ．不低于 9 元/股

    Ⅲ．8 元/股

    Ⅳ．不高于 11 元/股

    A. Ⅰ、Ⅱ　　　　　　　　　　　　B. Ⅰ、Ⅳ

    C. Ⅱ、Ⅲ　　　　　　　　　　　　D. Ⅱ、Ⅳ

    【答案】D

    【解析】依题意，优先股的理论定价为：0.2/2% = 10（元/股）。因此，只有Ⅱ、Ⅳ两项符合。

2. 某公司在未来每期支付的每股股息为 9 元，必要收益率为 10%，当前股票价格为 70 元，则在股价决定的零增长模型下，（　　）。

    Ⅰ．该公司的股票价值等于 90 元

    Ⅱ．股票净现值等于 15 元

    Ⅲ．该股被低估

    Ⅳ．该股被高估

    A. Ⅰ、Ⅲ　　　　　　　　　　　　B. Ⅱ、Ⅳ

    C. Ⅰ、Ⅱ、Ⅲ　　　　　　　　　　D. Ⅰ、Ⅱ、Ⅳ

    【答案】A

    【解析】运用零增长模型，可知该公司股票的价值为 9÷10% = 90（元）；而当前股票价格为 70 元，每股股票净现值为 90-70 = 20（元），这说明该股票被低估 20 元。

3. "内在价值"即"由证券本身决定的价格"，其含义有（　　）。

    Ⅰ．内在价值是一种相对"客观"的价格

    Ⅱ．内在价值由证券自身的内在属性或者基本面因素决定

    Ⅲ．市场价格基本上是围绕着内在价值形成的

    Ⅳ．内在价值不受外在因素的影响

    A. Ⅰ、Ⅱ、Ⅲ　　　　　　　　　　B. Ⅰ、Ⅲ、Ⅳ

    C. Ⅱ、Ⅲ、Ⅳ　　　　　　　　　　D. Ⅰ、Ⅱ、Ⅲ、Ⅳ

    【答案】D

    【解析】投资学上的"内在价值"概念，大致有两层含义：①内在价值是一种相对"客观"的价格，由证券自身的内在属性或者基本面因素决定，不受外在因素（比如短期供求关系变

动、投资者情绪波动等等)影响;②市场价格基本上是围绕着内在价值形成的。

4.就债券或优先股而言,其安全边际通常代表( )。
Ⅰ.盈利能力超过利率或者必要红利率
Ⅱ.企业价值超过其优先索偿权的部分
Ⅲ.计算出的内在价值高于市场价格的部分
Ⅳ.特定年限内预期收益或红利超过正常利息率的部分
A.Ⅰ、Ⅱ B.Ⅰ、Ⅲ
C.Ⅰ、Ⅲ、Ⅳ D.Ⅱ、Ⅲ、Ⅳ
【答案】A
【解析】安全边际是指证券的市场价格低于其内在价值的部分,任何投资活动均以之为基础。就债券或优先股而言,它通常代表盈利能力超过利率或者必要红利率,或者代表企业价值超过其优先索偿权的部分;对普通股而言,它代表了计算出的内在价值高于市场价格的部分,或者特定年限内预期收益或红利超过正常利息率的部分。

5.证券估值的方法主要有( )。
Ⅰ.相对估值 Ⅱ.无套利定价
Ⅲ.绝对估值 Ⅳ.资产价值
A.Ⅰ、Ⅲ B.Ⅱ、Ⅳ
C.Ⅰ、Ⅱ、Ⅲ D.Ⅰ、Ⅱ、Ⅲ、Ⅳ
【答案】D
【解析】观察角度、估值技术甚至价值哲学的巨大差异,导致证券估值相关领域的理论和方法层出不穷。证券估值方法主要包括:①绝对估值;②相对估值;③资产价值;④其他估值方法,包括无套利定价和风险中性定价。

6.资产价值估值的常用方法有( )。
Ⅰ.重置成本法 Ⅱ.无套利定价
Ⅲ.清算价值法 Ⅳ.风险中性定价
A.Ⅰ、Ⅱ B.Ⅰ、Ⅲ
C.Ⅱ、Ⅳ D.Ⅱ、Ⅲ、Ⅳ
【答案】B
【解析】常用的资产价值估值方法包括重置成本法和清算价值法,分别适用于可以持续经营的企业和停止经营的企业。

7.预计某公司今年末每股收益为2元,每股股息支付率为90%,并且该公司以后每年每股股利将以5%的速度增长。如果某投资者希望内部收益率不低于10%,那么,( )。
Ⅰ.他在今年年初购买该公司股票的价格应小于18元
Ⅱ.他在今年年初购买该公司股票的价格应大于38元
Ⅲ.他在今年年初购买该公司股票的价格应不超过36元
Ⅳ.该公司今年末每股股利为1.8元

A. Ⅰ、Ⅲ   B. Ⅰ、Ⅳ
C. Ⅱ、Ⅳ   D. Ⅲ、Ⅳ

【答案】D

【解析】该公司今年年末的每股股利＝2×90％＝1.8(元)，投资者希望内部收益率不低于10％，则其在今年年初购买股票的价格应该不超过：1.8/(10％－5％)＝36(元)。

8. 某公司去年每股收益为3元，去年每股分配现金红利2元，预计今年股利分配以3％的速度增长。假定必要收益率为5％，公司股票的市场价格等于其内在价值，股利免征所得税，那么( )。

   Ⅰ.公司股票今年的市盈率介于33倍至35倍之间
   Ⅱ.公司股票今年的市盈率介于36倍至38倍之间
   Ⅲ.公司股票今年年初的内在价值介于每股98元至100元之间
   Ⅳ.公司股票今年年初的内在价值介于每股101元至104元之间

   A. Ⅰ、Ⅲ   B. Ⅰ、Ⅳ
   C. Ⅱ、Ⅲ   D. Ⅱ、Ⅳ

【答案】B

【解析】根据不变增长模型，股票的内在价值＝2×(1＋3％)/(5％－3％)＝103(元)；市盈率＝103/3＝34.33(倍)。

9. 下列表述正确的是( )。

   Ⅰ.按照现金流贴现模型，股票的内在价值等于预期现金流之和
   Ⅱ.现金流贴现模型中的贴现率又称为必要收益率
   Ⅲ.当股票净现值大于零，意味着该股票股价被低估
   Ⅳ.现金流贴现模型是运用收入的资本化定价方法决定普通股票内在价值的方法

   A. Ⅰ、Ⅱ   B. Ⅰ、Ⅲ、Ⅳ
   C. Ⅱ、Ⅲ、Ⅳ   D. Ⅰ、Ⅱ、Ⅲ、Ⅳ

【答案】C

【解析】Ⅰ项，现金流贴现模型下，一种资产的内在价值等于预期现金流的贴现值，对股票而言，预期现金流即为预期未来支付的股息，即股票的内在价值等于预期现金流的贴现值之和。

10. 市净率与市盈率都可以作为反映股票价值的指标，( )。

    Ⅰ.市盈率越大，说明股价处于越高的水平
    Ⅱ.市净率越大，说明股价处于越高的水平
    Ⅲ.市盈率通常用于考察股票的内在价值，多为长期投资者所重视
    Ⅳ.市净率通常用于考察股票的内在价值，多为长期投资者所重视

    A. Ⅰ、Ⅲ   B. Ⅰ、Ⅳ
    C. Ⅰ、Ⅱ、Ⅳ   D. Ⅱ、Ⅲ、Ⅳ

【答案】C

【解析】Ⅲ项，市盈率通常用于考察股票的供求状况，更为短期投资者所关注。

11. 下列关于股票内部收益率的描述，正确的是(　　)。
    Ⅰ.在同等风险水平下，如果内部收益率大于必要收益率，可考虑买进该股票
    Ⅱ.内部收益率就是指使得投资净现值等于零的贴现率
    Ⅲ.不同投资者利用现金流贴现模型估值的结果相等
    Ⅳ.内部收益率实质上就是使得未来股息贴现现值恰好等于股票市场价格的贴现率
    A.Ⅰ、Ⅱ、Ⅲ   B.Ⅰ、Ⅱ、Ⅳ
    C.Ⅰ、Ⅲ、Ⅳ   D.Ⅰ、Ⅱ、Ⅲ、Ⅳ
【答案】B
【解析】Ⅲ项，不同股息增长率的假定派生出不同类型的贴现现金流量模型，估值结果不一定相等，如：股权自由现金流模型和公司自由现金流模型采用的贴现率不同，前者是评估公司的股权资本成本，后者则是评估公司的加权资本成本。

12. 资本资产定价模型表明资产i的收益由(　　)组成。
    Ⅰ.无风险收益率
    Ⅱ.市场收益率为零时资产i的预期收益率
    Ⅲ.资产i依赖于市场收益变化的部分
    Ⅳ.资产收益中不能被指数解释的部分
    A.Ⅰ、Ⅱ、Ⅲ、Ⅳ   B.Ⅰ、Ⅱ、Ⅳ
    C.Ⅰ、Ⅲ、Ⅳ   D.Ⅰ、Ⅲ
【答案】D
【解析】根据资本资产定价模型，单个证券的期望收益率由以下两个部分构成：①无风险利率；②风险溢价，风险溢价的大小取决于度量单个证券系统风险的β值，β值越高，则风险溢价越高。

第九章 固定收益证券

考情分析

本章主要从债券基础理论、债券定价与信用评级等三方面介绍了固定收益证券。其中,债券基本理论部分主要包括基准利率与货币市场利率及其影响因素,经济基本面、资金面与收益率曲线的关系和收益率曲线的特点;债券定价部分包括各类债券的累计利息及实际支付价格,债券估值模型与四类债券的定价,收益率的计算以及期限结构的影响因素,常见的各类债券的风险及定价方法;信用评级部分主要介绍了评级等级及其影响因素。

备考方法

本章理解性的内容比较多,考生必须牢记考点,才能在短时间内选出正确答案,在最近3次考试中,本章的平均分值约为10分。在复习过程中,考生应理解经济基本面、资金面与收益率曲线的关系,掌握债券的种类、特点及其定价方法,理解利率期限结构理论,对于资产证券化产品、非公开定向债务融资工具、中小企业私募债等债券的风险和定价方法,要求考生熟练掌握。此外,考生还需理解信用评级及其影响因素。

思维导图

- 固定收益证券
  - 基本理论
    - 基准利率、货币市场利率的概念
    - 决定利率方向与变化幅度的因素
    - 不同经济阶段收益率曲线的特点
  - 债券定价
    - 债券的概念和分类
    - 不同类别债券累计利息的计算和实际支付价格的计算
    - 债券现金流的确定因素
    - 债券贴现率的概念及计算公式
    - 债券收益率的概念及计算
    - 期限结构的影响因素及利率期限结构理论
    - 资产证券化产品、非公开定向债务融资工具（PPN）、中小企业私募债、城投债、市政债、项目收益债券的风险及定价方法
  - 债券评级
    - 信用利差的概念、影响因素及其计算
    - 信用利差和信用评级的关系
    - 债券评级的概念和主要等级标准
    - 主要的债券评级机构
    - 影响债券评级的因素及其与评级的关系
    - 常见的影响债券评级的财务指标及计算
    - 我国信用体系的特点

考点精讲

第一节 基本理论

一、基准利率、货币市场利率的概念

（一）基准利率的概念

基准利率是指金融市场上具有普遍参照作用的利率，其他利率水平或金融资产的价格均可根据这一基准利率水平来确定，即这种利率发生变动，其他利率也会相应变动。

（二）货币市场利率的概念

货币市场利率包括同业拆借利率、商业票据利率、国债回购利率、国债现货利率、外汇比

价等。货币市场利率是反映市场资金状况、衡量金融产品收益率的重要指标。货币市场利率还通常被视为市场基准利率,是利率市场化的关键环节。

二、决定利率方向与变化幅度的因素

决定利率方向与变化幅度的因素如表9-1所示。

表9-1 决定利率方向与变化幅度的因素

因素	内容
平均利润率	马克思的利率决定理论认为:利率取决于平均利润率,介于零和平均利润率之间,平均利润率越高,则利率越高
投资和储蓄	古典学派的储蓄投资理论认为,投资是利率的减函数,储蓄是利率的增函数,而利率变化则取决于投资流量与储蓄流量的均衡点,均衡利率是由投资和储蓄共同决定的
货币供求	凯恩斯的流动性偏好理论则是根据货币市场的均衡分析利率水平。该理论认为,均衡的利率水平由货币供给和货币需求决定。交易需求、预防需求和投机需求这三种需求构成了货币的需求。其中,交易需求与预防需求与收入相关,投机需求与利率相关;货币供给是一个外生变量,由政府决定。 凯恩斯认为,利率决定于货币供求数量,而货币需求量又基本取决于人们的流动性偏好。如果人们对流动性的偏好强,愿意持有的货币数量就增加,当货币的需求大于货币的供给时,利率上升;反之利率则下降。因此,利率是由流动性偏好曲线与货币供给曲线共同决定的。但是当利率极低时,由于货币需求无限大,利率将不再变动,即无论增加多少货币供应,货币都会被储存起来,不会对利率产生任何影响,这就是凯恩斯利率决定理论中著名的"流动性陷阱"
借贷资金供求	可贷资金理论认为利率是使用借贷资金的代价,而借贷资金的需求则与利率呈反向相关关系,两者的均衡决定利率水平。当市场上借贷资金供不应求时,利率就会上升;反之,当市场上借贷资金供过于求时,利率就会下降
商品市场与货币市场同时实现均衡的条件	IS-LM模型认为均衡利率水平是由商品市场与货币市场同时实现均衡的条件所决定的。当货币市场和商品市场达到均衡状态时,利率水平也达到了均衡状态
通货膨胀预期	物价的变动主要表现为货币本身的升值或贬值;物价下跌,货币升值;物价上涨,货币贬值。借贷双方在决定接受某一水平的名义利率时,都要考虑到对未来物价预期变动的补偿,以防止自己因货币的实际价值发生变动而亏损。所以,在预期通货膨胀率上升时,利率水平有很强的上升趋势;反之,在预期通货膨胀率下降时,利率水平也趋于下降

续表

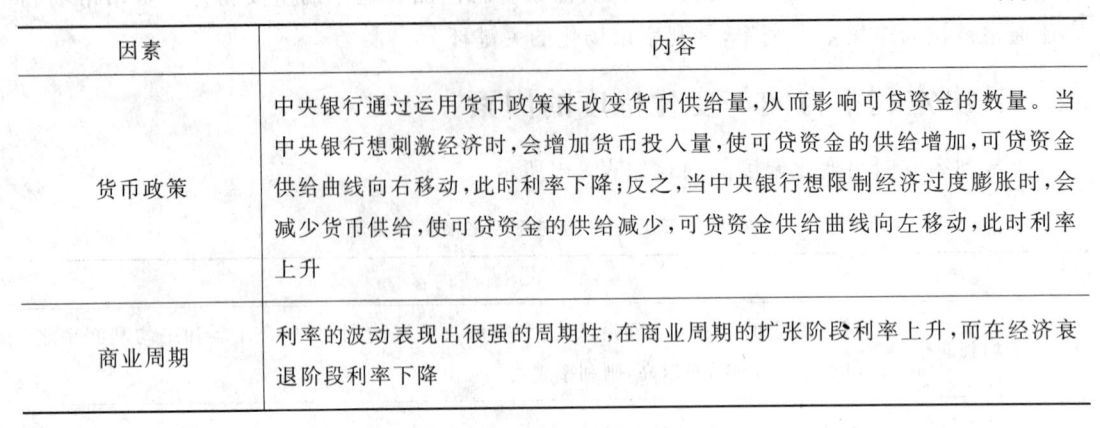

因素	内容
货币政策	中央银行通过运用货币政策来改变货币供给量,从而影响可贷资金的数量。当中央银行想刺激经济时,会增加货币投入量,使可贷资金的供给增加,可贷资金供给曲线向右移动,此时利率下降;反之,当中央银行想限制经济过度膨胀时,会减少货币供给,使可贷资金的供给减少,可贷资金供给曲线向左移动,此时利率上升
商业周期	利率的波动表现出很强的周期性,在商业周期的扩张阶段利率上升,而在经济衰退阶段利率下降

三、不同经济阶段收益率曲线的特点

收益率曲线即不同期限的即期利率的组合所形成的曲线,在不同的经济阶段收益率曲线呈现不同的特点。

(一)陡直的收益率曲线

这种形态的收益率曲线一般出现在紧随经济衰退后的经济扩张初期。

(二)倒置的收益率曲线

这种形态的收益率曲线一般出现在经济即将缓慢下来的时期。

第二节 债券定价

一、债券的概念和分类

(一)债券的概念

债券是一种有价证券,是社会各类经济主体为筹集资金而向债券投资者出具的、承诺按一定利率定期支付利息并到期偿还本金的债权债务凭证。债券具有偿还性、流动性、安全性和收益性等特征。债券所规定的资金借贷双方的权责关系主要有:(1)所借贷货币资金的数额;(2)借贷的时间;(3)在借贷时间内的资金成本或应有的补偿(即债券的利息)。

(二)债券的分类

依据不同的标准,债券可以有不同的分类。债券的分类如表9-2所示。

表 9-2 债券的分类

分类标准	分类	特点
发行主体	政府债券	由政府发行的债券。中央政府发行的债券被称为"国债"
	金融债券	由银行或非银行金融机构发行的债券
	公司债券	公司依照法定程序发行、约定在一定期限还本付息的有价证券。公司债券的发行主体是股份公司，但有些国家也允许非股份制企业发行债券，所以，归类时，可将公司债券和企业发行的债券合在一起，称为"公司（或企业）债券"
债券发行条款中是否规定在约定期限向债券持有人支付利息	贴现债券	又称为"贴水债券"，指在票面上不规定利率，发行时按某一折扣率以低于票面金额的价格发行的债券，债券发行价与票面金额之间的差额相当于预先支付的利息，到期时按面额偿还本息
	附息债券	附息债券的合约中明确规定，在债券存续期内，对持有人定期支付利息（通常每半年或每年支付一次）。按照计息方式的不同，这类债券还可细分为固定利率债券；和浮动利率债券
	息票累积债券	这类债券规定了票面利率，但是，债券持有人必须在债券到期时一次性获得本息，存续期间没有利息支付
募集方式	公募债券	发行人向不特定的社会公众投资者公开发行的债券
	私募债券	向特定的投资者发行的债券。私募债券的发行对象一般是特定的机构投资者
担保性质	有担保债券	以抵押财产为担保发行的债券。按抵押品的不同，又可以细分为抵押债券、质押债券和保证债券
	无担保债券	也被称为"信用债券，"仅凭发行人的信用而发行，不提供任何抵押品或担保人而发行的债券。国债、金融债券、信用良好的公司发行的公司债券，大多为信用债券
债券券面形态	实物债券	一种具有标准格式实物券面的债券。在标准格式的债券券面上，一般印有债券面额、债券利率、债券期限、债券发行人全称、还本付息方式等各种债券票面要素
	凭证式债券	凭证式债券的形式不是债券发行人制定的标准格式的债券，而是债权人认购债券的一种收款凭证
	记账式债券	没有实物形态的票券，利用证券账户通过电脑系统完成债券发行、交易及兑付的全过程

二、不同类别债券累计利息的计算和实际支付价格的计算

不同类别债券累计利息的计算和实际支付价格的计算如表9-3所示。

表9-3 不同类别债券累计利息的计算和实际支付价格的计算

债权种类	含义	估价公式
附息债券	又称固定利率债券或平息债券,是指事先确定息票率,定期(如每半年或一年)按票面金额计算并支付一次利息的债券。附息债券的价格等于按市场利率贴现计算出来的债券利息收入和所偿付本金的现值之和	$P = \sum_{t=1}^{n} \frac{rF}{(1+i)^t} + \frac{F}{(1+i)^n}$ 式中,P表示债券的理论价格,即现值;i表示市场利率或必要报酬率;F表示债券的面值;r表示债券的票面利率;n表示利息支付次数
一次还本付息债券	一次还本付息债券所产生的现金流量是到期时的本利和;一次还本付息债券的估价就是将到期时债券按票面利率计算出来的本利和再按市场利率进行贴现计算的复利现值	$P = \frac{F(1+r)^m}{(1+i)^n}$ 式中,n表示持有剩余期间的期数;m表示整个计息期间的期数;其余字母含义同上
永久性债券	指没有到期日,也没有最后支付日,债券投资人可以定期地、持续地获得固定收益的债券	$P = \frac{rF}{i}$
零息债券	又称纯贴现债券,是一种以低于面值的贴现形式发行,到期按债券面值偿还的债券。从计算公式上看,零息债券实际上是附息债券的一种特殊形式,但零息债券未来的现金流量则只有面额部分	$P = \frac{F}{(1+i)^n}$

三、债券现金流的确定因素

债券的价值由其未来现金流入量的现值决定。一般而言,债券的未来现金收入由各期利息收入和到期时收回的面值两部分组成。一张面值为B,各期利息收入为I,期限为n的债券的现金流量为:

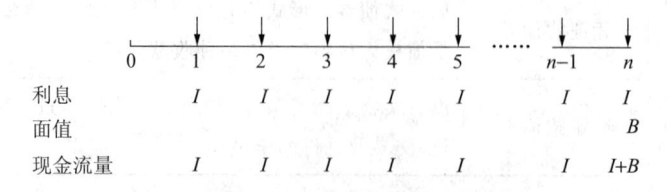

	0	1	2	3	4	5	……	n−1	n
利息		I	I	I	I	I		I	I
面值									B
现金流量		I	I	I	I	I		I	$I+B$

图 9-1 债券的现金流量

由图 9-1 可知，该债券的现金流量由一个票面利息构成的年金和一个到期支付的面值总额两部分组成，债券的价值就是这两部分现值的和。因此，债券的价值由下式决定：

$$P = \frac{I}{(1+r)} + \frac{I}{(1+r)^2} + \frac{I}{(1+r)^3} + \cdots + \frac{I}{(1+r)^n} + \frac{B}{(1+r)^n}$$

$$= \sum_{t=1}^{n} \frac{I}{(1+r)^n} + \frac{B}{(1+r)^n}$$

式中，I 表示各期利息收入；B 表示债券的面值；n 表示债券的付息期数；r 表示投资者要求的回报率。式中的求和项就是票面利息的现值，最后一项是面值的现值。

由于债券是按照持有到期的全部现金流量进行折现而确定其价值的，所以要用投资者要求的回报率 r 对债券所有的未来现金流量折现，然后将这些现值相加。

四、债券贴现率的概念及计算公式

通过风险相似的债券的交易价格计算出这些债券的投资回报率，这些债券的投资回报率即为债券贴现率，也称为同类债券的市场利率，这是债券投资者购买同类债券的机会成本，也是投资者要求的投资回报率。债券持有到期时的贴现率，又称到期收益率（YTM），其计算公式为：

$$P_b = \sum_{t=1}^{n} \frac{CF_t}{(1+YTM)^t}$$

式中，CF_t 表示第 t 期债券现金流量，主要指利息（I）和到期本金（F）；P_b 表示债券的价格；YTM 表示债券的到期收益率。

五、债券收益率的概念及计算

债券收益率是影响债券价格的重要因素，通常可以用以下几个指标衡量，如表 9-4 所示。

表 9-4 债券收益率的衡量指标及说明

指标	说明
息票率	指在发行证券时，证券发行人同意支付的协议利率，通常出现于中长期公司债券与政府债券。只有在满足以下情况的时候，才能够用息票率来衡量债券的收益率：（1）投资者以等于证券的面值的价格买进证券；（2）按时得到承诺的全部付款；（3）投资者按照债券面值变现债券
当期收益率	指按息票率计算所得的债券每一计息周期的利息收入除以当前债券市场价格的比率，用以衡量投资于债券的当期回报率

续表

指标	说明
到期收益率	是使债券未来支付的现金流之现值与债券当前价格相等的折现率,体现了自购买日至到期日的平均回报率 若已知债券当前购买价格 P_0,面值为 F,距离到期时间为 n 年,每年支付的利息总额为 C,1 年内共分 m 次付息,则满足下式的 y 就是到期收益率: $$P_0 = \frac{F}{\left(1+\frac{y}{m}\right)^{mn}} + \sum_{t=1}^{mn} \frac{\frac{C}{m}}{\left(1+\frac{y}{m}\right)^t}$$ 上式表明,到期收益率实际上就是内部报酬率,而到期收益率能否实际实现,取决于三个条件:(1)发行人无违约(利息和本金能按时、足额支付);(2)投资者持有债券到期;(3)收到利息能以到期收益率再投资
即期利率	是某一给定时点上折价证券的到期收益率,是指在今天投入资金在连续保持 n 年后所得收益率,对折价债券来说,即期利率是其年到期收益率,也叫零息利率。一般地,t 年的即期利率用 S_t 表示,公式有: $$P_t = \frac{C_t}{(1+S_t)^t}$$ 式中:P_t 是折价债券的现值,t 年到期,到期价格为 C_t
持有期收益率	如果债券未持有到期,则需要用持有期收益率来衡量。若债券价格为 P_0,付息周期为 n,在第 $m(m \leq n)$ 期按 P_m 的价格出售,则持有期收益率 h 可以通过以下式子求出: $$P_0 = \sum_{t=1}^{m} \frac{C}{(1+h)^t} + \frac{P_m}{(1+h)^t}$$
赎回收益率	以平均年收益率表示,用以衡量从购买日到债券被发行人购回日,个人从债券投资中得到的收益。赎回收益率一般指的是第一赎回收益率,即假设赎回发生在第一次可赎回的时间,从购买到赎回的内在收益率。赎回收益率 y 的计算公式为: $$P = \sum_{t=1}^{n} \frac{C}{(1+y)^t} + \frac{M}{(1+y)^n}$$ 其中,P 为发行价格,n 为直到第一个赎回日的年数,M 为赎回价格,C 为每年利息收益
收益率曲线	收益率曲线是描述在某一时点上一组可交易债券的收益率与其剩余到期期限之间数量关系的一条曲线,即在直角坐标系中,以债券剩余到期期限为横坐标、债券收益率为纵坐标而绘制的曲线。 收益率曲线按照曲线形状可划分为:①正向收益率曲线;②反向收益率曲线;③水平收益率曲线;④拱形收益率曲线

六、期限结构的影响因素及利率期限结构理论

(一)期限结构的影响因素

利率期限结构是指某一时点上品质相同而期限不同的债券的到期收益率与到期期限之间的关系。利率的期限结构通常用收益曲线来表示。

利率期限结构主要取决于利率对期限的敏感性,关键在于国家的长期宏观经济政策和企业投资的远期盈利能力。

(二)利率期限结构理论

对于期限结构的研究目前主要有三种流派,大致可以归为市场期望理论、流动性偏好理论和市场分割理论。

1.市场期望理论

市场期望理论建立在以下三个假设条件之上:

(1)投资者风险中性,仅仅考虑(到期)收益率而不考虑风险;

(2)所有市场参与者都有相同的预期,金融市场是完全竞争的;

(3)在投资者的资产组合中,不同期限的债券具有完全替代性。

该理论认为,未来市场短期利率期望值等于远期利率;长期债券的即期利率取决于现期的短期利率和未来远期短期利率。若远期利率上升,则长期债券的到期收益率上升,即呈上升式利率期限结构,反之则相反。图 9-2 描述了在市场期望理论下的利率期限结构。

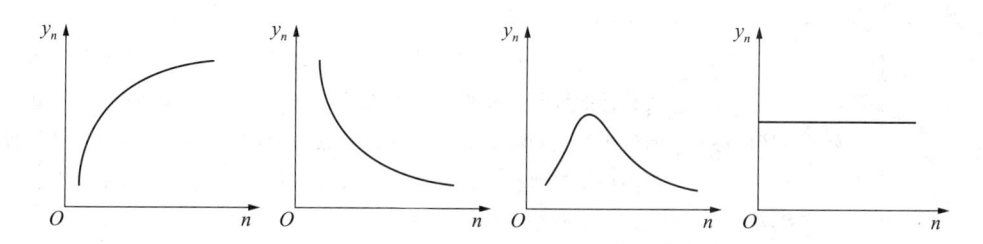

图 9-2 市场期望理论下的利率期限结构

图 9-2 描述了四种利率与到期期限的关系,在市场期望理论下,出现以下四种利率期限结构的原因分别是:①远期利率上升;②远期利率下降;③远期利率先升后降;④远期利率保持与即期利率相同。

2.流动性偏好理论

根据流动性偏好理论,不同期限的债券之间存在一定的替代性,这意味着一种债券的预期收益确实可以影响不同期限债券的收益,但是不同期限的债券并非完全替代的,短期债券比长期债券更具有吸引力。所以,长期利率是短期利率与流动性补偿值之和,即假定大多数投资者偏好持有流动性较强的短期债券,因此用流动性偏好理论计算的 n 年期债券收益率

大于市期期望理论框架下计算的 n 年期债券收益率。

3. 市场分割理论

市场期望理论与流动性偏好理论都暗含着一个假定,即不同到期期限的债券之间或多或少可以相互替代,长短期利率由同一个市场共同决定。市场分割理论则持不同的观点,其与前两个理论最大的不同在于,分割理论认为长短期债券基本上是在分割的市场上,各自有自己独立的均衡价格(利率);投资者对不同期限的债券有不同的偏好,因此只关心他所偏好的那种期限的债券的预期收益水平。按照市场分割理论的解释,各种收益率曲线形式之所以不同,是由于不同期限债券的供给和需求不同而引起的。

第三节 债券评级

一、信用利差的概念、影响因素及其计算

信用利差的概念、影响因素及其计算公式如表 9-5 所示。

表 9-5 信用利差的概念、影响因素及其计算

项目		描述
概念		是指除了信用等级不同,其他各方面都相同的两种债券收益率之间的差额,代表了仅仅用于补偿信用风险而增加的收益率。信用利差在经济扩张期会下降,而在经济收缩期会增加,鉴于此,信用利差可以作为预测经济周期活动的一个指标
影响因素	宏观经济形势	如果经济处于扩张期,投资者对未来发展有信心,愿意投资于信用等级较低的证券以获得较高的收益,而公司收入增加,这样就导致较低的信用利差;相反,如果经济处于收缩期,投资者信心不足,更愿投资于高信用等级债券以回避风险,而公司由于收入下降,发行人必须提供较高的利率,因此会产生较高的信用利差
	市场流动性	债券的供给数量与信用利差呈正向相关关系,债券的供给数量越大,信用利差越高,反之,债券供给越小,信用利差越低;而资金面与信用利差呈反向相关关系,即银行可利用资金越高,信用利差越小,反之,银行可利用资金越低,信用利差则越大
	股市波动性	理论上,信用利差与股市的波动幅度呈负向相关关系,股市波动幅度越大,信用利差越小;反之,股市波动幅度越小,信用利差则越大
计算公式		信用利差=贷款或证券收益-相应的无风险证券的收益

二、信用利差和信用评级的关系

信用评级作为信用风险的表现形式,其变动能够影响债券的定价,从而影响债券的信用利差水平,这种影响是通过投资者对资产的风险收益特征的态度变化实现的,即通过风险偏好的调整实现的。如果将信用评级作为单独的变量,可以用来解释信用利差的变动。

三、债券评级的概念和主要等级标准

(一)债券评级的概念

债券的信用等级表示债券质量的优劣,反映债券还本付息能力的强弱和债券投资风险的高低。公司公开发行债券,通常由债券评级机构为其评定信用等级。债券的信用评级不仅可以保护投资者利益、规避风险,还可以降低发行公司筹资成本。

一般而言,信用级别越高的债券,到期还本付息风险越低,其票面利率也越低;反之,信用级别越低的债券,到期还本付息的风险就越高,其票面利率也越高。

(二)债券评级的主要等级标准

国外流行的债券等级一般分为3等9级。这是由国际上著名的美国信用评定机构穆迪投资者服务公司和标准普尔公司分别采用的,如表9-6所示。

表9-6 债券信用等级表

标准普尔公司		穆迪公司	
AAA	最高级	Aaa	最高质量
AA	高级	Aa	高质量
A	上中级	A	上中质量
BBB	中级	Baa	下中质量
BB	中下级	Ba	具有投机因素
B	投机级	B	通常不值得正式投资
CCC	完全投机级	Caa	可能违约
CC	最大投机级	Ca	高度投机性,经常违约
C	规定盈利付息但未能盈利付息	C	最低级

四、主要的债券评级机构

(一) 债券评级机构的满足条件

一家评级机构若想获得美国证券交易委员会(SEC)承认,必须向 SEC 提出书面申请,SEC 官员对申请进行审查,而且必须满足下述条件才予以承认:
(1) 申请人必须在全国范围内得到承认;
(2) 评级过程应当完全且可信;
(3) 评级人员和管理层必须无任何利益冲突、偏见和外部压力。

(二) 主要的评级机构

目前,美国获 SEC 承认的评级机构有六家,即:达夫信用评级公司、标准普尔公司、穆迪公司、菲奇公司、IBCAInc. 和 Thouron Bank Watob。其中后两家只能对银行和金融机构进行评级。前四家评级机构可对几乎所有行业进行评级。

五、影响债券评级的因素及其与评级的关系

信用评级主要从以下几个方面进行分析,如表 9-7 所示。

表 9-7 影响债券评级的因素及其与评级的关系

因素	关系
公司发展前景	包括分析判断债券发行公司所处行业的状况,如是"朝阳产业",还是"夕阳产业",分析评价公司的发展前景、竞争能力、资源供应的可靠性等。一般而言,公司发展前景越好,信用评级越高,反之则越低
公司的财务状况	包括分析评价公司的债务状况、偿债能力、盈利能力、周转能力和财务弹性,及其持续的稳定性和发展变化趋势。公司的财务状况越好,其债券的信用评级也越高,反之则越低
公司债券的约定条件	包括分析评价公司发行债券有无担保及其他限制条件、债券期限、还本付息方式等

六、常见的影响债券评级的财务指标及计算

债券评级中财务分析是以债券发行者提出的财务数据为基础,进行定量分析。分析中研究的项目主要有:收益性、财务构成、财务弹性及清算价值等。具体如表 9-8 所示。

表 9-8 常见的影响债券评级的财务指标及计算

项目	财务指标	计算公式
收益性（是观察公司财务是否健全的最重要指标，也是判断资本筹措能力及经营好坏的标准）	销售额盈利率	销售额盈利率＝折旧付利之前的盈利/销售额×100%
	长期资本付利前盈利率	长期资本付利前盈利率＝付利完税前的盈利额/长期资本×100%＝付利完税前的盈利额/（长期债务＋优先股东持有份额＋权益账户）×100%
	利息支付能力	息支付能力＝付利前盈利额/利息支付额
财务构成（即资本结构，用以反映债券投资者对收益变动所承担风险可在多大程度上得到保护）	资本化比率	资本化比率＝长期债务/（长期债务＋优先股东份额＋权益账户）×100%
	有息负债比率	有息负债比率＝（短期债务＋长期债务）/（短期债务＋长期债务＋优先股股东份额＋权益账户）×100%
	负债比率	负债比率＝总负债/无形资产×100%
财务弹性（以营业活动所得的内部资金应付包括偿还债务在内的各种各样资金需求的能力越强，财务弹性就越大）	资金流量比率	资金流量比率＝折旧前盈利/长期债务余额×100%＝（纯盈利＋折旧费＋延付税款）/长期债务余额×100%
	流动比率	流动比率＝流动资产/流动负债×100%
	周转资本比率	周转资本比率＝（流动资产－流动负债）/长期债务余额×100%
	销售债务周转率	销售债务周转率＝销售额/债权×100%
清算价值（是观察企业偿还优先负债后，对长期债权人还剩余多少资产的指标）		清算价值＝纯资产/长期债务余额×100%

七、我国信用体系的不足

(1)我国债券信用评级的法律法规不健全，政策出自多门，有关管理规定比较零散，缺乏必要的系统化、规范化和清晰化。政出多门不利于规范管理，也难以避免不协调、不一致情况的发生。

(2)债券信用评级机构独立性得不到足够保证，机构数量比较多，存在较大程度恶性竞争。

(3)债券评级技术不很成熟。从业人员的专业知识、综合分析能力、道德素质参差不齐，在相当程度上影响到债券评级的技术水平。

(4)发债企业对信用评级的认识有偏差，不切实际的过度追求高信用等级。

过关演练

一、选择题(以下备选项中只有一项符合题目要求)

1. 下列关于利率期限结构形状的各种描述中,不存在的是( )收益率曲线。
   A. 水平的
   B. 拱形的
   C. 反向的
   D. 垂直的

   【答案】D

   【解析】收益率曲线按照曲线形状可划分为:①正向收益率曲线;②反向收益率曲线;③水平收益率曲线;④拱形收益率曲线。

2. 在利率期限结构理论中,( )认为长短期债券具有完全的可替代性。
   A. 固定偏好理论
   B. 市场分割理论
   C. 流动性偏好理论
   D. 市场预期理论

   【答案】D

   【解析】在市场预期理论中,某一时点的各种期限债券的收益率虽然不同,但是在特定时期内,市场上预计所有债券都取得相同的即期收益率,即长期债券是一组短期债券的理想替代物,长、短期债券取得相同的利率,即市场是均衡的。

3. 在流动性偏好理论中,流动性溢价是指( )。
   A. 当前长期利率与短期利率的差额
   B. 未来某时刻即期利率与当期利率的差额
   C. 远期利率与即期利率的差额
   D. 远期利率与未来的预期即期利率的差额

   【答案】D

   【解析】投资者在接受长期债券时就会要求将与较长偿还期限相联系的风险给予补偿,这便导致了流动性溢价的存在。在这里,流动性溢价便是远期利率和未来的预期即期利率之间的差额。

4. 投资者在确定债券价格时,需要知道该债券的预期未来货币现金流和要求的最低收益率,该收益又被称为( )。
   A. 当期收益率
   B. 必要收益率
   C. 内部收益率
   D. 到期收益率

   【答案】B

   【解析】投资者对该债券要求的最低回报率,也称为必要回报率,其计算公式为:债券必要回报率=真实无风险收益率+预期通货膨胀率+风险溢价。

5. 以下关于当期收益率的说法,不正确的是( )。
   A. 其计算公式为:$Y = \dfrac{C}{P} \times 100\%$

B. 它度量的是债券年利息收益占购买价格的百分比
C. 它能反映每单位投资能够获得的债券年利息收益
D. 它能反映每单位投资的资本损益

【答案】D

【解析】当期收益率,度量的是债券年利息收益占购买价格的百分比,反映每单位投资能够获得的债券年利息收益,但不反映每单位投资的资本损益。

6. 假定某投资者按1000元的价格购买了年利息收入为80元的债券,并持有2年后以1060元的价格卖出,那么该投资者的持有期收益率为( )。
   A. 6.53%   B. 8.91%
   C. 10.85%   D. 14.21%

【答案】C

【解析】根据持有期收益率的计算公式:$1000 = \frac{80}{1+y_k} + \frac{80+1060}{(1+y_k)^2}$,求得:持有期收益率$=10.85\%$。

7. 实践中,通常采用( )来确定不同债券的违约风险大小。
   A. 收益率差   B. 风险溢价
   C. 信用评级   D. 信用利差

【答案】C

【解析】实践中,通常采用信用评级来确定不同债券的违约风险大小,不同信用等级债券之间的收益率差则反映了不同违约风险的风险溢价,因此也称为信用利差。

8. 下列有关财务弹性的表述,不正确的是( )。
   A. 财务弹性是指将资产迅速转变为现金的能力
   B. 财务弹性是用经营现金流量与支付要求进行比较
   C. 财务弹性是指企业适应经济环境变化和利用投资机会的能力
   D. 现金满足投资比率越大,说明资金自给率越高

【答案】A

【解析】财务弹性是指公司适应经济环境变化和利用投资机会的能力。这种能力来源于现金流量和支付现金需要的比较。现金流量超过需要,有剩余的现金,适应性就强。财务弹性是用经营现金流量与支付要求进行比较。支付要求可以是投资需求或承诺支付等。A项,流动性是将资产迅速转变为现金的能力。

9. 某公司某年度的资产负债表显示,当年总资产为10000000元,其中流动资产合计3600000元,包括存货1000000元,公司的流动负债2000000元,其中应付账款200000元,则该年度公司的流动比率为( )。
   A. 1.8   B. 1.44
   C. 1.3   D. 2.0

【答案】A

【解析】流动比率是流动资产与流动负债的比值。其计算公式为：流动比率＝流动资产÷流动负债。代入数值，可得该年度公司的流动比率为：3600000÷2000000＝1.8。

二、组合型选择题（以下备选项中只有一项最符合题目要求）

1. 通过对上市公司的负债比率分析，（　　）。

   Ⅰ．财务管理者可以获得公司的资产负债率是否合理的信息

   Ⅱ．经营者可以获得公司再次借贷难易程度的信息

   Ⅲ．投资者可以获得上市公司股价未来确定走势的信息

   Ⅳ．债权人可以获得其贷给公司的款项是否安全的信息

   A．Ⅲ、Ⅳ
   B．Ⅰ、Ⅱ、Ⅳ
   C．Ⅱ、Ⅲ、Ⅳ
   D．Ⅰ、Ⅱ、Ⅲ、Ⅳ

   【答案】B

   【解析】负债比率主要包括：资产负债率、产权比率、有形资产净值债务率、已获利息倍数、长期债务与营运资金比率等。资产负债率反映在总资产中有多大比例是通过借债来筹资的，也可以衡量公司在清算时保护债权人利益的程度。产权比率反映由债权人提供的资本与股东提供的资本的相对关系，反映公司基本财务结构是否稳定。有形资产净值债务率谨慎、保守地反映了公司清算时债权人投入的资本受到股东权益的保障程度。已获利息倍数指标反映公司经营收益为所需支付的债务利息的多少倍。

2. 影响利率期限结构的因素有（　　）。

   Ⅰ．收益率曲线

   Ⅱ．市场效率低下

   Ⅲ．债券预期收益中可能存在的流动性溢价

   Ⅳ．对未来利率变动方向的预期

   A．Ⅲ、Ⅳ
   B．Ⅰ、Ⅱ、Ⅳ
   C．Ⅱ、Ⅲ、Ⅳ
   D．Ⅰ、Ⅱ、Ⅲ、Ⅳ

   【答案】C

   【解析】债券的利率期限结构是指债券的到期收益率与到期期限之间的关系，该结构可通过利率期限结构图（收益率曲线）表示。在任一时点上，都有以下3种因素影响期限结构的形状：对未来利率变动方向的预期、债券预期收益中可能存在的流动性溢价、市场效率低下或者资金从长期（或短期）市场向短期（或长期）市场流动可能存在的障碍。

3. 在利率期限结构的分析中，下列关于市场预期理论的表述正确的有（　　）。

   Ⅰ．长期债券不是短期债券的理想替代物

   Ⅱ．在特定时期内，各种期限债券的即期收益率相同

   Ⅲ．某一时点的各种期限债券的收益率是不同的

   Ⅳ．市场预期理论又称无偏预期理论

   A．Ⅰ、Ⅱ、Ⅳ
   B．Ⅰ、Ⅲ、Ⅳ
   C．Ⅱ、Ⅲ、Ⅳ
   D．Ⅰ、Ⅱ、Ⅲ、Ⅳ

【答案】C

【解析】Ⅰ项,在市场预期理论中,某一时点的各种期限债券的收益率虽然不同,但是在特定时期内,市场上预计所有债券都取得相同的即期收益率,即长期债券是一组短期债券的理想替代物,长、短期债券取得相同的利率,即市场是均衡的。

4. 计算债券必要回报率所涉及的因素有( )。

　　Ⅰ. 真实无风险收益率　　　　Ⅱ. 预期通货膨胀率
　　Ⅲ. 风险溢价　　　　　　　　Ⅳ. 持有期收益率
　　A. Ⅰ、Ⅲ　　　　　　　　　　B. Ⅰ、Ⅱ、Ⅲ
　　C. Ⅱ、Ⅲ、Ⅳ　　　　　　　　D. Ⅰ、Ⅱ、Ⅲ、Ⅳ

【答案】B

【解析】债券必要回报率＝真实无风险收益率＋预期通货膨胀率＋风险溢价。

5. 当期收益率的缺点表现为( )。

　　Ⅰ. 零息债券无法计算当期收益
　　Ⅱ. 不能用于比较期限和发行人均较为接近的债券
　　Ⅲ. 一般不单独用于评价不同期限附息债券的优劣
　　Ⅳ. 计算方法较为复杂
　　A. Ⅰ、Ⅳ　　　　　　　　　　B. Ⅰ、Ⅲ
　　C. Ⅱ、Ⅳ　　　　　　　　　　D. Ⅱ、Ⅲ、Ⅳ

【答案】B

【解析】当期收益率的优点在于简便易算,可以用于期限和发行人均较为接近的债券之间进行比较。其缺点是:①零息债券无法计算当期收益;②不同期限附息债券之间,不能仅仅因为当期收益高低而评判优劣。

6. 关于债券的即期利率,下列说法正确的有( )。

　　Ⅰ. 即期利率也称为零利率
　　Ⅱ. 即期利率是零息票债券到期收益率
　　Ⅲ. 即期利率是用来进行现金流贴现的贴现率
　　Ⅳ. 根据已知的债券价格,能够计算出即期利率
　　A. Ⅰ、Ⅱ、Ⅳ　　　　　　　　B. Ⅰ、Ⅲ、Ⅳ
　　C. Ⅱ、Ⅲ、Ⅳ　　　　　　　　D. Ⅰ、Ⅱ、Ⅲ、Ⅳ

【答案】D

【解析】即期利率又称零利率,是零息票债券到期收益率的简称。在债券定价公式中,即期利率就是用来进行现金流贴现的贴现率。反过来,也可以从已知的债券价格计算即期利率。

7. 关于利率的风险结构,下列说法正确的有( )。

　　Ⅰ. 不同发行人发行的相同期限和票面利率的债券,其债券收益率通常不同
　　Ⅱ. 实践中,通常采用信用评级来确定不同债券的违约风险大小

Ⅲ.无违约风险债券的收益率加上适度的收益率差,即为风险债券的收益率

Ⅳ.经济繁荣时期,低等级债券与无风险债券之间的收益率差通常较大

A.Ⅰ、Ⅱ　　　　　　　　　　B.Ⅱ、Ⅳ
C.Ⅰ、Ⅱ、Ⅲ　　　　　　　　D.Ⅰ、Ⅱ、Ⅳ

【答案】C

【解析】Ⅳ项,在经济繁荣时期,低等级债券与无风险债券之间的收益率差通常比较小。

8.债券的利率期限结构主要包括(　　)收益率曲线。

Ⅰ.反向　　　　　　　　　　Ⅱ.水平

Ⅲ.正向　　　　　　　　　　Ⅳ.拱形

A.Ⅰ、Ⅱ、Ⅲ　　　　　　　　B.Ⅱ、Ⅲ、Ⅳ
C.Ⅰ、Ⅲ、Ⅳ　　　　　　　　D.Ⅰ、Ⅱ、Ⅲ、Ⅳ

【答案】D

【解析】债券的利率期限结构是指债券的到期收益率与到期期限之间的关系,主要包括四类收益率曲线:反向、水平、正向和拱形。

9.关于贴现债券,下列说法正确的是(　　)。

Ⅰ.在票面上不规定利率

Ⅱ.属于折价方式发行的债券

Ⅲ.在发行时将利息预先扣除

Ⅳ.在债券发行后才按期支付利息

A.Ⅰ、Ⅳ　　　　　　　　　　B.Ⅰ、Ⅱ、Ⅲ
C.Ⅱ、Ⅲ　　　　　　　　　　D.Ⅰ、Ⅱ、Ⅲ、Ⅳ

【答案】B

【解析】贴现债券又称为"贴水债券",是指在票面上不规定利率,发行时按某一折扣率以低于票面金额的价格发行的债券,债券发行价与票面金额之间的差额相当于预先支付的利息,到期时按面额偿还本息。

10.(　　)假设市场参与者会按照他们的利率预期从债券市场的一个偿还期部分自由地转移到另一个偿还期部分,而不受任何阻碍。

Ⅰ.市场预期理论　　　　　　Ⅱ.流动性偏好理论

Ⅲ.市场分割理论　　　　　　Ⅳ.偿还期限理论

A.Ⅰ、Ⅱ　　　　　　　　　　B.Ⅱ、Ⅳ
C.Ⅰ、Ⅱ、Ⅲ　　　　　　　　D.Ⅰ、Ⅱ、Ⅳ

【答案】A

【解析】市场预期理论和流动性偏好理论,都假设市场参与者会按照他们的利率预期从债券市场的一个偿还期部分自由地转移到另一个偿还期部分,而不受任何阻碍。市场分割理论的假设却恰恰相反。

第十章 衍生产品

考情分析

本章的主要内容包括衍生产品的种类和特征;股指期货的相应概念和交易功能;期权内在价值、时间价值、行权价、历史波动率、隐含波动率;场外衍生品主要交易品种;衍生品的定价与对冲等。知识点较多且分散。考查内容多为股指期货定价理论;套利的种类和相应的特征;期货套期保值交易实务;期权的定价原理和主要模型;影响期权价值的因素;基金评价的指标体系和主要方法等。

备考方法

本章知识点以理解为主,有相对难度。考生在复习的过程中,要对各种衍生品的定义和特征联系记忆,对期货、股指期货以及国债期货的定价原理要理解并能够熟练应用于计算中,在最近3次考试中,本章的平均分值约为15分。对于套利分类的概念要加深记忆,理解各种套利是如何进行的,对于期货的基差概念要理解,能够以此联想到如何利用基差来分析各种期货的交易。对于期权的各种定价模型除了要理解是如何推导的,还要能够熟练应用于对于期权价格的计算中,至于期权平价理论要知道是如何推导的。要熟练记忆可转债的相关概念,能够理解可转化债券的定价原理。需要注意的是,考生除了要熟练掌握上述内容外,为了巩固记忆,可以练习大量的习题来巩固知识点。

思维导图

衍生产品
- 基本理论
  - 衍生产品的种类和特征
  - 股指期货
  - 期权
  - 场外衍生品主要交易品种
- 期货估值
  - 股指期货
  - alpha 套利
  - 股指期货套期保值交易实务
  - 套期保值与期现套利的区别
  - 股指期货投资的风险
  - 国债期货
- 期权估值
  - 期权定价原理和主要模型
  - 期权平价公式
  - 影响期权价值的因素
  - 期权投资的风险
  - 期权的分类
  - 期权四种基本头寸的风险收益结构
  - 期权方向性交易的原理和方法
  - 期权套利的原理和方法
  - 期权套期保值的原理和方法
  - 期权波动率交易的原理和方法
- 其他衍生产品估值
  - 可转换债券
  - 基金评价的指标体系和主要方法

考点精讲

第一节 基本理论

一、衍生产品的种类和特征

(一) 衍生产品的种类

衍生产品,也称金融衍生工具,指建立在传统的基础金融产品之上,其价格取决于基础金融产品价格变动的衍生金融产品,可以按照不同的分类方式进行分类,分类如表 10-1 所示。

表10-1 衍生产品的种类

分类标准	具体种类
独立性	独立衍生产品、嵌入式衍生产品
产品形态	远期、期货、互换、期权、结构化产品
基础工具	股权类衍生产品、利率衍生产品、汇率衍生产品、商品衍生产品以及信用衍生产品等
交易场所	交易所交易的衍生产品、场外交易(OTC)的衍生产品

(二)衍生产品的特征

衍生产品具有四个显著的特征：(1)跨期性；(2)杠杆性；(3)联动性；(4)高风险性。

二、股指期货

股指期货(股票价格指数期货)，是指以股票价格指数为标的物的金融期货合约。相关概念如表10-2所示。

表10-2 股指期货的相关概念

概念	说明
合约乘数	一张股指期货合约的合约价值用股指期货指数点乘以某一既定的货币金额表示，这一既定的货币金额称为合约乘数。与其他期货品种合约规模固定不同，股指期货合约的规模随着股指期货价格的变化而变化
保证金	期货合约交易保证金是指投资者进行期货交易时缴纳的用来保证履约的资金，一般占交易合约价值的一定比例，包括初始保证金和维持保证金(也叫补充保证金)
交割方式	期货交割常用方式有实物交割和现金交割，股指期货合约的交割采用现金交割方式。
交割结算价	股指期货交割结算价是指期货合约进入最后交易日要进行现金交割时所参考的基准价格，不同交易所交割结算价的选取存在差异
涨跌停板制度	又称每日价格最大波动限制制度，即指期货合约在一个交易日中的交易价格波动不得高于或者低于规定的涨跌幅度，超过该涨跌幅度的报价将被视为无效报价，不能成交

三、期权

(一)期权合约的价值

期权合约的价值等于其内在价值与时间价值之和,期权的价格即为期权费,有:期权费=期权合约的价值=内在价值+时间价值。

1. 内在价值

期权的内在价值,即内涵价值,是指在不考虑交易费用和期权费的情况下,期权买方立即执行期权合约(假设期权为美式期权)可获得的收益。依据内涵价值的不同,可将期权分为:①实值期权;②虚值期权;③平值期权。

2. 时间价值

期权的时间价值,也称外在价值,是指期权合约的购买者为购买期权而支付的权利金超过期权内在价值的那部分价值。时间价值=权利金-内在价值。它是期权有效期内标的资产价格波动为期权持有者带来收益的可能性所隐含的价值。

(二)行权价格

行权价格是指期权买卖方在订立期权合约时约定的,期权买方向卖方购买或出售标的证券的执行价格。

(三)标的资产价格的波动率

标的资产价格的波动率是用来衡量标的资产在期权有效期内未来价格变动程度的指标,可用标准差衡量。常用的波动率指标有历史波动率及隐含波动率。波动率越大,对期权多头越有利,期权价格也应越高。

四、场外衍生品主要交易品种

场外交易,也称柜台交易或询价交易,指交易双方不通过交易所,直接成为交易对手的交易方式。场外交易具有无固定交易场所、开放式、交易品种多样化及以协商定价方式成交等特点。远期、期权和互换交易是具有代表性的场外衍生产品。

(一)远期交易

远期合约必须到期才能结算,一般都是到期交割。而无收益资产的远期合约,是指远期合约的标的资产在从时刻 t 到远期合约到期时刻 T 之间不产生现金流收入,如贴现债券。远期价格=即期价格+持有成本。

根据无套利理论,$F = Se^{r(T-t)}$。

其中 S 为即期价格,F 为远期价格,$T-t$ 为到期时间。

(二) 场外期权

场外期权是指在证券或期货交易所外交易的期权。利用场外期权对冲风险指的是通过一次场外期权交易,把现有资产组合的价格风险对冲到目标水平。风险对冲持续的时间与该场外期权合约持续的时间基本上是一致的。

(三) 场外互换

互换协议是一种典型的场外衍生产品。在场外衍生品市场中,互换协议是交易规模最大的。较为常见的是利率互换和货币互换。其中利率互换可以对冲利率变动造成损失的风险,降低融资成本,一般意义上的货币互换由于只包含汇率风险,所以可以用来管理境外投融资活动过程中产生的汇率风险,而交叉型的货币互换则不仅可以用来管理汇率风险,也可用来管理利率风险。场外互换的定价公式如表10-3所示。

表10-3 场外互换的定价

场外互换	定价公式
利率互换	$V_{互换} = B_{fl} - B_{fix}$ $B_{fix} = \sum_{i=1}^{n} k e^{-r_i t_i} + A e^{-r_n t_n}$　　$B_{fl} = (A + k^*) e^{-r_1 t_1}$ A 为利率互换中的名义本金额,k 为现金流交换日交换的固定利息额,n 为交换次数,t_i 为距第 i 次现金流交换的时间长度($1 \leqslant i \leqslant n$),$r_i$ 则为到期日为 t_i 的连续复利即期利率,k^* 为下一交换日应交换的浮动利息额,距下一次利息支付日则还有 t_1 的时间
货币互换	$V_{互换} = B_D - S_0 B_F$ B_F 是用外币表示的从互换中分解出来的外币债券的价值,B_D 是从互换中分解出来的本币债券的价值,S_0 是即期汇率(直接标价法)

通常来说结清互换头寸的方式主要包括:(1)出售原互换协议;(2)对冲原互换协议;(3)解除原有的互换协议。上述三种方式都为互换头寸的流动提供了重要的工具与途径,而国际互换交易的二级市场流动性不断增强,在互换市场的迅速发展中也起到了不可忽视的作用。

第二节 期货估值

一、股指期货

(一) 股指期货定价理论

如果想在未来某一时间拥有一定数量的某种股票,可以有两种方案:(1)融资买入股票,

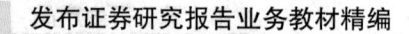

然后持有到期；(2)买入基于这种股票的期货合约，并到期交割。方案一的成本是买入股票的费用与持有成本；方案二的成本是买入期货合约的费用。根据无套利理论，假设无交易成本，可以得到股指期货合约的理论价格：

$$F = Se^{(r-q)(T-t)}$$

式中：F 为指数期货价格；S 为现货指数现值；e 为以连续复利方式计算资金成本和收益；r 为无风险利率；q 为持有期现货指数成分股红利率(可由原始红利调整得到)；$T-t$ 为从 t 时刻持有到 T 时刻。

(二)股指期货的应用

1. 套利

股指期货与股票指数之间以及不同的股指期货之间存在密切的价格联系。当股指期货的实际价格偏离理论价格时，市场就存在着套利机会。

2. 投机

如果投资者能够比较有把握地预测某种股指期货未来的价格走势，就可以在股指期货价格高估时卖出，之后买进；或者在股指期货价格低估时买进，之后卖出，以实现投机盈利。

3. 套期保值

股指期货的套期保值分为多头套期保值和空头套期保值。由于股指期货的标的资产是市场股票指数，因此股指期货的套期保值操作中存在较多交叉套期保值的现象，即股指期货的标的资产是特定的市场指数，而被保值的对象则可以是市场中的特定股票、股票组合或市场指数组合。股指期货的最小方差套期比例可以用组合的贝塔系数来近似代替。

$$\beta = \frac{\sigma_{r_i r_M}}{\sigma_{r_M}^2} = \rho_{r_i r_M} \frac{\sigma_{r_i}}{\sigma_{r_M}}$$

(三)期货的套利类型

在期货和现货之间套利，称之为期现套利；在不同的期货合约之间套利称为价差交易套利，价差套利又可以细分为跨期套利、跨市场套利和跨品种套利。具体说明如表10-4所示。

表10-4 期货的套利类型

名称	定义	说明
期现套利	在期货和现货之间套利	期现套利参与者常常是有现货生产经营背景的企业
跨期套利	利用同一交易所同一期货品种不同交割月份的期货合约的价差关系套利	根据期货定价理论，可以推算出不同月份股指期货之间的理论价差。当实际价差与理论价差出现明显偏离时，存在套利机会。或者通过观察和统计不同交割月份的期货合约的价差数据分布区间及其相应概率，当实际价差出现在大概率分布区间之外时，可以考虑建立套利头寸

续表

名称	定义	说明
跨市场套利	利用同一期货品种相同交割月份不同期货交易所的期货合约价差关系套利	在不同的期货市场上交易的相同或相似的期货商品之间的价格会有一个稳定的差额,一旦这个稳定差额发生偏离,交易者就进行套利
跨品种套利	利用两种相关商品期货的价差关系套利	可分为相关商品间的套利和原材料与成品间的套利

二、alpha 套利

阿尔法套利是指在指数期货与具有阿尔法值的证券组合产品间进行反向对冲套利。具体做法是:买入具有阿尔法值的证券组合产品,卖出指数期货,实现回避系统性风险下的超越市场指数的阿尔法收益。

阿尔法套利的关键是选择或构建证券产品,兼具折价率与超额收益阿尔法的证券产品是进行阿尔法套利交易的首选。其次,具有超额收益阿尔法的证券产品是进行阿尔法套利交易的次选。阿尔法套利在套利中属于典型的高收益、高风险套利方式。此种套利仅适合有能力挑选出具有稳定阿尔法证券产品的投资者,投资者在做阿尔法套利的时候应该与市场驱动因子监测体系结合起来分析。

三、股指期货套期保值交易实务

(一)套期保值的方向

1.买入套期保值

又称多头套期保值,指在期货市场上购入期货,用期货市场多头保证现货市场的空头,目的是锁定购入价格,避免现货价格上涨的风险。

2.卖出套期保值

又称空头套期保值,指在期货市场中出售期货,用期货市场空头保证现货市场的多头,以规避价格下跌的风险的套期保值交易。

(二)基差对套期保值效果的影响

基差指的是某一特定地点的同一商品现货价格(S)与期货合约价格(F)之间的差额。假设 S_0、S_t 分别代表标的资产在零时刻(套期保值操作开始时)和 t 时刻(对冲平仓时)的现货价格;F_0 表示零时刻期货合约价格;F_t 表示 t 时刻期货合约价格;B_0、B_t 分别是零时和 t 时的基差。买入套期保值的总盈亏如下:

总盈亏 = 期货交易盈亏 - 现货交易盈亏 = $(F_t - F_0) - (S_t - S_0) = (S_0 - F_0) - (S_t - F_t)$

$= B_0 - B_t$。

同理,卖出套期保值总盈亏 $= (F_0 - F_t) - (S_0 - S_t) = (S_t - F_t) - (S_0 - F_0) = B_t - B_0$。

由此可以看出,期货套期保值的效果取决于基差的变动。如果基差保持不变,则现货盈亏正好与期货市场盈亏相互抵消,总盈亏为零,套期保值目标实现。如果套期保值结束时,基差不等,则套期保值会出现一定的亏损或盈利。

(三)股指期货的套期保值交易

股指期货的套期保值交易相关方法如表10-5所示。

表10-5 股指期货的套期保值交易

套期保值交易	方法
时机的选择	资金量庞大的机构投资者通常采用动态的避险策略
工具的选择	综合考虑交易成本、对冲效果、流动性等因素,一般而言,应当选择与股票资产高度相关的金融工具
合约数量的确定	简单套期保值比率直接取保值比率为1 最小方差套期保值比率,依据CAPM模型,β系数代表股票指数变化1%时证券投资组合变化的百分比

(四)套期保值的原则

一般而言,进行套期保值操作要遵循下述基本原则:
(1)交易方向相反原则;
(2)种类相同或类似原则;
(3)数量相等原则;
(4)月份相同或相近原则。

四、套期保值与期现套利的区别

套期保值和期限套利都建立了两个方向相反的交易头寸,在对冲之后,用一个交易头寸的盈利弥补另外一个交易头寸的亏损。但是,套利交易和套期保值有着根本的区别,如表10-6所示。

表10-6 套期保值与期现套利的区别

区别	期现套利	套期保值
交易目的不同	是在承担较小风险的同时,赚取较为稳定的价差收益	是利用期货市场规避现货价格波动的风险,不以盈利为目的

续表

区别	期现套利	套期保值
交易依据不同	是利用期货与现货之间的价格出现的不合理偏差	依据的是期货市场和现货市场价格变动的一致性
承担风险的意愿不同	主动承担风险	为了规避风险

五、股指期货投资的风险

股指期货市场的风险规模大、涉及面广，具有放大性、复杂性与可预防性等特征。股指期货风险类型较为复杂，具体如表10-7所示。

表10-7 股指期货投资的风险

分类标准	风险种类
风险是否可控	不可控风险和可控风险
交易环节	代理风险、流动性风险、强制平仓风险
风险产生主体	交易所风险、经纪公司风险、投资者风险与政府风险
投资者面临的财务风险	市场风险、信用风险、流动性风险、操作风险与法律风险

六、国债期货

(一)国债期货定价的基本原理

期货定价的原理，是将现货的理论价格加上货币的时间价值以及交易费用等，最终得到期货的理论价格。对于国债期货，也遵循此定价原理。定价公式如表10-8所示。

表10-8 国债期货定价

国债期货定价	定价公式
短期国债	$F_t = S_t e^{r(T-t)}$
中长期国债	$F_t = (S_t - C_t) e^{r(T-t)}$ 附息票债券定期支付利息在t时点的现值为C_t

国债期货交割采用"一篮子可交割债券"制度，国债期货的可交割券是一系列符合条件的债券组合，必然存在一只可交割券是最便宜的可交割券。由卖方选定交割品种，卖方一般选择最便宜可交割券（CTD）。由于现券市场中的可交割债券利率和期限都可能与期货合约中标准国债不同，期货交割时需要一个转换。转换因子就是反映这种折算关系的系数。此时：

国债期货价格＝(CTD债券面额－应付利息)/转换因子

(二) 基本指标的含义与计算

表 10-9　基本指标的含义与计算

基本指标	含义	计算公式
基差	是指国债现货价格与经过转换因子调整之后期货价格之间的差额	$B=P-(F \cdot C)$ 式中，B代表可交割国债的基差，P代表国债的即期价格，F代表国债期货的价格，C代表可交割国债的转换因子
净基差	是考虑国债购买日到交割日期间的利息收入与资金机会成本(或回购融资成本)的基差，反映了购买国债现货用于国债期货合约交割的净成本	净基差＝基差－持有收入＋融资成本
隐含回购利率	是指买入国债现货并用于期货交割所得到的利率收益率。显然，隐含回购利率越高的国债现货价格越便宜，所以隐含回购利率最高的国债就是最便宜可交割国债	隐含回购利率 $= \dfrac{(期货报价 \times 转换因子 + 交割日应计利息) - 国债购买价格}{国债购买价格}$ $\times \dfrac{365}{交割日之前的天数}$

(三) 国债期货的运用

表 10-10　国债期货的运用

国债期货的运用	原理
对冲利率风险	国债期货合约的标的资产的利率与市场利率高度相关
基差交易	利用国债现券和国债期货基差的预期变化，在现货和期货市场同时或者几乎同时进行交易
跨期套利	当不同交割月份的国债期货合约间的价差偏离正常水平时，就存在国债期货跨期套利机会
国债期货空头交割期权	①国债期货空头到期进行卖出交割时，可以选择对自己最有利的国债进行交割；②在国债期货交割期内，交割双方可以自由选择合适的时机进行交割

第三节 期权估值

一、期权定价原理和主要模型

(一)期权定价原理

期权的定价模型源自"随机漫步理论",也就是认为标的资产的价格走势是独立的,今天的价格和昨天的价格没有任何关系,即价格是无法预测的。另外,市场也需要是有效市场。在这个假设下,一连串的走势产生"正态分布",即价格都集中在平均值周围,而且距离平均值越远,频率便越会下跌。

期权的定价基础就是根据这个特征为基础的,即期权的模型是概率模型,计算的是以正态分布为假设基础的理论价格。

(二)主要模型

期权定价的主要模型有二叉树定价模型、B-S-M 定价模型、蒙特卡罗 Monte Carlo 模型等。

1.二叉树定价模型

二叉树模型,又称二项式模型,其基本假定为:在给定的时间间隔内,标的资产的价格运动方向只有上涨和下跌两个可能方向。模型的前提假定是市场无摩擦、无信用风险、无套利机会、无利率风险以及投资者可以以无风险利率借入或贷出资金。

(1)单步二叉树模型

假定股票在 0 时刻的价格(当前价格)为 S_0,考虑以此股票为标的资产、到期日为 T、执行价格为 K 的看涨期权的当前价格。如图 10-1 所示。

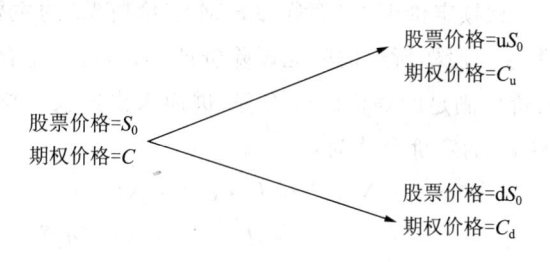

```
                        股票价格=u$S_0$
                        期权价格=$C_u$
       股票价格=$S_0$
       期权价格=$C$
                        股票价格=d$S_0$
                        期权价格=$C_d$
```

图10-1 股票价格变动的单步二叉树图(步长为 T)

则该看涨期权的定价公式为:

$$C = e^{-rT}[pC_u + (1-p)C_d]$$

其中,p 也被称为"风险中性概率",计算方法如下:

$$p = \frac{e^{rT} - d}{u - d}$$

计算上,已知股票的历史波动率(年)σ,可以取 $u = e^{\sigma\sqrt{T}}$,$d = 1/u$。

(2)两步二叉树模型

两步二叉树模型将期权有效期限分为两个时间间隔,每段时间间隔为 T。如图 10-2 所示。

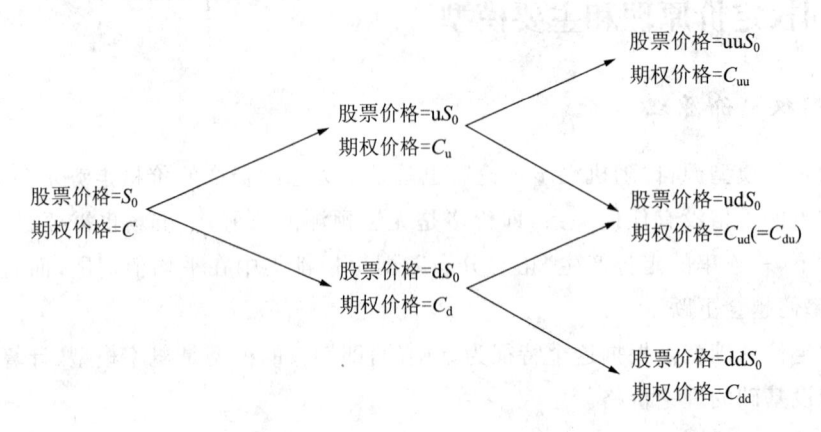

图 10-2 股票价格变动的两步二叉树图(步长为 $2T$)

$$C_u = e^{-rT}[pC_{uu} + (1-p)C_{ud}],$$
$$C_d = e^{-rT}[pC_{ud} + (1-p)C_{dd}],$$

其中,$p = \dfrac{e^{rT} - d}{u - d}$。

$$\begin{aligned}C &= e^{-rT}[pC_u + (1-p)C_d] \\ &= e^{-2rT}[p^2 C_{uu} + 2p(1-p)C_{ud} + (1-p)^2 C_{dd}]\end{aligned}$$

多步二叉树法与两步二叉树法操作步骤完全相同,当步数为 n 时,nT 时刻股票价格共有 $n+1$ 种可能,故步数比较大时,二叉树法更加接近现实的情形。

2. Black-Scholes 定价模型

布莱克—斯科尔斯—默顿定价模型(简称 B-S-M 定价模型)的主要思想:在无套利机会的条件下,构造一个由期权与股票所组成的无风险资产组合,这一组合的收益率必定为无风险利率 r,由此得出期权价格满足的随机微分方程,进而求出期权价格。无红利标的资产欧式看涨期权 C(看跌期权 P)的定价公式为:

$$C = S \cdot N(d_1) - K \cdot e^{-rT} \cdot N(d_2)$$
$$P = K \cdot e^{-rT} \cdot N(-d_2) - S \cdot N(-d_1)$$

其中,$d_1 = \dfrac{\ln(S/K) + [r + (\sigma^2/2)]T}{\sigma\sqrt{T}}$,$d_2 = \dfrac{\ln(S/K) + [r - (\sigma^2/2)]T}{\sigma\sqrt{T}}$

S 为无收益标的资产的当前价格;σ 为无收益标的资产的价格波动率;K 为欧式看涨期权的执行价格;T 为欧式看涨期权的到期时间;C 为欧式看涨期权的价格;$N(d)$ 为标准正态概率值(具体值可以查正态概率值表),$N(-d) = 1 - N(d)$。

二、期权平价公式

$$C + Ke^{-rt} = P + S$$

其中,C 为认购期权的价格;Ke^{-rt} 为行权价 K 的现值(连续复利);P 为认沽期权的价格;S 为标的证券现价。

三、影响期权价值的因素

表 10-11 期权价值的影响因素

影响因素	说明
标的资产价格与执行价格	执行价格与市场价格的相对差额决定了内在价值的大小,并且如果相对差额越大,期权的时间价值越小
标的资产价格波动率	标的资产价格波动率越高,期权的价值越高
期权合约剩余期限	期权合约的剩余期限越长,美式看涨期权和看跌期权以及欧式看涨期权的价值越大,而对欧式看跌期权影响不大
无风险利率	无风险利率提高时,期权的时间价值降低,但利率的提高会影响标的资产价格,因此应综合考虑利率变化对期权内在价值和时间价值的影响方向及程度,得出最终的影响结果
标的资产支付收益	主要体现在股票股息对股票期权的影响

四、期权投资的风险

1. 价格波动风险;
2. 市场流动性风险;
3. 强行平仓风险;
4. 合约到期风险;
5. 行权失败风险;
6. 交收违约风险。

五、期权的分类

表 10-12 期权的分类

分类标准	名称	定义
行权时间	美式期权	期权买方在期权到期日前(含到期日)的任何交易日行使权利的期权
	欧式期权	期权买方只能在期权到期日行使权利的期权

续表

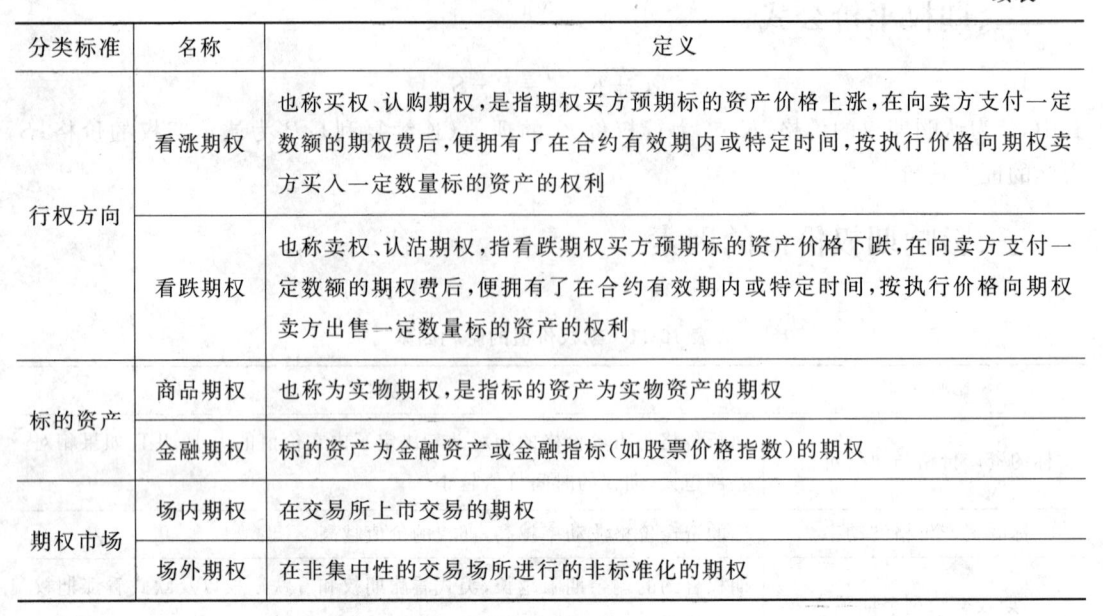

分类标准	名称	定义
行权方向	看涨期权	也称买权、认购期权，是指期权买方预期标的资产价格上涨，在向卖方支付一定数额的期权费后，便拥有了在合约有效期内或特定时间，按执行价格向期权卖方买入一定数量标的资产的权利
	看跌期权	也称卖权、认沽期权，指看跌期权买方预期标的资产价格下跌，在向卖方支付一定数额的期权费后，便拥有了在合约有效期内或特定时间，按执行价格向期权卖方出售一定数量标的资产的权利
标的资产	商品期权	也称为实物期权，是指标的资产为实物资产的期权
	金融期权	标的资产为金融资产或金融指标（如股票价格指数）的期权
期权市场	场内期权	在交易所上市交易的期权
	场外期权	在非集中性的交易场所进行的非标准化的期权

六、期权四种基本头寸的风险收益结构

表10-13　期权四种基本头寸的风险收益结构

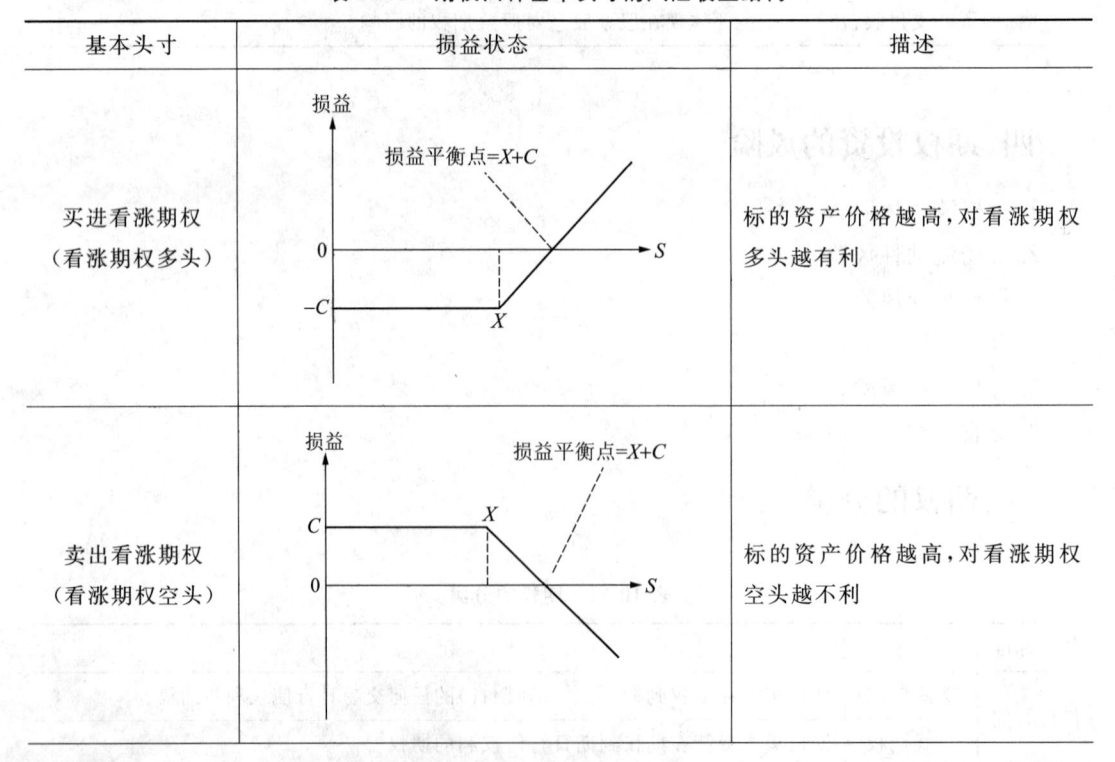

基本头寸	损益状态	描述
买进看涨期权（看涨期权多头）	损益平衡点=$X+C$，纵轴损益，起点$-C$，在X处开始上升，穿越0轴	标的资产价格越高，对看涨期权多头越有利
卖出看涨期权（看涨期权空头）	损益平衡点=$X+C$，纵轴损益起点C，在X处开始下降，穿越0轴	标的资产价格越高，对看涨期权空头越不利

续表

基本头寸	损益状态	描述
买进看跌期权 (看跌期权多头)	损益平衡点=X−P，图中纵轴为损益，横轴为S，从高处下降穿过0点至−P后保持水平	标的资产价格越低,对看跌期权多头越有利,但获利有限
卖出看跌期权 (看跌期权空头)	损益平衡点=X−P，图中纵轴为损益，横轴为S，从低处上升穿过0点至P后保持水平	标的资产价格越低,对看跌期权空头越不利,但损失有限

七、期权方向性交易的原理和方法

期权方向性交易策略是指如何选择期权的买入、卖出方向的策略。方向性策略是投资者最常用的期权策略之一。相比较直接买入或卖出股票,期权的方向性策略更加灵活多样。一般来说,在预期市场处于熊市或标的资产价格下降时,应采取卖出看涨期权或买入看跌期权策略;在预期市场处于牛市或标的资产价格上升时,应采取买进看涨期权或卖出看跌期权策略。

八、期权套利的原理和方法

期权无风险套利是一种理想化的期权交易方式,即通过适当的期权组合在期权市场上实现无风险的利润。一般来说,在构造期权无风险套利时,应当遵循两条基本原则:(1)买低卖高原则,即买进价值被低估的期权,卖出价值被高估的期权;(2)风险对冲原则,即利用合成期权对冲买入或卖出实际期权的风险头寸。期权套利原理如表10-14所示。

表 10-14　期权套利

期权套利	套利原理
转换套利	期权平价关系:看涨期权和看跌期权间应当满足的价格关系
价格倒挂套利	价格顺序关系:针对某一月份系列期权而言的,即对同一月份看涨(跌)期权,执行价格越大,期权费越低(高)
价格贴现套利	期权上下限关系:针对单一期权而言的。对于看涨期权有 $S-K\times e^{-rT} \leqslant C \leqslant S$,对于看跌期权有 $\max(K\times e^{-rT}-S,0) \leqslant P \leqslant K\times e^{-rT}$

九、期权套期保值的原理和方法

同一标的资产的现货、期货与期权价格之间存在很高的相关性。期货套期保值交易的原理在于:同种商品期货价格走势与现货价格走势方向基本一致,同涨同跌,而在临近到期日时,期货价格相对现货价格通常会呈现回归。

期权交易有四个基本策略:(1)买入看涨期权;(2)卖出看涨期权;(3)买入看跌期权;(4)卖出看跌期权。

十、期权波动率交易的原理和方法

标的资产的波动率是 B-S-M 期权定价公式中一项重要因素。在计算期权的理论价格时,通常采用标的资产的历史波动率:波动率越大,期权的理论价格越高;反之波动率越小,期权的理论价格越低。

由于波动率具有均值回归的特点,而判断标的资产价格变动方向往往比较困难,所以人们通过对冲等手段使得持有的组合头寸只受到波动率变化的影响,这样就可以进行纯粹的波动率交易。由于期权价格变化受到标的资产价格变化影响是非线性的,所以这样的对冲过程是不断动态调整的,保证组合头寸只受波动率变化的影响。

构造期权波动率交易的策略有买入跨式期权策略、卖出跨式期权策略。

第四节　其他衍生产品估值

一、可转换债券

一般来讲,可转换证券是指可以在一定时期内,按一定比例或价格转换成一定数量的另一种证券(简称标的证券)的特殊公司证券。因此,可转换证券的价值与标的证券的价值有关。相关概念如表 10-15 所示。

表 10-15　可转换债券的相关概念

概念	描述
转换比例	转换比例＝$\dfrac{可转换证券面额}{转换价格}$
赎回	指发行人在发行一段时间后，可以提前赎回未到期的发行在外的可转换公司债券
修正	指发行公司在发行可转换债券后，由于公司送股、配股、增发股票、分立、合并、拆细及其他原因导致发行人股份发生变动，引起公司股票名义价格下降时而对可转换债券的转换价格所做的必要调整
回售	指公司股票在一段时间内连续低于转换价格达到某一幅度时，可转换公司债券持有人按事先约定的价格将所持有的可转换债券卖给发行人的行为
转换价值	转换价值＝标的股票市场价格×转换比例

（一）可转换债券的定价原理

可转换证券的理论价值，也称"内在价值"，是指将可转换证券转股前的利息收入和转股时的转换价值按适当的必要收益率折算的现值。

可转换债券的理论价值是债券价值与公司股票看涨期权价值之和，影响债券价值和期权价值的因素都会影响可转换债券的价值。债券价值可以通过未来现金流贴现计算得出，期权价值可以采用二叉树、B-S-M 期权定价模型等数量化方法确定。

可转换债券的价值与债券价值、期权价值的关系是：当股票价格下跌时可转换债券价值向债券价值靠近，当股票价格上涨时可转换债券价值向股票价值靠近。可转换债券的投资收益主要包括票面利息收入、买卖价差收益和套利收益等。

（二）可转换债券套利的原理

可转换债券套利是指通过可转换债券与相关联的基础股票之间定价的无效率性进行的无风险获利行为。套利原理如表 10-16 所示。

表 10-16　可转换债券套利的原理

可转换债券套利的原理	套利思路
常规可转换债券	做多可转换债券，做空对应股票
可分离可转换债券	由于认股权证的价值在发行的时候存在低估，故可以在可分离债发布发行公告的当日买入股票，追加资金认购可分离债之后，再抛出正股、可分离债和权证

二、基金评价的指标体系和主要方法

(一)基金评价

基金评价有利于投资者正确评价基金经理的经营业绩,为投资者正确选择基金品种提供服务。不同基金的投资目标、范围、比较基准等均有差别。因此,基金的表现不能仅仅看回报率。为了对基金业绩进行有效评价,必须考虑基金的投资目标与范围、基金的风险水平、基金的规模和时期选择等因素。系统的基金业绩评估需要从四个方面入手:(1)计算绝对收益;(2)计算风险调整后收益;(3)计算相对收益;(4)进行业绩归因。

(二)基金评价的指标和主要方法

传统的基金评价主要是评价基金单位净值和基金收益率。现代投资理论则在考虑风险调整的因素后对基金业绩进行评估,常用指标有夏普比率、特雷诺比率和詹森α等。如表10-17所示。

表10-17 基金评价指标

基金评价的指标	公式	说明
基金单位资产净值	基金净资产总值／发行在外的基金总份数	总资产等于计算日该基金持有的证券市价总值和持有的现金之和,而净资产则是从总资产中扣除各项费用和负债总额后的资产净值
收益率评价法	$R_t = \dfrac{NAV_t + D_t - NAV_{t-1}}{NAV_{t-1}}$	R_t表示评价期的收益率;NAV_t表示期末单位净资产;D_t表示评价期每股收益分配;$NAV_{t-1}}$表示期初单位净资产
夏普比率(S_p)	$S_p = \dfrac{\overline{R}_p - \overline{R}_f}{\sigma_p}$	$\overline{R}_p$表示基金的平均收益率;$\overline{R}_f$表示平均无风险收益率;σ_p表示基金收益率的标准差
特雷诺比率(T_p)	$T_p = \dfrac{\overline{R}_p - \overline{R}_f}{\beta_p}$	β_p表示系统风险
詹森α	$\alpha_p = (\overline{R}_p - \overline{R}_f) - \beta_p(\overline{R}_M - \overline{R}_f)$ $= \overline{R}_p - [\overline{R}_f + \beta_p(\overline{R}_M - \overline{R}_f)]$	$\overline{R}_M$表示市场平均收益率

过关演练

一、选择题(以下备选项中只有一项符合题目要求)

1. 两个或两个以上的当事人按共同商定的条件在约定的时间内定期交换现金流的金融交易,称之为(   )。

A. 金融期权　　　　　　　　　　B. 金融期货
C. 金融互换　　　　　　　　　　D. 结构化金融衍生工具

【答案】C

【解析】金融互换是指两个或两个以上的当事人按共同商定的条件,在约定的时间内定期交换现金流的金融交易。可分为货币互换、利率互换、股权互换、信用违约互换等类别。从交易结构上看,可以将互换交易视为一系列远期交易的组合。

2. 投资者进行金融衍生工具交易时,要想获得交易的成功,必须对利率、汇率、股价等因素的未来趋势作出判断,这是衍生工具的(　　)所决定的。
A. 跨期性　　　　　　　　　　　B. 杠杆性
C. 风险性　　　　　　　　　　　D. 投机性

【答案】A

【解析】金融衍生工具是交易双方通过对利率、汇率、股价等因素变动趋势的预测,约定在未来某一时间按照一定条件进行交易或选择是否交易的合约。无论是哪一种金融衍生工具,都会影响交易者在未来一段时间内或未来某时点上的现金流,跨期交易的特点十分突出。这就要求交易双方对利率、汇率、股价等价格因素的未来变动趋势作出判断,而判断的准确与否直接决定了交易者的交易盈亏。

3. 一般而言,期权合约标的物价格的波动率越大,则(　　)。
A. 期权的价格越低
B. 看涨期权的价格越高,看跌期权的价格越低
C. 期权的价格越高
D. 看涨期权的价格越低,看跌期权的价格越高

【答案】C

【解析】期权价格由内涵价值和时间价值组成。期权的内涵价值,也称内在价值,是指在不考虑交易费用和期权费的情况下,买方立即执行期权合约可获取的收益;期权的时间价值,又称外涵价值,是指在权利金中扣除内涵价值的剩余部分,它是期权有效期内标的资产价格波动为期权持有者带来收益的可能性所隐含的价值。标的资产价格的波动率越高,期权的时间价值就越大,期权价格就越高。

4. 套利的经济学基础是(　　)。
A. MM 定理　　　　　　　　　　B. 价值规律
C. 投资组合管理理论　　　　　　D. 一价定律

【答案】D

【解析】套利的经济学基础是一价定律,即如果两个资产是相等的,它们的市场价格就应该相同,一旦存在两种价格就出现了套利机会,投资者可以买入低价资产同时卖出高价资产赚取价差。

5. 套期保值者的目的是(　　)。
A. 规避期货价格风险　　　　　　B. 规避现货价格风险

C. 追求流动性　　　　　　　　D. 追求高收益

【答案】B

【解析】套期保值是以规避现货风险为目的的期货交易行为,是指与现货市场相关的经营者或交易者在现货市场上买进或卖出一定数量的现货品种的同时,在期货市场上卖出或买进与现货品种相同、数值相当但方向相反的期货合约,以期在未来某一时间,通过同时将现货和期货市场上的头寸平仓后,以一个市场的盈利弥补另一个市场的亏损,达到规避价格风险的目的。

6. 国债期货套期保值策略中,(　　)的存在保证了市场价格的合理性和期现价格的趋同,提高了套期保值的效果。

A. 投机行为　　　　　　　　　B. 大量投资者
C. 避险交易　　　　　　　　　D. 基差套利交易

【答案】D

【解析】从其他的市场参与者行为来看,投机行为为套期保值者转移利率风险提供了对手方,增强了市场的流动性,而基差套利交易的存在则保证了市场价格的合理性和期现价格的趋同,提高了套期保值的效果。

7. 计划发行债券的公司,担心未来融资成本上升,通常会利用利率期货进行(　　)来规避风险。

A. 卖出套期保值　　　　　　　B. 买进套利
C. 买入套期保值　　　　　　　D. 卖出套利

【答案】A

【解析】利率期货卖出套期保值适用的情形主要有:①持有债券,担心利率上升,其债券价格下跌或者收益率相对下降;②利用债券融资的筹资人,担心利率上升,导致融资成本上升;③资金的借方,担心利率上升,导致借入成本增加。

8. 某交易者欲利用到期日和标的物均相同的期权构建套利策略,当预期标的物价格上涨时,其操作方式应为(　　)。

A. 买进较低执行价格的看涨期权,同时卖出较高执行价格的看跌期权
B. 买进较低执行价格的看涨期权,同时卖出较高执行价格的看涨期权
C. 买进较高执行价格的看跌期权,同时卖出较低执行价格的看跌期权
D. 买进较高执行价格的看涨期权,同时卖出较低执行价格的看涨期权

【答案】B

【解析】当交易者通过对相关标的资产价格变动的分析,认为标的资产价格上涨可能性很大,可以考虑买入看涨期权获得权利金价差收益。一旦标的资产价格上涨,看涨期权的价格也会上涨,交易者可以在市场上以更高的价格卖出期权获利。

9. 当标的物的市场价格下跌至(　　)时,将导致看跌期权卖方亏损。(不考虑交易费用)

A. 执行价格以下　　　　　　　B. 执行价格与损益平衡点之间
C. 损益平衡点以下　　　　　　D. 执行价格以上

【答案】C

【解析】当标的资产价格＜执行价格－权利金时,看跌期权卖方处于亏损状态。其中,执行价格－权利金＝损益平衡点。

二、组合型选择题(以下备选项中只有一项最符合题目要求)

1. 根据我国《企业会计准则第 22 号——金融工具确认和计量》的规定,衍生工具包括(　　)。

　　Ⅰ.互换和期权　　　　　　Ⅱ.投资合同
　　Ⅲ.期货合同　　　　　　　Ⅳ.远期合同
　　A.Ⅰ、Ⅱ　　　　　　　　　B.Ⅲ、Ⅳ
　　C.Ⅰ、Ⅲ、Ⅳ　　　　　　　D.Ⅰ、Ⅱ、Ⅲ、Ⅳ

【答案】C

【解析】根据我国《企业会计准则第 22 号——金融工具确认和计量》的规定,衍生工具包括远期合同、期货合同、互换和期权,以及具有远期合同、期货合同、互换和期权中一种或一种以上特征的工具。

2. 金融衍生工具从其自身交易的方法和特点可以分为(　　)。

　　Ⅰ.金融期权和金融互换　　Ⅱ.结构化金融衍生工具
　　Ⅲ.金融期货　　　　　　　Ⅳ.金融远期合约
　　A.Ⅱ、Ⅲ　　　　　　　　　B.Ⅱ、Ⅲ、Ⅳ
　　C.Ⅰ、Ⅳ　　　　　　　　　D.Ⅰ、Ⅱ、Ⅲ、Ⅳ

【答案】D

【解析】金融衍生工具有多种分类方法,从其自身交易的方法和特点可以分为金融远期合约、金融期货、金融期权、金融互换和结构化金融衍生工具。

3. 下列关于金融衍生工具的叙述错误的有(　　)。

　　Ⅰ.金融衍生产品的价格决定基础金融产品的价格
　　Ⅱ.金融衍生工具是与基础金融产品相对应的一个概念
　　Ⅲ.金融衍生工具是指建立在基础产品或基础变量之上,其价格取决于后者价格(或数值)变动的派生金融产品
　　Ⅳ.金融衍生工具的基础产品不能是金融衍生工具
　　A.Ⅰ、Ⅱ　　　　　　　　　B.Ⅰ、Ⅳ
　　C.Ⅲ、Ⅳ　　　　　　　　　D.Ⅱ、Ⅲ

【答案】B

【解析】Ⅰ项,金融衍生产品的价格取决于基础金融产品价格(或数值)的变动;Ⅳ项,基础产品是一个相对的概念,不仅包括现货金融产品(如债券、股票、银行定期存款单等等),也包括金融衍生工具。

4. 交易所交易衍生工具是指在有组织的交易所上市交易的衍生工具,下列各项属于这类交易衍生工具的有(　　)。

Ⅰ.金融机构与大规模交易者之间进行的信用衍生产品交易

Ⅱ.在期货交易所交易的各类期货合约

Ⅲ.在专门的期权交易所交易的各类期权合约

Ⅳ.在股票交易所交易的股票期权产品

A.Ⅰ、Ⅱ				B.Ⅲ、Ⅳ

C.Ⅱ、Ⅲ、Ⅳ			D.Ⅰ、Ⅱ、Ⅲ、Ⅳ

【答案】C

【解析】Ⅰ项,金融机构与大规模交易者之间进行的信用衍生产品交易是OTC交易的衍生工具。

5.关于沪深300股指期货的结算价,说法正确的有(　　)。

Ⅰ.交割结算价为最后交易日进行现金交割时计算实际盈亏的价格

Ⅱ.交割结算价为最后交易日沪深300指数最后2小时的算术平均价

Ⅲ.当日结算价为计算当日浮动盈亏的价格

Ⅳ.当日结算价为合约最后一小时成交价格按照成交量的加权平均价

A.Ⅰ、Ⅱ、Ⅳ			B.Ⅱ、Ⅳ

C.Ⅰ、Ⅱ、Ⅲ			D.Ⅰ、Ⅱ

【答案】A

【解析】Ⅲ项,沪深300股指期货的当日结算价是某一期货合约最后一小时成交价格按照成交量的加权平均价,计算结果保留至小数点后一位。

6.以下哪种情况下,期权为实值期权?(　　)

Ⅰ.当看涨期权的执行价格低于当时的标的物价格时

Ⅱ.当看涨期权的执行价格高于当时的标的物价格时

Ⅲ.当看跌期权的执行价格高于当时的标的物价格时

Ⅳ.当看跌期权的执行价格低于当时的标的物价格时

A.Ⅰ、Ⅲ				B.Ⅰ、Ⅳ

C.Ⅱ、Ⅲ				D.Ⅱ、Ⅳ

【答案】A

【解析】执行价格低于标的物市场价格的看涨期权和执行价格高于标的物市场价格的看跌期权为实值期权;执行价格高于标的物市场价格的看涨期权和执行价格低于标的物市场价格的看跌期权为虚值期权。

7.某场外期权条款的合约甲方为某资产管理机构,合约乙方是某投资银行,下面对其期权合约的条款说法正确的有哪些?(　　)

Ⅰ.合约基准日就是合约生效的起始时间,从这一天开始,甲方将获得期权,而乙方开始承担卖出期权所带来的或有义务

Ⅱ.合约到期日就是甲乙双方结算各自的权利义务的日期,同时在这一天,甲方须将期权费支付给乙方,也就是履行"甲方义务"条款

Ⅲ.乙方可以利用该合约进行套期保值
Ⅳ.合约基准价根据甲方的需求来确定
A.Ⅰ、Ⅱ   B.Ⅰ、Ⅳ
C.Ⅱ、Ⅲ   D.Ⅰ、Ⅲ、Ⅳ
【答案】B
【解析】Ⅱ项,甲方将期权费支付给乙方发生在合约基准日,不是合约到期日;Ⅲ项,合约标的乙方是期权卖方,最大收益为期权费,不能利用卖出期权进行套期保值。

8.在利率互换市场中,下列说法正确的有(　　)。
Ⅰ.利率互换交易中固定利率的支付者称为互换买方,或互换多方
Ⅱ.固定利率的收取者称为互换买方,或互换多方
Ⅲ.如果未来浮动利率上升,那么支付固定利率的一方将获得额外收益
Ⅳ.互换市场中的主要金融机构参与者通常处于做市商的地位,既可以充当合约的买方,也可以充当合约的卖方
A.Ⅰ、Ⅲ   B.Ⅰ、Ⅳ
C.Ⅰ、Ⅲ、Ⅳ   D.Ⅱ、Ⅳ
【答案】C
【解析】Ⅱ项,固定利率的收取者称为互换卖方,或互换空方。

9.下列属于场外期权条款的有(　　)。
Ⅰ.合约到期日   Ⅱ.合约基准日
Ⅲ.合约乘数   Ⅳ.合约标的
A.Ⅰ、Ⅱ、Ⅲ   B.Ⅰ、Ⅲ、Ⅳ
C.Ⅱ、Ⅲ、Ⅳ   D.Ⅰ、Ⅱ、Ⅲ、Ⅳ
【答案】D
【解析】场外期权合约的条款主要有:合约基准日、合约到期日、合约标的、合约乘数、合约基准价、乙方义务、甲方义务等。

10.场外期权的复杂性主要体现在哪些方面?(　　)
Ⅰ.交易双方需求复杂
Ⅱ.期权价格不体现为合约中的某个数字,而是体现为双方签署时间更长的合作协议
Ⅲ.为了节约甲方的风险管理成本,期权的合约规模可能小于甲方风险暴露的规模
Ⅳ.某些场外期权定价和复制存在困难
A.Ⅰ、Ⅲ   B.Ⅱ、Ⅲ、Ⅳ
C.Ⅰ、Ⅳ   D.Ⅰ、Ⅱ、Ⅲ、Ⅳ
【答案】D
【解析】场外期权合约的复杂性主要体现在以下方面:①期权交易双方的需求复杂;②期权的价格并没直接体现在合约中的某个数字上,而是体现为双方签署时间更长的合作协议;③为了节约甲方的风险管理成本,期权的合约规模可能小于甲方风险暴露的规模;④

对于乙方而言,某些场外期权定价和复制困难。

11. 如果企业持有一份互换协议,过了一段时间之后,认为避险的目的或者交易的目的已经达到,企业可以通过(　　)方式来结清现有的互换合约头寸。

　　Ⅰ.出售现有的互换合约　　　　Ⅱ.对冲原互换协议
　　Ⅲ.解除原有的互换协议　　　　Ⅳ.购入相同协议
　　A.Ⅰ、Ⅱ、Ⅲ　　　　　　　　　B.Ⅰ、Ⅲ、Ⅳ
　　C.Ⅱ、Ⅲ、Ⅳ　　　　　　　　　D.Ⅰ、Ⅱ、Ⅲ、Ⅳ

【答案】A

【解析】企业持有互换协议过了一段时间之后,结清现有的互换合约头寸的主要方式有:①出售现有的互换合约;②对冲原互换协议;③解除原有的互换协议。

12. 11月8日,次年3月份、5月份和9月份玉米期货合约价格分别为2355元/吨、2373元/吨和2425元/吨,套利者预期3月份与5月份合约的价差、3月份与9月份合约的价差都将缩小,适宜采取的套利交易有(　　)等。

　　Ⅰ.卖出5月玉米期货合约,同时买入9月玉米期货合约
　　Ⅱ.买入3月玉米期货合约,同时卖出9月玉米期货合约
　　Ⅲ.买入3月玉米期货合约,同时卖出5月玉米期货合约
　　Ⅳ.卖出3月玉米期货合约,同时买入5月玉米期货合约
　　A.Ⅰ、Ⅱ　　　　　　　　　　　B.Ⅰ、Ⅲ
　　C.Ⅱ、Ⅲ　　　　　　　　　　　D.Ⅲ、Ⅳ

【答案】C

【解析】在正向市场上,套利者预期价差缩小,应进行牛市套利,即买入较近月份合约同时卖出较远月份合约进行套利,盈利的可能性比较大。

13. 价差交易包括(　　)。

　　Ⅰ.跨市套利　　　　　　　　　Ⅱ.跨品种套利
　　Ⅲ.跨期套利　　　　　　　　　Ⅳ.期现套利
　　A.Ⅰ、Ⅱ、Ⅲ　　　　　　　　　B.Ⅰ、Ⅲ、Ⅳ
　　C.Ⅱ、Ⅲ、Ⅳ　　　　　　　　　D.Ⅰ、Ⅱ、Ⅲ、Ⅳ

【答案】A

【解析】利用期货市场上不同合约之间的价差进行的套利行为,称为价差交易或套期图利。价差交易又根据选择的期货合约不同,分为跨期套利、跨品种套利和跨市套利。

14. 某投资者以65000元/吨卖出1手8月铜期货合约,同时以63000元/吨买入1手10月铜合约,当8月和10月合约价差为(　　)元/吨时,该投资者获利。

　　Ⅰ.1000　　　　　　　　　　　Ⅱ.1500
　　Ⅲ.2000　　　　　　　　　　　Ⅳ.2500
　　A.Ⅰ、Ⅱ　　　　　　　　　　　B.Ⅰ、Ⅲ
　　C.Ⅱ、Ⅳ　　　　　　　　　　　D.Ⅲ、Ⅳ

【答案】A

【解析】初始的价差为65000－63000＝2000(元/吨)，该投资者进行的是卖出套利，当价差缩小时获利。只要价差小于2000元/吨，投资者即可获利。

15.影响期权价格的主要因素有(　　)。

Ⅰ.标的资产价格及执行价格

Ⅱ.标的资产价格波动率

Ⅲ.距到期日剩余时间

Ⅳ.无风险利率

A. Ⅰ、Ⅱ、Ⅲ　　　　　　　　B. Ⅰ、Ⅲ、Ⅳ

C. Ⅱ、Ⅳ　　　　　　　　　　D. Ⅰ、Ⅱ、Ⅲ、Ⅳ

【答案】D

【解析】影响期权价格的因素有多种，主要影响因素有：期权的执行价格、标的资产价格、期权的剩余期限、无风险利率、标的资产价格波动率等。